VOUTHON-HAUT

ET SES SEIGNEURS

PAR

H. LABOURASSE

OFFICIER D'ACADÉMIE,
MEMBRE CORRESPONDANT, TITULAIRE OU ASSOCIÉ
DE PLUSIEURS SOCIÉTÉS SAVANTES
ET DE LA SOCIÉTÉ DES AGRICULTEURS DE FRANCE

« Salut, champs que j'aimais, et vous, douce verdure!
Salut, riant exil des bois!
. . . .
Salut, pour la dernière fois! »

(GILBERT.)

BAR-LE-DUC

IMPRIMERIE CONTANT-LAGUERRE

1890

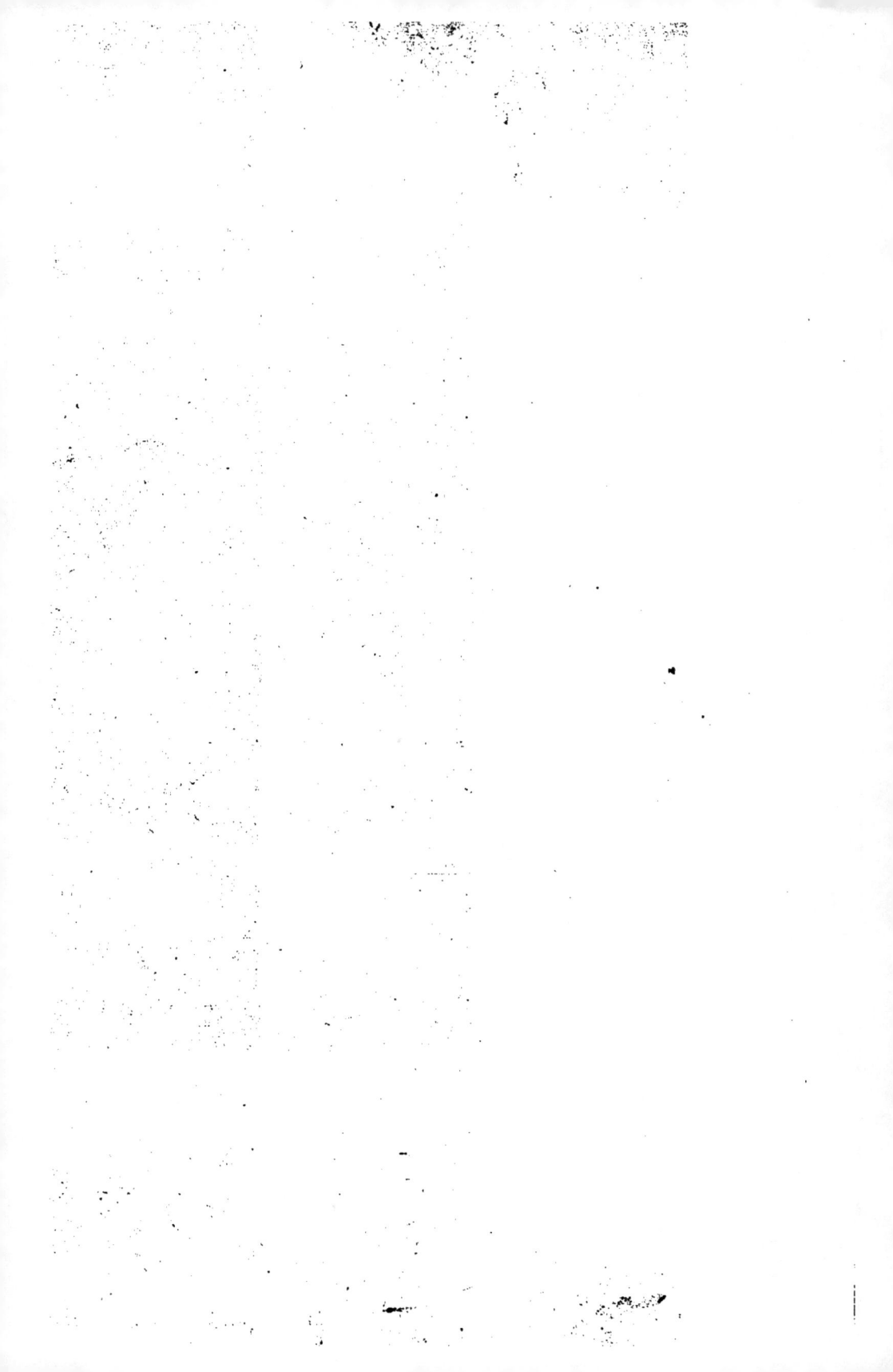

VOUTHON-HAUT

ET SES SEIGNEURS

IMPRIMERIE
CONTANT-LAGUERRE

BAR LE-DUC

VOUTHON-HAUT

ET SES SEIGNEURS

PAR

H. LABOURASSE

OFFICIER D'ACADÉMIE,
MEMBRE CORRESPONDANT, TITULAIRE OU ASSOCIÉ
DE PLUSIEURS SOCIÉTÉS SAVANTES
ET DE LA SOCIÉTÉ DES AGRICULTEURS DE FRANCE

« Salut, champs que j'aimais, et vous, douce verdure !
Salut, riant exil des bois !
. . . .
Salut, pour la dernière fois ! »

(GILBERT.)

BAR-LE-DUC

IMPRIMERIE CONTANT-LAGUERRE

——

1890

Extrait des *Mémoires de la Société des Lettres, Sciences et Arts de Bar-le-Duc*
2º série, tome VIII.

Enfant de Vouthon-haut, j'ai toujours aimé mon pays natal.

Cet amour, qui croît avec les années, et la sincère affection que j'éprouve pour mes excellents compatriotes, m'ont inspiré l'idée d'un premier travail où j'ai tenté de fixer le langage pittoresque avec lequel on m'a bercé (a). J'éprouvais un vif plaisir à collectionner des expressions archaïques qui, me rappelant un lointain passé, ravivaient mes souvenirs d'enfance.

Le présent opuscule, que je dédie à mes vieux amis, a été écrit sous la même inspiration. Sans m'imposer cette nouvelle tâche, ils m'ont paru la désirer et je me suis exécuté. Moins éloigné des archives et des sources historiques, j'aurais pu être plus complet, malgré la bienveillance de mes nombreux collaborateurs. Quoi

(a) *Glossaire abrégé du patois de la Meuse, notamment de celui des Vouthons,* 1 vol. in-8° de 560 pages.

qu'il en soit, le fief des des Salles, la patrie d'Isabelle Romée aura son histoire, modeste sans doute, mais suffisante pour témoigner que, depuis des siècles, la bravoure, l'honneur et le patriotisme ont jeté de profondes racines dans ce coin de terre ignoré.

H. Labourasse.

Je m'empresse de remercier ici M. Gaussot, instituteur à Vouthon-haut, de son active et intelligente collaboration, qui m'a été très précieuse, surtout pour la partie statistique.

Je dois aussi des remerciements à

MM.

Antoine, curé d'Ugny;

Badel, Émile, bibliothécaire, à Nancy;

Barré, ancien curé-doyen de Sermaize (Marne);

Bonnabelle, fondateur et secrétaire de la Section meusienne de la Société de géographie de l'Est, à Bar-le-Duc;

Boucher de Molandon, membre du comité des travaux historiques, à Orléans;

Bourgaut, curé de Domremy-la-Pucelle;

Braux (le baron de), à Boucq (Meurthe-et-Moselle);

Chapellier, bibliothécaire, à Épinal;

Dannreuther, pasteur de l'Église chrétienne réformée, à Bar-le-Duc;

DEBRAUX, officier de l'Instruction publique, à Commercy;

FAVIER, conservateur de la bibliothèque publique, à Nancy;

FOURNEL (l'abbé), de la Congrégation de Notre-Sauveur, à Épinal;

GEOFFROY, instituteur, à Taillancourt (Meuse);

GERMAIN (Léon), secrétaire annuel de l'Académie de Stanislas, à Nancy;

JACOB (Alfred), archiviste départemental de la Meuse, à Bar-le-Duc;

LABOURASSE (Eugène), ancien maire, à Vouthon-haut;

LOISON (l'abbé), curé de Sauvigny (Meuse);

MAXE-WERLY, correspondant du ministère de l'Instruction publique, à Paris;

PERNOT (Prosper), architecte et maire, à Gondrecourt;

RASQUIN, curé des Vouthons;

ROBERT (F. des), membre de l'Académie de Stanislas, à Nancy;

ROBINET (l'abbé), auteur du Pouillé du diocèse de Verdun;

SIMÉON LUCE, membre de l'Institut, à Paris;

THIÉBAUT, commis principal de l'inspection académique, à Bar-le-Duc;

THOMAS (l'abbé), curé de Chardogne (Meuse), etc.;

qui ont très obligeamment répondu à toutes les demandes de renseignements ou de documents que je leur ai adressées.

PRINCIPAUX OUVRAGES CONSULTÉS.

Annales du Barrois, par V. SERVAIS ;

Jeanne d'Arc à Domremy, par SIMÉON LUCE ;

Nouvelles recherches sur la famille de Jeanne d'Arc, par E. BOUTEILLER et G. DE BRAUX ;

La famille de Jeanne d'Arc en Orléanais, par BOUCHER DE MOLANDON ;

Jacques d'Arc, père de la Pucelle, par le même ;

Pèlerinage à Domremy, par M. l'abbé BOURGAUT ;

Histoire de la maison des Salles, par le P. HUGO ;

Pouillé du diocèse de Verdun, par M. l'abbé ROBINET ;

Histoire de Verdun, de N. ROUSSEL, annotée et continuée ;

Pourquoi nous n'avons pas recouvré l'Inde? par E. GÉNIN ;

Notice sur Gondrecourt-le-Château, par le docteur DEPAUTAINE ;

Annuaires de la Meuse et *Almanachs de Bar*, par M. BONNABELLE ;

Mémoires de la Société des Lettres, Sciences et Arts de Bar-le-Duc ;

Journaux et Mémoires de la Société d'archéologie lorraine ;

Plusieurs *Nobiliaires*, etc.

Enfin, nous devons à l'obligeance de nos correspondants des pièces tirées des archives de la Meuse, de Meurthe-et-Moselle, des Vosges, et même des Archives nationales.

PLAN DE VOUTHON-HAUT
en 1890.

Echelle de 1 à 2500.

LÉGENDE

1. Mairie et École des g...
2. Église actuelle
3. Presbytère
4. École des filles
5. Fontaine St Christophe
6. Fontaine à lavoir
7. Fontaine, lavoir et aiguy...
8. Ancienne Église
9. Ancien Château

Ch. Grousset

Voie ferrée

Sentier

Chemin de

Vauderille (Ruelle)

Rue de Danville

Route Nationale N° 66

Route Nationale N° 66

Rue de Bar-le-Duc

Baie

Jardins

Jardins

Jardins

Jardins

Place

Rue du Château

Rue de l'Église

Parc

Rue de la Cour du Château

Chemin de Maxolte

Chemin de la Vallette

Route Nationale

Rue Haute

N° 66

Sentier

Vergers

Coulotte

Pond

Pond

Nord

VOUTHON-HAUT

ET SES SEIGNEURS.

———

I.

PARTIE STATISTIQUE.

Orographie. — Dans toute la longueur de notre département, le bassin secondaire de la Meuse, assez étroit, est limité
par deux chaînes de collines courant du S.-E. au N.-O., et
forme une belle et riche vallée de deux à trois kilomètres de
largeur. La chaîne occidentale, qui sépare ce bassin de celui
de la Seine (1), n'est que le prolongement du plateau de Langres; son altitude maximum, à l'ancien moulin à vent de Chermisey (Vosges), n'est que de 438 m. (2). Dans la Meuse, elle
atteint 423 m. seulement au *Buisson d'Amanty*, le point le plus
élevé du département. C'est entre ces deux altitudes, peu dis-
tantes l'une de l'autre, que s'étend le territoire de Vouthon-

---

(1) La ligne de partage entre dans le département par le territoire de
Vaudeville, à l'O. de ce village. Elle passe aux cotes 423 à Amanty, 395 et
386 à Delouze, 401 à Rosières-en-Blois, 395 et 411 à Méligny-le-Grand (A.
Buvignier, *Géologie de la Meuse*).

(2) *Patria*, I, col. 84. — Le tirage de la carte de l'État-major, 1885, re-
lève de 4 m. toutes les cotes ci-dessus.

haut, avec les cotes 420 à la *Frière*, 417 au signal de *Belle-*
vue, et 406 à la *Haute-Borne*. Toute sa portion livrée à la culture dépend du bassin de la Meuse; une faible étendue de sa
partie boisée à l'O. porte ses eaux à la Seine, par l'Ornain, affluent de la Saulx, qui elle-même grossit la Marne à Étrepy.

Couvert de forêts à l'O. et au N.-O., ce territoire est très
accidenté : cinq vallons ou *combes* le sillonnent dans la direction générale de l'O. à l'E., mais la forme arrondie et abais-
sée des contreforts qui les séparent les unes des autres permet
à peu près partout le facile accès de la charrue. Toutes ces
combes sont tributaires de la Meuse. La plus septentrionale,
dans laquelle est bâti Vouthon-bas, reçoit les trois suivantes
et débouche dans la vallée de la Meuse, en face de Taillancourt
et de Montbras; la dernière au S., qui se confond en aval avec
celle des Roises, porte ses eaux dans la Meuse proche du village de Maxey-sur-Meuse (Vosges).

Très irrégulier, le territoire de Vouthon-haut offre au N.-E.
une vaste échancrure qui contient une bonne partie du finage
de Vouthon-bas. Aussi son périmètre (23 kilomètres environ)
n'est-il pas en rapport avec sa superficie (1,332 hect. 98 ares)(1).
Sa plus grande longueur, du S.-O. au N.-E., c'est-à-dire de la
borne des *Quatre-Fins*, point de rencontre des finages de Vouthon-haut, Vaudeville, Dainville et Gondrecourt, jusqu'à la
jonction des trois finages de Vouthon-haut, Goussaincourt et
Vouthon-bas (fond de la *Combrisson*), est de 6,140 mètres; et sa
plus grande largeur, sensiblement perpendiculaire à la dimen-
sion précédente, du S.-E. au N.-O., du point de rencontre des
finages de Vouthon-haut, Vaudeville et les Roises (sur la
Grande-faute), jusqu'à la réunion des finages d'Amanty, Gondrecourt et Vouthon-haut (*le Pâtis du Trait*), de 5,250 mètres.

Il est borné au N. par celui d'Amanty sur une longueur de
360 mètres, et de Gondrecourt sur une longueur de 1,800
mètres; — vers l'E. par celui de Vouthon-bas sur 8,060 mètres,
et de Goussaincourt sur 1,470 mètres; — au S. par ceux de
Greux sur 300 mètres, des Roises sur 2,780 mètres et de Vau-

(1) Un carré de même superficie n'aurait que 14 kil. 550 de périmètre.

deville sur 4,270 mètres; — enfin, à l'O., par celui de Gondrecourt sur 3,880 mètres. Au S.-O. il confine par un point (Borne
des *Quatre-Fins*) au territoire de Dainville-Bertheléville.

Géologie. — Au point de vue géologique, le territoire de
Vouthon-haut appartient, partie au terrain jurassique moyen
(coral-rag), et partie au terrain jurassique supérieur (terrain
portlandien, assise des calcaires à astartes). Les fossiles y sont
peu variés et sans grand intérêt : térébratules, natices, isocar-
des (plateau de la *Montjoie*), débris de polypiers, quelques
bancs de gryphées-virgules, etc. On ramasse sur le sol des no-
dules ferrugineux ayant l'aspect de pyrites et nommés dans le
pays *pierres de tonnerre*, par allusion aux météorites. On a
découvert en 1888 et 1889, lieudits l'*Enrouillé* et la *Terre-
Claude*, n°s 111 et 112 du plan, deux vertèbres fossiles de
plésiosaure (1); elles appartiennent actuellement au musée scolaire de Vouthon-haut.

Plusieurs carrières ont été ouvertes sur le territoire de Vouthon-haut.

Celle du *Sorez* ou de *Bellevue*, aujourd'hui nivelée et con-
vertie en terre labourable, fournissait une oolithe grise très
gélive, formée par une agglomération de sphéricules de la
grosseur d'un grain de navette. On en faisait, pour l'intérieur,
des dalles ou pavés dont la surface se durcissait rapidement
au contact de l'air et qui fournissaient un long usage à condition de ne pas être déplacées. Quoique calcaire, cette pierre
s'émiettait sous l'action du feu, et le four à chaux voisin était
obligé de s'approvisionner ailleurs.

Une autre carrière, située à 500 mètres du village, entre
l'ancien chemin de Domremy et la route nationale, fournit,
outre du moëllon, une pierre de taille grise assez dure dont
plusieurs bancs sont gélifs. Cette pierre, qui alimentait un four

---

(1) Le plésiosaure, dont le nom signifie *voisin du lézard*, est un animal
antédiluvien, remarquable par la longueur de son cou, composé de trente-
cinq vertèbres. Quelques-uns de ces sauriens avaient jusqu'à 9 mètres de
longueur. On trouve les débris fossiles du plésiosaure dans les terrains oo-
lithiques appartenant à la formation jurassique.

à chaux voisin, abandonné en 1871, n'est guère employée que dans la localité ; encore lui préfère-t-on la pierre de Vaudeville.

En 1841, on ouvrit momentanément une carrière au haut de la combe *Montpaul*. Cette carrière fournit d'excellent moëllon, coupé de veines bleuâtres et très dur, qui servit au pavage de l'*aiguayoir* communal construit à cette époque. Cette carrière, qui appartenait à l'entrepreneur, a été depuis abandonnée.

Enfin et plus récemment, une quatrième carrière a été ouverte à la *Combrisson*. La pierre extraite était blanche et de mauvaise qualité. Cette exploitation a cessé presque aussitôt.

Nous avons vu deux fours à chaux en exploitation : l'un près de l'ancien signal de Bellevue, l'autre dans la carrière située entre les deux routes. Tous deux fournissaient une chaux grasse d'assez bonne qualité.

On rencontre au S. du territoire, à une faible profondeur, des calcaires en feuillets de 2 à 3 centimètres d'épaisseur, appelés *laves* ou *lèves*, fournis par les bancs suboolithiques fissiles et employés autrefois à couvrir les maisons ; mais ces laves sont moins régulières et moins estimées que celles de Pompierre (Vosges), que fournit également l'étage jurassique supérieur.

Une sorte d'argile réfractaire, qui se trouve au sud-est du village, a été employée avantageusement à la fabrication de briques à four, dites *marats*, du nom d'une commune de la Meuse qui en fournit d'excellentes.

Hydrographie. — A raison de son altitude, de son éloignement de montagnes qui le dominent et de sa constitution géologique, le territoire de Vouthon-haut est obligé de créer, au moyen des eaux pluviales, le peu de sources qu'il possède. Il est vrai que ce territoire reçoit par année une quantité d'eau capable de le couvrir de plus d'un mètre d'épaisseur (1). A part les sources qui alimentent les fontaines du village et dont nous parlons plus loin, nous ne connaissons que celles de *Bon-*

_____

(1) En 1888, il y est tombé 10 litres 60 cent. d'eau par décimètre carré, soit plus de quatorze millions de mètres cubes sur toute l'étendue du territoire.

court, qui ne tarit jamais, celle de la *Fontaine-le-Clos* et la *Goulotte de Gervallotte*. Les deux premières forment chacune un ruisseau qui disparaît bientôt, et seules les pluies diluviennes et la fonte des neiges donnent là naissance à des torrents éphémères que le sol finit par absorber tout entiers.

Les orages y sont assez rares. Leur direction est presque toujours du S.-O. au N.-E., parce que là, vers Chermisey, est la seule trouée qui leur soit ouverte. Le plus souvent ils se séparent en deux parties : l'une descend par la vallée de Vaudeville vers les Roises et la Meuse, tandis que l'autre se dirige vers l'Ornain, pour de là regagner également la Meuse en aval de la première ; de la sorte, Vouthon-haut est protégé par sa ceinture de forêts. Ces deux parties se réunissent et continuent leur route vers l'est.

Un orage épouvantable, qui a sévi sur une grande étendue de pays, et dont le souvenir se perpétue parmi les populations qui en furent victimes, fondit sur le territoire de Vouthon-haut le 5 août 1816. Nous en reparlerons ailleurs.

Sans les forêts qui enserrent presque de toutes parts le cercle irrégulier formé par la partie découverte des finages de Vouthon-haut et de Vouthon-bas, on aurait, du *signal de Bellevue* (1), un magnifique panorama. A l'est, passant au-dessus des bois qui bordent la vallée de la Meuse, la vue s'étend jusqu'à trente kilomètres sur les collines arrondies du Toulois ; sur la gauche, l'œil se repose agréablement sur un coin de cette riante vallée, et la *Côte de Julien*, au delà de la Meuse et du Vair, son affluent, ferme de ce côté un horizon qui éveille d'antiques et glorieux souvenirs.

Nous parlons plus loin du climat.

Flore et faune. — La flore du pays n'offre rien de particulier : c'est celle des terrains jurassiques à base calcaire et de faible altitude. Le nom de la plupart des plantes est dénaturé par le patois. L'anémone pulsatille se nomme *coucheriot*; la bugrane,

---

(1) Ce signal, bâti quadrangulaire élevé de 3 mètres sur un poteau, le tout en chêne, a dû servir aux opérations trigonométriques faites pour la carte de Cassini. Il est tombé de vétusté.

rébeu; la bardane, *rempâ;* la cardère, *peignot;* les mauves, *froumageot;* le pouliot, *pouiû;* l'agrostème, *noïelle;* le cucubale ou silène, *poterelle;* la cuscute, *gale;* la gesse tubéreuse, *maquijon;* l'ivraie, *warge;* le liseron, *lignue;* la mélampyre, *rougeole;* la mercuriale, *fouilrawce;* le tussilage ou pas-d'âne, *tacon;* le trèfle rampant, *trouillotte,* le salsifis sauvage, *bouquin,* etc.

Les essences forestières sont surtout le chêne, le hêtre ou *fawé,* le charme ou *charmeille,* l'érable commun ou *euiljrâie.* Le tilleul, le sorbier, l'orme, le plane, l'alisier, *olieil,* et les fruitiers y sont plus rares. Le coudrier ou *cawreil* et le saule ou *sauce* se mêlent dans les taillis aux essences précédentes. Les sous-bois se composent de bourdaine, d'aubépine, de troëne ou *frezillon,* de mancième, de viorne-obier ou boule-de-neige. Parmi les arbustes nous citerons le daphné ou *joli-boue,* le clématite des haies ou *viyieil,* le chèvre-feuille, l'épine-vinette ou *barbelin,* le fambroisier ou *ambreil,* le genêt à balais ou *genette,* le lierre ou *traitieu,* etc. Le sureau ou *saignon* ne se trouve guère qu'à proximité des habitations.

La faune de cette région n'a rien non plus de remarquable. Parmi les grands quadrupèdes, le loup, le renard, le chevreuil et le sanglier tiennent la première place; puis viennent le lièvre, le blaireau, la fouine, le putois ou *vichaw,* la belette ou *bâcoulotte,* le chat sauvage, et toute la tribu des rongeurs : le rat ou *lau,* le loir ou *lau-dormant,* la souris ou *rate,* la musaraigne ou *meurgeotte,* etc., auxquels il faut ajouter la chauve-souris ou *rate-voulate.* — L'orvet ou *envaw,* la vipère et la couleuvre sont les seuls reptiles : la dernière y est très rare. On y trouve aussi le lézard gris ou *laujatte,* le lézard vert ou *vert-de-ri,* la grenouille et le crapaud ou *bo,* dont le têtard se nomme *bocoué* (crapaud coué ou à queue). — Les oiseaux sont très nombreux : le corbeau ou *courbé,* le geai ou *jâque,* la pie, le pivert ou *épéque,* le merle, la grive, la tourterelle, le bouvreuil ou gros-bec, le tarin, la perdrix, la huppe ou *cod'boue,* la mésange, le grimpereau ou *grimpette,* le bruant ou *vodeilre,* l'alouette, le troglodyte ou *founelot,* le roitelet ou *meussot,* — les nocturnes : chouette, effraie et grand-duc; — plusieurs rapaces : l'émérillon ou *tiercelet*, la buse ou *bûjon*, sont les principaux ; — puis vient l'innombrable légion des petits oiseaux : le moineau, le pinson, le chardonneret, la linotte, la fauvette, les bergeronnettes, hoche-queue et traquets, le rossignol, le loriot ou *oriô* (d'*aureolus*), et bien d'autres dont le chant harmonieux et varié charme nos oreilles pendant la belle saison. — Parmi les oiseaux de passage, nous citerons le pigeon-ramier, la caille, l'hirondelle et la bécasse, le seul de nos échassiers. L'absence de cours d'eau dit assez que les poissons y sont inconnus.

LA COMMUNE.

Vouthon-haut n'a rien qui le distingue des petites agglomérations rurales. Assis à l'origine de *la Vallotte*, le moins étendu des cinq vallons qui accidentent le territoire, il est traversé dans toute sa longueur, du S.-E. au N.-O., par la route nationale N° 66, de Bar-le-Duc à Bâle, et affecte une forme triangulaire. Une partie du village est bâtie en amphithéâtre contre le versant S. du vallon, tandis que l'autre partie est sensiblement horizontale.

Vouthon-haut a quatre rues principales : *la Route*, la rue de l'ancienne église, la *rue Haute*, qui relie les deux premières et complète un triangle, et *la Cour*, qui comprend les fermes et dépendances de l'ancien château. Ce qui reste de celui-ci et de ses communs forme un groupe d'habitations détachées, mais trop proches de l'agglomération communale pour qu'il en soit fait une section distincte. Les rues sont généralement propres ; la plupart sont bordées de *caniveaux*, mais la coutume séculaire de placer devant chaque habitation les fumiers d'étables et les instruments aratoires offense à la fois l'œil et l'odorat.

Le style de l'ancienne église paroissiale démolie en 1861, ainsi que d'anciens titres dont nous parlerons, témoignent de la haute antiquité de Vouthon-haut, qui existait certainement au XIIe siècle. Le nom de ce village a beaucoup varié : nous l'avons trouvé écrit : *Voton, Vothon, Volton, Voulton, Vouton,*

Voulthon, etc. M. Liénard, dans son *Dictionnaire topographique de la Meuse*, signale aussi plusieurs variantes : *Voulthon-en-haut* 1327 (Chambre des comptes, compte de Gondrecourt); *Voutonnum, Votonnum*, 1402 (regestr. Tull.); *Vothon-hault*, 1580 (procès-verbal des coutumes); *Vouton-haut*, 1700 (carte des États); *Vouthon-le-haut*, et *Vothonium-superius*, 1711 (Pouillé de Toul), et 1749 (Pouillé de Bar) (1).

Quelle est l'origine de ce nom? Nous avouons l'ignorer. Sa forme la plus simple, *Voton*, se rapproche beaucoup du mot latin *votum*, vœu; mais aucun fait, à notre connaissance, n'autorise cette étymologie.

Vouthon-haut n'a pas d'écart. Autrefois, au lieu dit *Bellevue*, près du bois de la Quemine, à 1,300 m. au S.-O. du signal de Bellevue, les seigneurs avaient fait bâtir une maison de garde (2). Celui-ci, de son observatoire, veillait au loin sur les propriétés placées sous sa surveillance. Depuis la vente des biens seigneuriaux, cette maison fut démolie, et ses matériaux servirent, dit-on, à construire des maisons aux Roises.

Il y avait aussi, au siècle dernier, un moulin à vent situé en haut de *Marotte*, sur un petit plateau gazonné qui confinait la *Justice*. Nous avons encore vu la pierre qui retenait la queue de ce moulin. Pendant l'été, il suppléait celui de Vouthon-bas, mu par l'eau du ruisseau qui arrose ce village, et qui chômait en moyenne six mois de l'année, de mai en novembre (3).

Vouthon-haut est situé par 3°,17′ de longitude orientale et

---

(1) Il existe en France, outre Vouthon-bas, deux autres villages de ce nom : *Voulton,* Seine-et-Marne, arrond. de Provins, c^on de Villiers-Saint-Georges ; où l'*l* de Voulton se prononce; — et *Vouthon*, Charente, arrond. d'Angoulême, c^on de Montbron. Les étymologistes de ce pays pensent que Vouthon signifie *Vallée d'Othon.*

(2) Un des derniers gardes fut le malheureux *Bonneau,* homme intègre, qui périt, victime de son devoir, tué d'un coup de fusil dans le bois de la *Combe-Millot.* L'auteur de ce guet-apens ne fut pas inquiété, mais la famille de Bonneau, d'accord avec la rumeur publique, en désigna l'instigateur ou l'auteur. Ce crime fut commis le 24 juillet 1783.

(3) Ce moulin, appartenant en dernier lieu au sieur Boudinot, de Vouthon-haut, a été démoli vers 1856.

par 48°,29′ de latitude septentrionale. Son altitude moyenne est de 400 m. environ (1). Il est traversé, avons-nous dit, par la route nationale n° 66, de Bar-le-Duc à Bâle, construite vers 1776 (2). Sa distance légale de Gondrecourt, chef-lieu du canton auquel il appartient (3), est de 10 kilom.; celle de Commercy, son chef-lieu d'arrondissement, de 40 kil.; celle de Bar-le-Duc, chef-lieu du département, de 54 kil.; et celle de Saint-Mihiel, chef-lieu judiciaire de l'arrondissement et siège de la cour d'assises, de 51 kilomètres. Il est situé à 48 kilom. de Nancy, chef-lieu de l'académie et de la cour d'appel auxquels il ressortit, et à 300 kil. de Paris : ces deux dernières distances sont estimées à vol d'oiseau (4).

Vouthon-haut est desservi par le bureau de poste de Gondrecourt, et fait partie de la perception de Dainville-Bertheléville (5).

Les stations de chemins de fer les plus rapprochées sont celles de Gondrecourt, à 12 kilom., ligne de Nançois-le-Petit à Neufchâteau, et de Domremy-Maxey, à 7 kil. et demi, ligne de Chaumont à Pagny-sur-Meuse.

Climat. — L'altitude de Vouthon-haut, son orientation et sa proximité des forêts indiquent tout d'abord que l'air y est

---

(1) D'après la carte topographique au $\frac{1}{50.000}$, publiée en 1885 par le dépôt de la Guerre, la courbe de niveau 390 m. coupe le village vers le centre.

(2) Suivant M. l'abbé Jacquot, auteur d'une intéressante notice sur l'abbaye d'Évaux, la route de Ligny aurait été construite en 1750. Mais des souvenirs de famille nous donnent la certitude que le tronçon de cette route, compris entre les Vouthons et Greux, n'a été achevée qu'à l'époque que nous indiquons.

(3) Lors de la première division de la France en départements, le canton de Gondrecourt se composait seulement de *Gondrecourt, Abainville, Amanty, Dainville-aux-Forges, Bonnet, Chassey, Luméville, Horville, Bertheléville, Tourailles, Vouthon-haut* et *Vouthon-bas.*

(4) Quand il est midi à Paris, il est midi 12′ 13″ à Vouthon-haut, heure astronomique.

(5) Les autres communes de cette perception sont : *Dainville-Bertheléville, Bonnet, Chassey, Horville, Luméville, les Roises, Tourailles, Vaudeville* et *Vouthon-bas.* — Le percepteur habite ordinairement Gondrecourt.

vif, le climat sain et la température froide (1). La neige
y tombe en abondance et disparaît lentement. Néanmoins
l'air y est salubre et les épidémies graves très rares. Cependant la peste de 1625 et le choléra de 1854 y ont laissé de
douloureux souvenirs. Les victimes de la première, qu'on
chassait hors du village, furent inhumées entre le chemin de la
Vieille-Côte et la partie supérieure de la Combrisson, où nous
avons vu une croix modeste, enterrée jusqu'aux croisillons et
ayant l'aspect d'une simple borne; elle devait porter une date
que nous n'avons pas relevée. Nous n'avons point d'autres documents locaux sur ce fléau qui désola Vouthon comme la plus
grande partie de la Lorraine. Il n'en est pas de même du choléra, qui fit dans cette commune de nombreuses victimes. Sur
378 habitants, 83 furent atteints, dont 39 succombèrent, 18
hommes et 21 femmes. Quatre autres personnes, qui avaient
fui devant le fléau, subirent le même sort. Le premier décès
constaté eut lieu le 24 juin et le dernier le 27 août; du 7 au

---

(1) Notre dernier comte, François-Louis des Salles, se livra à des observations météorologiques tant à Nancy qu'à Vouthon-haut, qu'il habita peu.
Son journal commence le 1er janvier 1775 et finit le 25 juin 1787, date à
laquelle des occupations plus sérieuses prirent son temps. L'auteur indique
ainsi le but qu'il se proposait. « Ce journal, écrit-il, est destiné à des observations météorologiques pour connaître l'influence de l'air sur les plantes
de mon jardin. J'y marquerai aussi les phases de la lune, pour observer si
elle peut contribuer en quelque chose aux changements qui arrivent dans
l'atmosphère à la suite desquels nous avons de grandes pluies, de fortes
gelées, des vents violents, des tempêtes, ou enfin le beau temps. Je marquerai aussi les jours de semailles faites en différentes phases de la lune,
afin de voir si elle préside à toutes les opérations du jardinage, comme les
adeptes jardiniers le prétendent. » Ce registre ne contient que peu d'observations faites à Vouthon-haut, où le comte des Salles ne vint que trois fois
de 1775 à 1787. — Le 27 mars 1775, il note 2° de froid et le 4 juin suivant
17° de chaleur au thermomètre Réaumur.

La moyenne pour Vouthon-haut peut être établie à 2° au-dessous de celle
qui a été relevée de 1883 à 1888 par l'administration des ponts et chaussées,
c'est-à-dire à 8°,30 environ. Minimum : 2°,7; maximum, 17°,4. — Les
moyennes pour la région sont : Bar-le-Duc, 10°,2; — Mirecourt, 9°,5; —
Épinal, 9°,52; — Saint-Dié, 9°,56; — Syndicat, 7°,25; — Barançon (Plain-
faing), 7°,76; — Gérardmer (649m), 7°,38; — la Schlucht, 4°,44. (GENSER et
MOUTON, conducteurs.)

27 juillet, période critique, il y eut 35 victimes. Des prêtres, des sœurs, des médecins, furent appelés par la municipalité aux frais de la commune pour soigner et réconforter les malades. M. l'abbé Defrance, curé des Vouthons, périt victime de son dévouement. Un cimetière spécial fut créé pour les cholériques décédés; une croix de belle apparence y fut érigée, et la reconnaissance publique éleva aussi, au jeune pasteur, qui avait donné sa vie pour ses brebis, un modeste monument dans le cimetière de la paroisse, au moyen d'une souscription (1).

Territoire. — Facile à cultiver dans toutes ses parties, le territoire de Vouthon-haut est essentiellement calcaire, et presque partout le sol pierreux est propre à la culture des céréales, quoique les moissons y soient tardives.

Dressé en 1835, par MM. Desplanques, géomètre en chef, et Trembloy, le cadastre répartit comme il suit la nature des 1,332 hectares 98 ares du territoire.

Terres labourables.	649^{ha} 84^a.	Pâtis.	34^{ha} 41^a.
Prés.	3	29	Accrues	0	09
Vignes.	3	38	Bois	579	68
Jardins.	1	57	Broussailles	0	47
Vergers.	1	85	Carrières.	1	36
Chènevières	1	75	Bâtiments	2	67
Bois plantés.	37	74	Église, cimetière.	0	23
Friches	0	25	Chemins et places.	13	60
Pierriers.	0	13	Ruisseaux, ravins.	0	67

Le territoire de Vouthon-haut, très morcelé, comprend trois sections cadastrales :

Section A, le Village	873 parcelles.	197^{ha} 67^a.
Section B, Boncourt	888 parcelles.	307 48
Section C, Jupévaux.	707 parcelles.	762 93
Total	2,468 parcelles.	1,268 08

(1) Cette souscription a produit 101 fr. 50, dont 79 fr. 90 pour Vouthon-haut, et 21 fr. 60 pour Vouthon-bas.

Et dans ces 2,468 parcelles, en sont comptées cinq qui comprennent le massif des bois, ce qui ferait pour la partie cultivée, déduction faite aussi des friches, 2,461 parcelles d'une contenance de 629 hectares 72 ares, soit 25 ares 58 cent. en moyenne par chaque parcelle. Les plus étendues ont une superficie de 1 à 2 hectares; on en trouve une de 2 h. 11.

Au point de vue cadastral, le territoire de Vouthon-haut comprend les trois sections plus haut désignées; chacune d'elles se subdivise en lieudits dont nous donnons la nomenclature. Altérés dans la suite des temps par les modifications qu'a subies l'idiome local, dénaturés aussi par les agents cadastraux qui ont cru devoir les franciser, les noms de ces lieudits eurent évidemment leur raison d'être; mais il est difficile aujourd'hui, pour ne pas dire impossible, d'en déterminer l'exacte signification primitive. Nous l'essayerons cependant, mais sans prétendre imposer notre opinion, discutable dans bien des cas.

Section A : Le Village.

Le Village.

1. La Corvée des Noyers (1).
2. Les Corvées.
3. Sous la Route.
4. Sous les Corvées.
5. La Chèvre.
6. La Vallotte.
7. Sous la Vieille-Côte.
8. La Coudre.
9. La Mitonnière (2).
10. Au bout des Noyers.
11. Au bout des Corvées.
12. Au Chapelot (chapelet).
13. A Lignières (3).
14. Au grand Cerisier (*cirgeil*).
15. La Vieille-Côte.
16. Sous le gros Hêtre.
17. Le fond de la Combrisson.
18. La Combrisson (4).

(1) Ainsi désignée à cause de deux énormes noyers, abattus vers 1854. — *Corvée* se dit en patois local *croueil*, du v. mot *crowée*.

(2) En patois, *lai Mitrougnire*. Ce mot signifie *taupinière*.

(3) Ou *Linières*, en patois *Lineilre*. Y semait-on autrefois du lin, ou existait-il là quelque bosquet? Dans ce dernier cas, le mot Lignières viendrait de *lignum*, bois.

(4) En patois *Combrechon*. A Vouthon-haut, la plupart des vallons sont appelés *combes*, avec le nom probable du premier possesseur. Il est naturel

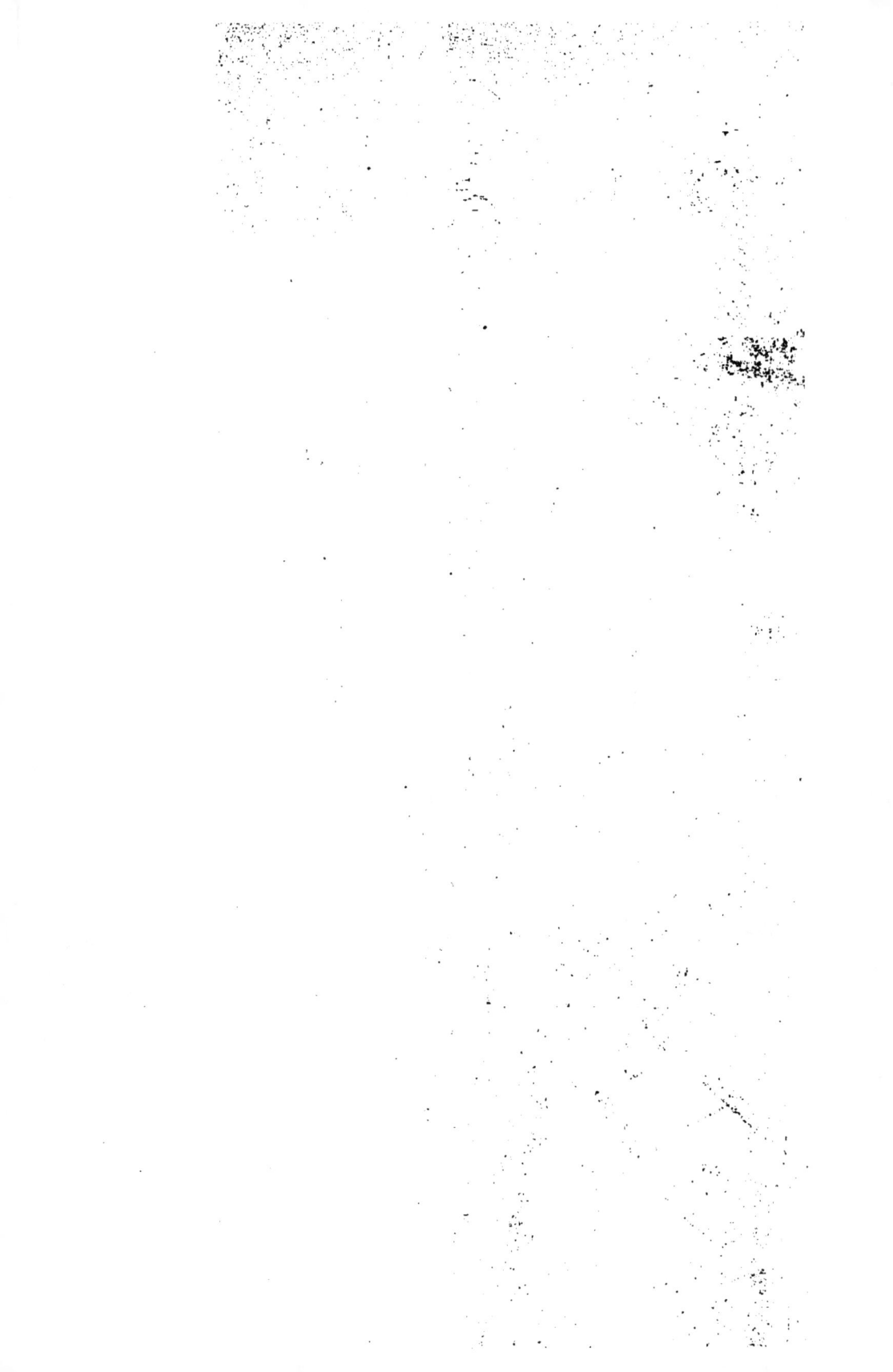

PLAN
DU TERRITOIRE DE
VOUTHON-HAUT

Vouthon-Haut, vers 1760.

Echelle Métrique
1:10.000

19. Le gros Hêtre.
20. La blanche Prairie.
21. Sous la voie de Pagny.
22. La Fosse du Tonnerre.
23. Les Corvées.
24. Les Forgeottes (1).
25. La Couserosse (2).
26. Sous la voie de Brixey.

27. En Thomas.
28. La combe Wâtrin (3).
29. La haie des Grosseilles.
30. Au coteau Masson.
31. Les Sijamais (4).
32. Au coin de la Bogerosse(5).
33. La Couleuvre.
34. Chôchy sous la route (6).

Section B : Boncourt.

35. Chôchy au-dessus de la route.
36. Entre les deux Routes (7).
37. Les Corvées.

que ces vallons, plus fertiles que les coteaux, aient été cultivés d'abord. Un sieur *Rechon* ou *Brechon* aurait donné son nom à la *combe* qu'il s'était approprié. *Combrisson* est le nom primitif francisé.

(1) Y a-t-il eu là de petits fourneaux à main, comme on en rencontre dans quelques localités possédant du minerai de fer? Cela n'est pas probable. Ce nom vient peut-être de celui d'un sieur Forgeot ou de ses filles, qui auraient possédé tout ou partie de ce lieudit. On trouvera plus loin, dans un dénombrement de mai 1576, une rente dite de la Forge.

(2) Ce mot patois signifie *couseuse*. Nous ne voyons pas quel rapport peut exister entre ce lieudit et sa désignation. Ce peut être une altération de *couverosse*, couveuse; alors le nom indiquerait que le lieudit était jadis soumis à la redevance d'une couvée de poulets.

(3) Voir plus haut *Combrisson,* n° 18.

(4) Ce mot vient de *sèyer,* couper les céréales à la faucille, marque le peu de fertilité de la contrée et signifie *scie-jamais.* C'est d'ailleurs ainsi qu'il devrait s'écrire. Un lieudit voisin, que nous ne voyons plus figurer dans le cadastre de 1835, avait nom *Veuilde-Grainche,* Vide-Grange, également très significatif.

(5) Encore un mot dont le sens nous échappe. A la rigueur, on peut le faire dériver de *bauge,* la Bogerosse étant un bois où les sangliers se retirent; le nom français serait alors *Baugeresse.*

(6) Mieux *chauchy,* de *saulx,* altération de *saulcy,* qui signifie saulaie, lieu planté de saules. L'ancienne contrée du Chôchy a été coupée en deux, à la fin du siècle dernier, par la route nationale n° 66.

(7) La route nationale et l'ancien chemin de Domremy. Cette désignation, ainsi que les deux précédentes, est postérieure à 1780.

38. Au Chaufour (1).
39. La Haute-Borne (2).
40. Bout-de-Vache (3).
41. Le fond de Vaillantrée (4).
42. La Voie des Chairs.
43. La Croix la Plante.
44. Pisse-Chien.
45. Vaillantrée.
46. La Prêle.
47. Aux Aoislots (5).
48. Au Cul-de-hotte (6).
49. Sur Thiervaux (7).
50. Au Gendarme (8).
51. A Gervalotte (9).
52. La Combe-Montpaul (10).
53. La Grande-Faute (11).
54. Sur la Grande-Faute.
55. La Petite-Déloriez (12).
56. La Grande-Déloriez.
57. La Grande-Fatigue.
58. A la Vache-à-Lait.
59. La Vignette (13).
60. Sur la Vignette.
61. Le Pointu (14).
62. Saint-Maurice (15).
63. L'entrée de Boncourt (16).

(1) *Chaufour*, four à chaux, d'où *chaufournier*, qui exploite un four à chaux. Il y avait là un four à chaux.

(2) La ligne séparative du Barrois et de la Champagne passait par ce lieudit, qui doit sans doute son nom à une borne élevée, marquant la limite des deux provinces.

(3) Mieux *Boute-Vache*, *boute* signifiant mettre. Cette contrée offrait aux vaches un pâturage excellent.

(4) Le mot *trait* signifie terrain plat. Vaillantrée devrait s'écrire *Vaillants-Traits*, soit pour marquer la valeur du sol, soit pour rappeler quelque combat.

La Voie des Chairs ou des *Chars*, au Gendarme, ou mieux aux *Gens d'armes*, et Gervallotte ou *Vallotte, vallon de la guerre*, tous lieudits voisins, autorisent cette dernière étymologie.

(5) Cette dénomination, ainsi que les deux qui suivent, indique une contrée humide. *Aoislots* se prononce *Awislots*, *d'âw*, eau. Awislots peut aussi venir du mot *aouis*, d'*avis*, oiseau, et signifierait oisillons.

(6) Nous ignorons l'origine, même probable, de cette dénomination.

(7) *Vau* ou *Val de Thierry*, Thierry-Vaux.

(8-9) Voir plus haut, le fond de Vaillantrée, n° 41.

(10) *Montpaul*, sans doute mons Paul, seigneur Paul. — Voir n° 18.

(11) *Qui faut*, qui manque; de *faillir*, à cause de la pente rapide du terrain.

(12) *Déloriez* nous semble un nom propre.

(13) *Vignette*, en patois *Vignotte*, marque l'emplacement d'anciennes vignes. On y en a replanté depuis une trentaine d'années.

(14) Lieudit de forme triangulaire.

(15) Autrefois *Clos Saint-Maurice*. Greux, commune voisine, a ce saint pour patron.

(16) *Boncourt*, ancien couvent détruit.

64. Le Poulet (1).
65. La Justice (2).
66. Le Pointu (3).
67. Le Fond de Boncourt.
68. Le Petit-Lambêt (4).
69. Le Grand-Lambêt.
70. La Grande-Haie.
71. A Belle-Vue (5).
72. La Cumine (6).
73. Le Parc des Arbres (7).
74. A travers le sentier de Vaudeville.
75. La Tournière du Pouge (8).
76. Au Pouge.
77. Le Grand-Parc (7).
78. Le Petit-Parc (7).
79. Sous le Petit-Bois.
80. Les Longues-Portions.
81. Les petits Montants de Halmida (8).
82. La Fontaine-le-Clos.
83. Creusotte (10).
84. Les Montants de Halmida (9).
85. Bouquena (11).
86. La Combe-Humbert (12).
87. Le fond de Bouquena.
88. La Tournière de la Religieuse (13).
89. La Charmille.

(1) Payait peut-être autrefois une redevance d'un poulet.

(2) Là existaient, dominant le territoire et le village, les fourches patibulaires.

(3) Voir *suprà*, n° 61.

(4) *Lambêt* nous paraît une altération du nom propre *Lambert*.

(5) Lieu d'où l'on jouit d'un horizon étendu.

(6) *Quemine*, et non *Cumine*. Ce mot nous révèle sur ce point la présence d'une ancienne voie, et désigne un lieudit dans différents territoires meusiens.

(7) Il existait là une sorte de parc assez mal entretenu où les seigneurs chassaient en se promenant.

(8) Nous ignorons la signification de ce mot, qui nous semble très ancien.

(9) Même observation.

(10) De *creuser*, petit creux : ravine à proximité.

(11) Ce mot nous semble une altération de *bouchenots*, petits *bouchons* ou buissons, en faisant le *ch* dur. Il existait là en effet, avant 1558, des broussailles qui furent accencées par l'abbé de Mureaux aux habitants de Vouthonhaut, comme nous le verrons plus loin.

(12) Voyez *Combrisson*, n° 18.

(13) Il existait tout près de là, sur le finage de Vaudeville, un couvent de religieuses, appelé Rignécourt, dont nous parlons ailleurs.

Section C : JUPÉVAUX.

90. Le Petit-Bois (1).
91. Le Jardinet (2).
92. Jupévaux (3).
93. Plaine des Grands-Chiens (4).
94. La Vendue.
95. Le Pâtis du Trait.
96. Devant la Frière (5).
97. Le fond du Siège (6).
98. Hardéchien (7).
99. Le plat (plateau) de Hardéchien.
100. Le coin Boulanger.
101. Devant Jupévaux.
102. A Marguitte (8).
103. Haie Magnier.
104. Sous Hardéchien.
105. Le fond de Fremonvaux (9).
106. Les montants de Fremonvaux.
107. En Draumerot (10) ou Fremonvaux.
108. Sur la combe Jean Dinon (11).
109. La combe Jean Dinon.
110. Les Ronds-Chênes.
111. L'Enrouillé (12).
112. La Terre-Claude.
113. La Voie des Vaches.
114. Au-dessus des grandes Friches.

(1) Bois communal de peu d'étendue. Une pointe qui s'avance à l'est a dû être plantée : d'où ce nom.

(2) En patois *jaidinêt,* diminutif de *jaidin,* jardin. Ce bois a pu être autrefois un parc.

(3) *Vau* ou *Val de Jupé,* de *Jupin* (Jupiter)? — Une partie de Jupévaux, qui aboutit sur Grands-Chiens, à l'O. de la *Tranchée des Vaches,* porte le nom de *Corne-Vacher.*

(4) En patois *cheu Grand-Chin.* Altération de Grand-Chêne (?).

(5) Nous ignorons l'origine de ce nom.

(6) En patois *combe Laicige,* que *du Siège* ne rend nullement. Par analogie avec les autres *combes,* nous pensons que *Laicige* est le nom altéré d'un des premiers possesseurs. V. n° 16.

(7) En patois *Hâdeilchin.* Origine inconnue.

(8) *Marguitte* nous paraît une altération de Marguerite; alors *à Marguitte* signifierait à *Marguerite* ou *aux Marguerites.*

(9) Nommé aussi *combe Fremonvaux, combe de Fremont* ou *combe au froment.* La finale *vaux,* val, vallon, forme un pléonasme avec les mots *fond* et *combe.*

(10) Le sens, même probable de ce mot, nous échappe.

(11) V. *Combrisson,* n° 16.

(12) En patois *Orûillé,* à cause de la teinte ocreuse du sol.

115. Les grandes Friches (1).
116. La Montjoie (2).
117. La pointe des Ronds-Chênes.
118. Aux Andes (3).
119. La Quérotte (4).
120. Sur la Gravine (5).
121. Au-dessus de la Montjoie.
122. Aux Gravines.
123. Les montants de Marotte (6).
124. La Louvière.
125. Au bout de la Ville (7).
126. Au Noyer.
127. La Voie ferrée (8).
128. Les montants de la Chevrotte (9).
129. A Colas.
130. Au-dessus de la Route.

Nous avons tenté d'indiquer, pour la plupart des noms de lieudits, leur origine possible ou probable, sans prétendre les imposer à personne. Des études de ce genre sont trop sujettes à erreur pour que nous ne fassions pas cette prudente réserve.

Sur un plan de 1760, le territoire de Vouthon-haut est indiqué comme appartenant, partie à la Lorraine, partie à la Champagne. Cette dernière partie s'étendait au S. d'une ligne à peu près droite tracée sur notre plan de la commune. Sur ce plan, les numéros correspondent à ceux qui précèdent plus haut les noms des lieudits.

Avant le cadastre de 1835, il en existait un autre qui a disparu des archives communales. Les sections étaient plus nombreuses, et les noms de plusieurs sections et lieudits différaient de ceux d'aujourd'hui.

Dans de vieux titres, nous trouvons la section de *Coulard*,

(1) Friche est masc. en patois local ; on dit à Vouthon : *los grands Freiltis*.

(2) En patois *Montjóïe*. Plateau dominant les alentours. *Mons Jovi* (?).

(3) En patois *On'tes*. Doit-on lire aux Entes ? Y aurait-il eu là quelque pépinière ? La nature du terrain n'autorise guère cette supposition.

(4) En patois *Coueilrotte*, mot fort altéré par les agents du cadastre. Ce mot doit signifier *coudrette*, dont le patois *cawrotte* s'est modifié dans la suite des temps.

(5) En patois *cheu l'Graivineil*, mot également très altéré. Cette contrée est graveleuse, sableuse. *Graivineil*, francisé, donnerait *Gravinier* et non *Gravine*.

(6) *Marotte* signifierait-il petite mare ?

(7) Contrée proche du village.

(8) Tire son nom d'un chemin avec chaussée solidement construite.

(9) *Chevrotte*, petite chèvre, en patois *biquotte*.

celle d'*Anlevale* (1), et les lieudits *Grelotté*, la *plat de Bouque-nat*, la *Goulotte*, la *Rochelle*, la *Voie Bocasse*, la *Simonnette*, la *Combe-Chantreu*, à *Poupa*, *Heillery*, *au Chaudronnier*, etc.

Composition et fertilité du sol. — On trouve les terres dites *herbues* en Belle-Vue, à la Vache-à-lait, en Lignières, à la Terre-Claude et dans une partie de Vaillantrée; les terres argileuses en Marotte, en Colas, à la Chevrotte; et les sols sablonneux à l'entrée de Boncourt, à la Gravine, aux Andes, sous la Vieille-Côte et au fond de la Combrisson.

Les terrains les plus fertiles existent, en les plaçant suivant l'ordre de leur valeur, dans le fond de Boncourt, à Vaillantrée, à la Fosse du Tonnerre, entre les deux Villages de chaque côté de la route, les Corvées au sud et à l'est, et les terres herbues citées plus haut.

Les plus mauvaises terres sont aux Sijamais, à la Vieille-Côte, au coteau de la Combrisson, et sur le plat de Hardéchien. Depuis 1860, on a planté en saules, sapins et autres essences forestières, environ soixante hectares des trois premières de ces contrées, qui seront entièrement boisées dans un quart de siècle. Le plat de Hardéchien semble rebelle à cette intelligente opération.

Forêts. — La partie du territoire de Vouthon-haut couverte d'anciennes forêts a une superficie totale de 580 hectares 67 ares ares qui se décompose ainsi :

Bois communaux :
Au profit des habitants 272.40
Quart en réserve 90.60
Bois particuliers :
Le Jardinet (2). 194.44
La Combrisson (3) 23.23
Total 580.67

(1) Déclaration des biens de Claude Noisette, 1er mars 1791.
(2) Appartenant : 1º Le Jardinet proprement dit, à Mme de Montaut, veuve Paillot; 2º la Combe-Millot, au sud, à Mme Gaillard, de Boucq (Meurthe-et-Moselle).
(3) Appartenant à M. le baron d'Huart, à Brouthières (Haute-Marne). Ce

Un plateau situé au centre des forêts, d'une contenance de 29 hectares 54 ares, confinant aux bois de Gondrecourt et connu sous le nom de *Plaine des Grands-Chiens*, est laissée en friche improductive, et malgré les instances réitérées de l'administration forestière, le conseil municipal de Vouthon-haut s'est toujours opposé au reboisement de cette plaine, sous le spécieux prétexte qu'elle sert de pâturage aux moutons de la commune et les préserve du piétain (Voir p. 6, à la *Faune*, les principales essences forestières).

Les bois d'affouage sont aménagés à trente ans, ce qui donne une moyenne de 9 hectares par coupe annuelle. Le quart en réserve (la Vendue) s'exploitera tous les 36 ans à partir de 1922 (aménagement du 6 octobre 1866). Chaque coupe affouagère se partage tous les ans entre tous les chefs de ménages, qui payent chacun une redevance de ce fait, tant pour solder les frais d'exploitation que pour couvrir les dépenses courantes de la commune. Il y a quarante ans, cette cotisation était relativement minime, et les ménages simulés y trouvaient leur compte aux dépens des ménages sérieux ; aussi l'administration municipale d'alors, pour couper court aux abus, éleva le taux de la redevance de manière à ne laisser à chaque affouager qu'un léger bénéfice, insuffisant pour allécher la cupidité, et tout rentra dans l'ordre. En certaines années, l'écart entre la cotisation et la valeur réelle de l'affouage variait entre 80 et 100 francs : c'était une prime offerte à la mauvaise foi, mais aussi un allègement notable pour les ménages nécessiteux qui, pendant la bonne saison, faisaient provision de bois sec dans la forêt pour se chauffer en hiver.

Voies de communication. — La route nationale n° 66, de

dernier bois appartenait aux des Salles, seigneurs du lieu. Lors de la Révolution, les habitants de Vouthon-haut s'en emparèrent, mais Aurore-Monique des Salles, cousine et légataire du dernier comte des Vouthons, le revendiqua comme lui appartenant. La communauté résista à ces prétentions. Le premier jugement et l'appel, favorables à Vouthon-haut, furent cassés, et la commune dut abandonner ses prétentions. — Le 22 pluviôse an II, vente fut faite par la nation au citoyen Joly, de Bertheléville, de la quantité de 110 arpents de bois à la Combe-Millot, à raison de 75 livres l'arpent.

Bar-le-Duc à Bâle, qui se confond à Greux avec la route nationale n° 64, de Neufchâteau à Mézières, après un parcours de 59 kilom. 586, est la seule voie importante qui traverse le territoire de Vouthon-haut. Les autres sont des chemins vicinaux ordinaires et des chemins ruraux. Les premiers sont : le chemin de Vaudeville à Gondrecourt, qui traverse la forêt à l'ouest; ceux de Vouthon-haut à Vaudeville, à Goussaincourt et à Taillancourt, tous assez bien entretenus, notamment le premier. Parmi les chemins ruraux, nous citerons ceux des Roises, de Gervallotte, de Boncourt, de Dainville, de Chermisey, de la Frière, de la Vieille-Côte, etc., dont, à défaut de classement, l'entretien laisse à désirer, quoique la pierre abonde (1).

La commune a fait quelque sacrifice pour la vicinalité. Elle a participé pour une somme de 6,812, fr. 05 dans la construction du chemin de Gondrecourt à Vaudeville, qui est sans utilité pour elle et qui lui enlève au contraire la plupart des voyageurs. Le chemin dit de *la Vallotte*, qui se dirige sur Taillancourt, lui a coûté, sans compter l'acquisition des terrains, une somme de 5,925 fr., payée à l'entrepreneur.

Habitations. — Le recensement de 1886 accuse 71 maisons ayant un rez-de-chaussée seulement, et 11 à un étage.

Il y a cinquante ans, une simple aire de terre battue formait le sol de nombreuses habitations. Depuis et peu à peu, une amélioration notable s'est produite à cet égard : une seule est aujourd'hui dans ce cas; 10 sont dallées et 65 planchéiées.

Les maisons sont toutes construites en pierre de taille et moëllons de Vouthon; depuis quelque temps on tire la première des carrières moins gélives de Goussaincourt et de Vaudeville. Autrefois, elles étaient couvertes de laves, excellente couverture qui fermait tout accès, quand elle était bien faite, à la pluie et à la neige, mais qui était lourde et exigeait une forte charpente. Peu à peu la tuile creuse et la tuile plate, pro-

_____

(1) **Les chemins ruraux vont être reconnus**, comme le veut la loi de 1881, et pourront être plus facilement et plus régulièrement entretenus.

venant de Maxey-sur-Meuse, ont remplacé la lave; néanmoins celle-ci, à raison de sa durée, encadre volontiers la tuile et se place sur les portions de toitures correspondant aux murs extérieurs et à ceux de refend. Dix-neuf maisons sont encore couvertes, soit en laves, soit en laves et tuiles mélangées. L'église seule est couverte en ardoises.

La valeur moyenne d'une maison composée de deux pièces, d'une écurie, d'une grange, de greniers et d'un petit jardin, est actuellement de 2,000 francs.

Au point de vue du confortable et de l'hygiène, les habitations ont beaucoup gagné depuis 1840. Presque toutes ont un jardin, qui fournit des légumes et des fruits savoureux et variés.

Fontaines publiques. — L'eau potable est de première nécessité au point de vue de l'hygiène et de l'alimentation des hommes et des animaux. Vouthon n'en manque jamais absolument, quoiqu'elle y soit rare dans les années de grande sécheresse, comme en 1865.

Avant 1833, Vouthon-haut possédait, outre quelques puits, d'une profondeur moyenne de 10 à 12 mètres, y compris 2 mètres d'eau, une fontaine et un lavoir publics au-dessous de l'église actuelle; la fontaine Saint-Sigismond, sorte de puisard couvert où l'on descendait par douze marches, située à l'est du cimetière et qu'on a déplacée depuis; — un second puisard également couvert entre la Ruelle et la route nationale, — enfin, la fontaine du Château, appelée la *Goulotte*, le seul abreuvoir public, formé d'auges et de tuyaux en bois fortement endommagés. L'eau de cette dernière fontaine, captée dans les jardins situés au-dessus, jaillissait, au moyen d'une rigole en pierre, à travers le mur faisant face à la rue qui longe à l'est l'aiguayoir actuel; les auges, arbres creusés dans leur longueur en sorte de pirogues, étaient rangés le long de ce mur.

Sur la place, à l'est de la route, à 30 mètres en amont du lavoir actuel, existait avant cette époque une sorte de mare nommée le *Sauveuil* (Sauvoy ou Sauveur), alimentée par les eaux pluviales et par un aqueduc y amenant le trop plein de l'ancien lavoir. Cette mare fort ancienne servait d'aiguayoir; séparée de la route nationale par un mur de soutènement arrasé à fleur du sol et sans barrière, elle offrait un danger permanent, et il y a lieu d'être surpris que l'administration des ponts et chaussées ait toléré longtemps cet état de choses.

Le 1er juin 1789, la municipalité de Vouthon-haut délibère sur l'urgente nécessité de réparer les fontaines, qui se trouvent souvent sans eau. Un devis estimatif, montant à 1,019 fr. 12, fut alors dressé pour construction de fontaines, abreuvoir et lavoir en pierre de taille; ce devis, très modeste, fut mis à exécution l'année suivante par le sieur Martin Liétard de Vouthon-bas. L'adjudication eut lieu à Neufchâteau, chef-lieu du district, le 30 juillet 1789. Le procès-verbal de réception, du 5 septembre 1790, monte à 1,193 livres 2 sous. Cette somme fut appliquée à la captation de sources, à la construction de l'ancien lavoir, et à la réfection des auges et des tuyaux de la Goulotte.

Le 8 mai 1827, en présence de l'insuffisance et de l'état de vétusté des fontaines publiques, le conseil municipal songea aux moyens d'y remédier. Le 10 janvier 1832, il vota les fonds nécessaires pour la suppression du *Sauveuil*, et pour la construction de fontaines jaillissantes, d'abreuvoirs et d'un lavoir à l'angle de la place, tout près de la rue qui conduit à l'ancien château. L'architecte fut M. Thiébault, de Void, et l'entrepreneur, M. Vivenot, de Ligny, qui se mit à l'œuvre en 1833. Le tout a coûté 18,119 fr. 87 c., non compris l'acquisition du terrain.

Cette fontaine, qui n'a rien de monumental, est alimentée par des sources réunies, provenant du bas de la rue qui monte vers le cimetière, et qui se rassemblent dans un réceptacle voisin. Un réservoir circulaire et des auges en pierre d'Euville recueillent les eaux jaillissantes et servent d'abreuvoir. Le lavoir, clos et couvert, dont un bassin occupe le centre, est entouré de bancs en pierre adossés aux murs intérieurs. Les eaux surabondantes s'écoulent par un canal qui les conduit vers les dépendances de l'ancien château.

En 1835, deux pompes-fontaines furent établies et coûtèrent

1,884 fr. 11. — M. Thiébault, architecte; M. Roussel, de Gondrecourt, entrepreneur.

Restait à utiliser les excellentes eaux de la Goulotte, et à remplacer l'ancien aiguayoir comblé en 1833.

Un devis fut dressé en 1840 par le même M. Thiébault, et l'année suivante, fut construite la fontaine dite *du Château*, avec eau jaillissante, abreuvoir, lavoir public et aiguayoir, dans une propriété du sieur Noisette; y compris un aqueduc livrant passage aux eaux descendant de la Ruelle, de la route nationale et du lavoir en amont, et les conduisant le long du chemin qui mène à l'ancien château, la dépense s'éleva à 21,275 fr. 50 c. payés à l'entrepreneur Germain Jacquemin, de Badonvilliers; plus 890 fr. 75 c. d'honoraires à l'architecte. Total : 22,166 fr. 25 c. Parfaitement approprié à sa destination, l'aiguayoir a une contenance de 16 à 1,800 mètres cubes (1). Les réparations faites à l'aiguayoir et aux lavoirs ont coûté depuis 5,142 fr. 17 c.

Depuis lors, comme nous l'avons dit, la fontaine Saint-Sigismond, qui gênait la voie publique, a été reportée plus bas. L'eau de cette fontaine, qui ne tarit jamais, est d'une limpidité parfaite. Le bassin, formé d'un seul bloc de pierre, a 1^m,50 de long, 0^m,80 de large et 0^m,75 de profondeur.

Outre ces fontaines, Vouthon-haut possède trois puits publics et de nombreux puits particuliers, et jouit, même durant l'été, d'une eau saine et à peu près pure de toute substance étrangère (2).

Établissements scolaires. — Avant 1836, l'école mixte, la seule que possédât la commune, se tenait dans une salle exi-

(1) Nous disons, sans vanité ni fausse honte, avoir taillé la plupart des blocs qui servent de parapets à cet aiguayoir le long du chemin de la Vallotte.

(2) Pendant l'été de 1865 cependant, les habitants de Vouthon-haut furent forcés de demander à la municipalité de Vouthon-bas l'autorisation de laver le linge et d'abreuver le bétail aux sources de ce village. Loin de faire des difficultés, la commune de Vouthon-bas alla au-devant de ce désir. En récompense de cet accueil, le conseil municipal de Vouthon-haut lui fit remise, pour 1866, d'une somme de 131 fr. 75 c., qui lui est payée annuellement depuis la construction du presbytère actuel (Voir *Presbytère*).

guë, en face de l'ancienne église, faisant partie de l'école actuelle des filles. Enseignement, méthode, mobilier, tout y était absolument primitif et les progrès à l'avenant.

Après le vote de la loi du 28 juin 1833, on comprit enfin l'urgence de faire cesser cet état de choses, et le 4 mai 1834, le conseil municipal fit les fonds nécessaires pour la construction d'une maison d'école avec mairie et logement pour l'instituteur. Bien orientée, saine, suffisamment éclairée, proche de la place, parfaitement appropriée à sa destination, mais n'ayant rien de remarquable, cette maison a été construite en 1835 par M. Mourot, entrepreneur à Liffol-le-Grand (Vosges), sur les plans de M. Thiébault, architecte. Elle a coûté, non compris les honoraires de ce dernier, la somme de 12,715 fr. 21 cent.

L'instituteur fut longtemps sans jardin. Aidé de ses élèves, M. Érard créa un potager sur l'emplacement d'anciens routoirs situés proche de *la Goulotte*. Cette création fait son éloge.

La nouvelle école fut d'abord pour les deux sexes.

Dès le 10 mai 1830, une demande avait été faite pour obtenir la création d'une école de filles commune aux deux Vouthons. La classe se faisait le matin pour les garçons et le soir pour les filles. Cette tentative n'aboutit pas. On comptait alors, à Vouthon-haut seulement, de 50 à 60 élèves.

Le 10 août 1838, une somme de 743 fr. fut votée pour le traitement et le mobilier d'une institutrice congréganiste, installée pour la rentrée des classes dans l'ancienne maison d'école des garçons. Cette somme fut complétée par une autre de 377 fr. affectée aux réparations intérieures. Mais l'entente n'ayant pu s'établir entre le prêtre et la sœur, le conseil municipal remercia celle-ci et la remplaça, un peu plus tard, par une institutrice laïque. Pour améliorer son logement, la commune acheta en 1845, de M. Leclaire, ancien curé, qui l'avait fait bâtir, une petite maison joignant l'école, et qui coûta, tous frais compris, 2,547 fr. 25. Enfin, le 6 septembre 1866, eut lieu une adjudication pour la construction d'une salle de classe. Cette salle, y compris le mobilier et les honoraires de l'architecte, a coûté environ 3,500 fr. — Laurent Pierre, de Seraumont, entrepreneur.

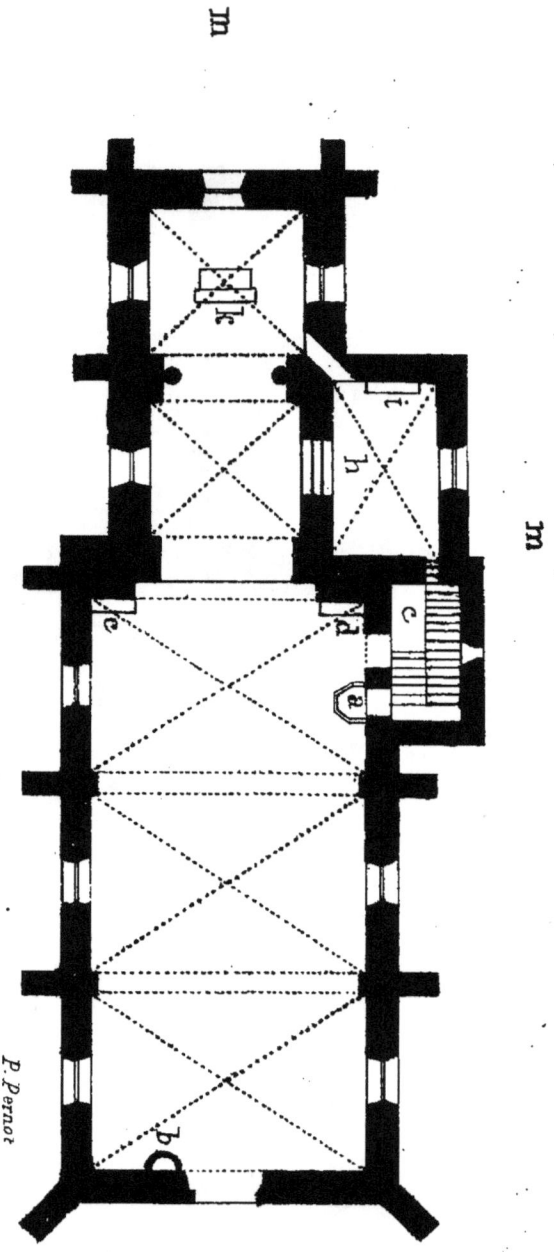

Ancienne Eglise,
démolie en 1861

Echelle de 0.004 pour mètre.

P. Pernot

m

LÉGENDE

a Chaire
b Bénitier
c Montée du clo[cher]
d Autel de la Vie[rge]
e Autel St Nic[olas]
h Sacristie
i Sortie de tombe[s]
k Autel princip[al]
m Cimetière.

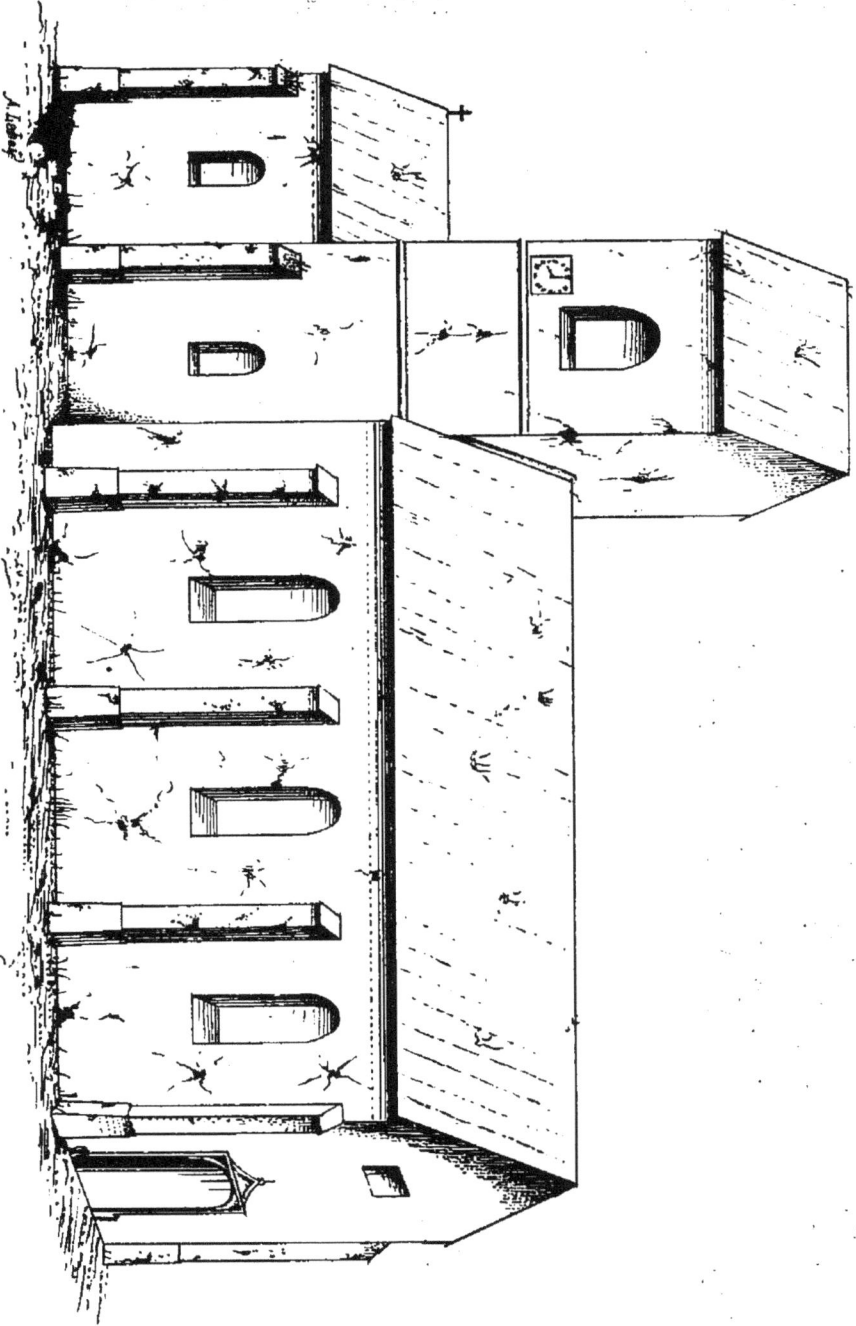

Malgré les éléments disparates dont il est composé, le bâtiment scolaire des filles est suffisant et convenable.

Presbytère. — Situé au nord-ouest et près de l'ancienne église, le presbytère comprenait, outre la maison d'habitation, située sur l'emplacement du presbytère actuel, un bâtiment en retour à l'ouest, plus un autre à l'est servant d'écurie. Le tout ouvrait sur une cour fermée d'un mur séparé de celui du cimetière par une rue étroite. Ce mur était percé de deux portes, l'une à pied, l'autre donnant accès aux voitures. Comme le terrain est en pente et que la cour était nivelée, il s'ensuivait que vers l'ouest elle était, ainsi que les bâtiments, en contre-bas de 70 à 80 centimètres du sol de la rue, ce qui les rendait humides et malsains. Un beau jardin régnait à l'ouest et au nord, tel qu'il existe actuellement.

Le 5 mai 1839, le conseil municipal, jugeant inutile de tenter la restauration du vieux presbytère, vota des fonds pour en construire un autre. Il a coûté 15,357 fr. 21, dont 14,718 fr. 49 payés à M. Roussel, de Gondrecourt, entrepreneur, et 638 fr. 72 à l'architecte M. Thiébault. De même que la mairie, ce presbytère, commode et sain, n'a rien de monumental (1).

Église. — L'ancienne église, démolie en 1861, se composait d'une seule nef voûtée et d'un chœur également voûté. Le clocher, de forme carrée, était situé sur celui-ci, ce qui semble prouver que la construction de cette église a précédé l'affranchissement de la commune (2). Le sommet de la tour, à peine élevé d'une quinzaine de mètres, offrait deux pignons portant un toit à double pente. Cette forme de couverture est désignée sous le nom de *bâtière*. Quoique le style de ces sortes d'édifices

---

(1) Annexe de Vouthon-haut, Vouthon-bas refusa énergiquement de participer à la reconstruction du presbytère. Mais malgré sa résistance, cette commune fut condamnée à payer annuellement à Vouthon-haut, comme indemnité, une somme de 131 fr. 57 c. C'est cette somme dont nous avons parlé, page 23.

(2) La raison de la position de certains clochers en avant de la nef, est que ces clochers appartenaient à la communauté des habitants, aux frais desquels ils étaient construits et entretenus. (L. GERMAIN.)

soit généralement peu caractérisé dans les campagnes, celui de cette tour l'était suffisamment pour qu'on la qualifiât de romane et qu'on en fît remonter la construction au XIIe siècle, ainsi que celle du sanctuaire. Quant à la nef, soutenue par des contreforts extérieurs, elle était moins ancienne. Aucune sculpture, aucune ornementation, sinon les moulures les plus élémentaires, n'embellissait les piliers du chœur, ni l'extérieur de ses fenêtres en meurtrières. Un seul meneau, placé dans une baie orientale du clocher, accusait une réparation postérieure à l'érection du monument. Cette église n'offrait donc rien de remarquable que son antiquité bien constatée. Comme toutes les églises rurales de cette époque, elle ne posséda pas d'abord de sacristie.

Mais, et nul n'y a songé peut-être, ce temple modeste a vu bien des fois la petite Jeannette, la pieuse fille d'Isabelle Romée, la future libératrice de la France, agenouillée et priant avec ardeur sur ses dalles humides pour la délivrance de sa patrie. Dans le trajet de Domremy à Vouthon, qu'habitaient son frère Jacquemin et sans doute d'autres parents de sa mère, Jeanne cueillait des gerbes de fleurs champêtres qu'elle déposait pieusement sur l'autel de Marie. Nous ne dirons pas, puisque rien ne nous y autorise, que ses *voix* mystérieuses se soient jamais fait entendre à elle dans ce temple rustique ; mais la certitude que Jeanne d'Arc l'a ennobli (1) par sa présence, n'eût-elle pas dû faire choisir, pour y placer la nouvelle église, l'emplacement de l'ancien sanctuaire ? Ne crierait-on pas au sacrilège si, l'église de Domremy tombant en ruines, on s'avisait de la reconstruire ailleurs ?

Les dimensions de l'ancienne église étaient celles-ci : nef, longueur 16ᵐ, largeur 7ᵐ,50 ; — chœur et sanctuaire, longueur 9ᵐ,50, largeur 3ᵐ. La sacristie, construite au S.-E. du chœur et surélevée de plusieurs marches à cause de la pente du terrain était l'ancienne chapelle des seigneurs, qui avaient vue sur l'autel principal par une ouverture grossièrement pratiquée après coup dans l'encognure orientale. Cette chapelle,

_____

(1) La fête de la Pucelle ne sera-t-elle pas bientôt celle de la France ? Si ce n'est pas encore une loi, c'est déjà un vœu national.

construite longtemps après l'église, avait 5ᵐ sur 3ᵐ. Les armoiries des des Salles, gravées sur une clé de la voûte, ont été mutilées en 1792.

A l'intérieur de cette chapelle, contre le mur à l'orient, était adossée une pierre en forme d'autel ou de tombeau sans ornements ni moulures. En nivelant le sol, on a découvert en ce lieu un caveau avec ouverture fermée d'une dalle rectangulaire de 95 cent. sur 75 cent. Ce caveau carré mesure 2ᵐ,10 sur 1ᵐ,80 de profondeur. Plusieurs corps y ont été déposés à différentes époques; le dernier paraît être celui de Louis II des Salles, décédé à Vouthon-haut le 20 février 1721. Son squelette, intact d'un côté, ne laisse voir de l'autre que quelques ossements. Un second squelette, dont nous ignorons l'origine, est également encore visible. Quoi qu'il en soit, ces ossements appartiennent tous à des personnages de haute stature; le squelette du comte mesure 1ᵐ,82; l'autre, qui semble appartenir à une femme, ne lui est guère inférieur. Serait-ce celui de son épouse, Denise-Agathe de Louviers? Les corps ont été déposés dans des cercueils en bois et entourés de chaux, dans laquelle ils semblent en quelque sorte moulés.

Vers 1857, lors d'une première ouverture de ce caveau, qui existe toujours dans le cimetière, mais recouvert d'une couche épaisse de terre, on y trouva une plaque de métal portant une inscription d'une écriture antique et à peu près indéchiffrable. Envoyée sans doute à quelque savant pour être lue, elle a disparu à jamais.

Revenons à l'ancienne église. Un examen sérieux, fait en 1854 par un homme compétent qui dressa procès-verbal de sa visite (1), prouva que la vieille tour, profondément lézardée du haut en bas, n'offrait plus la sécurité désirable; que l'ensemble des murs de l'édifice entier, humides et corrodés à l'intérieur, étaient moins solides qu'ils ne le semblaient. D'autre part, il faut le reconnaître, cette église ne répondait plus aux besoins actuels du culte. Ajoutons qu'elle était d'une étonnante pauvreté. L'autel principal avait tout juste la dignité que réclame le saint

(1) M. P. Pernot, architecte à Gondrecourt.

sacrifice. Les autels collatéraux en bois peint étaient *ornés*, celui de droite d'une Assomption toute primitive, celui de gauche d'un Saint-Nicolas sans valeur. A part ces deux tableaux assez peu propres à édifier, la nef et le chœur présentaient des murs d'une nudité absolue. Une chaire également en bois peint, de la dernière simplicité, et à laquelle on accédait par l'escalier même du clocher, et le plus humble des bénitiers!, complétaient ce chétif mobilier. Seule une vieille lampe d'argent, *donnée* par un plaideur malheureux qui, depuis, ne mit plus les pieds à l'église, était suspendue à l'entrée du chœur. On a lieu d'être surpris que les derniers seigneurs de Vouthon n'aient pas fait quelque largesse à cette église, sépulture de plusieurs d'entre eux, et que la communauté elle-même, relativement à l'aise, ait tant tardé à pourvoir à la décence du culte.

En 1861, sous l'habile direction de M. Pernot, architecte à Gondrecourt, cette église fut reconstruite et rapportée au N.-O. du presbytère, près de la place centrale du village. Nous regrettons ce déplacement. Rebâtie sur l'emplacement de l'ancienne, riche de souvenirs, elle eût produit un bel effet. Érigée dans le style du XIIIe siècle, elle comprend un porche avec escalier pour monter au clocher. De chaque côté de ce porche sont deux chapelles : à droite, celle des fonts, à gauche celle du confessionnal. Une nef principale, deux nefs collatérales, un chœur et une sacristie complètent l'édifice que domine une tour assise sur le porche, ornée d'une rosace et terminée par une flèche élancée.

Le porche carré, élevé sur plusieurs marches, a 3^m de côté sur 5^m de hauteur sous voûte. Chaque chapelle a, dans œuvre, 3^m,70 sur 2^m,95.

Le vaisseau a 16^m de long sur 11^m,20 de large. La grande nef a 5^m,80 de largeur et chacune des petites 2^m,70. La hauteur de la voûte, pour la première, est de 8^m,60, et pour les autres, 7^m,60.

Le chœur a 8^m de long sur 5^m,80 de large. La hauteur de la voûte est de 8^m.

Toutes ces dimensions sont prises dans œuvre.

La hauteur du clocher, à partir du dallage du porche, est de

20^m,85 ; celle de la flèche jusqu'à la sphère supportant la croix, de 12^m. Total : 32^m,85.

Cette église, non compris l'acquisition des terrains sur lesquels elle est construite, a coûté 49,897 fr. 87 c. Il a été payé en outre, pour terrains, 10,400 fr. Total : 60,297 fr. 87 c.

Entrepreneur : M. Carré, de Villeroy. Date de la réception : 1864.

L'église de Vouthon-haut est placée, comme l'ancienne, sous le vocable de saint Sigismond, roi de Bourgogne et martyr (516-524).

Fils et successeur de Gondebaud, Sigismond abandonna l'arianisme pour revenir à la foi catholique, promulgua de nouveau la *loi gombette,* fit périr son fils Sigéric sur une accusation dont il reconnut l'injustice, et alla faire pénitence de son crime dans l'abbaye d'Agaune, depuis Saint-Maurice en Valais, qu'il avait fondée et dotée des salines environnantes, qui donnèrent naissance à la ville de Salins (Jura). Il en sortit pour repousser une invasion des Francs occidentaux, mais il fut battu, pris et livré à Clodomir, roi d'Orléans, qui le condamna à perdre la vie. Le bienheureux Avitus, abbé de Mici, dans l'Orléanais, tenta d'apaiser Clodomir, en lui annonçant pour lui et pour les siens, un sort semblable à celui qu'il destinait à son captif. Clodomir ne l'écouta pas. « C'est un sot conseil, répliqua-t-il, que de dire à l'homme qui marche contre un ennemi d'en laisser un autre derrière lui. » Il fit tuer Sigismond, sa femme et ses enfants, et fit jeter leurs cadavres au fond d'un puits dans la bourgade de *Columna* (Columelle), dépendance de la cité d'Orléans (*Vitæ sancti Sigismundi,* dans l'histoire des Gaules et de la France).

La prédiction d'Avitus se réalisa bientôt. La même année (524), Clodomir fut tué dans une bataille livrée à Gondemar, successeur de Sigismond, et ses fils, excepté Clodoald, furent mis à mort en 533 par leurs oncles Clotaire et Childebert.

Saint Sigismond est honoré par l'Église le 1er mai ; la fête patronale de Vouthon-haut est reportée au jour où l'on célèbre la dédicace des Églises, second dimanche après la Toussaint.

Cloches. — Les comptes de François Poulet, agent national, pour l'an II, portent qu'il a été payé pour les cloches, au sieur Warinot, fondeur, la somme de 3,900 fr., qui nous paraît exorbitante.

D'une délibération du 27 juillet 1808, il résulte qu'avant 1807, Vouthon-haut ne possédait que deux cloches, dont l'une était fêlée. On songea d'abord à refondre celle-ci seulement, puis on s'arrêta à l'idée de répartir le métal des deux entre trois, ce qui augmentait peu la dépense. Les trois cloches furent fondues sur place, dans le cimetière même, par François Royer, de Saint-Mihiel qui, en 1822, réclamait encore à la municipalité une somme de 225 fr. pour métal fourni lors de cette refonte.

Ces trois cloches forment une petite sonnerie très agréable, malgré le peu de poids de chacune d'elles. La grosse pèse 600 kilos; la moyenne 400 kilos; et la petite 300 kilos. Elles portent respectivement les inscriptions suivantes :

1º La grosse :

L'an 1852, cette cloche a été refondue sous la gestion de MM. Claude, maire, Géotin, adjoint, N. Labourasse, J.-B. Labourasse, A. Coquard, L. Colombé, Jean Mourot, C. Guiot, Jh. Voideville, tous membres du conseil municipal de Vouthon-haut (1).

Farnier, fondeur, à Mont-(devant-Sassey).

2º La moyenne :

J'ai eu pour parrain le sieur Joseph Royer, fils du sieur Royer le jeune, propriétaire, et pour marraine de Anne Norguin, fille du sieur P. Norguin, tous de Vouthon-haut.

Le sieur Bigeon, maire, 1807.

3º La petite :

J'ai eu pour parrain le sieur Xavier Colombé, fils de Joseph Colombé, et pour marraine de Louise Parmentier, fille de feu Sigismond Parmentier, tous de Vouthon-haut.

Le sieur Bigeon, maire, 1807.

(1) Elle a eu deux parrains : Désiré Royer et Théodore Noisette, et deux marraines : Adeline Royer et Céline Noisette, tous de Vouthon-haut.

Horloge. — L'horloge paroissiale est placée dans la tour de l'église avec cadrans extérieurs. Les heures sont frappées sur la petite cloche. Le 8 novembre 1790, l'ancienne horloge fut échangée moyennant une soulte de 336 fr.

Cimetière. — On continue d'inhumer dans le cimetière qui entourait l'ancienne église. Dominant au S. la partie basse du village, il est placé dans d'assez mauvaises conditions hygiéniques. Aucun monument funéraire n'est à signaler. Nous y avons remarqué, dans notre enfance, plusieurs croix, dont le sommet était creusé de manière à contenir de l'eau bénite.

Un second cimetière, situé à 1,200 mètres du village, a été affecté aux victimes du choléra de 1854. Une croix monumentale, qui a coûté 660 fr., y a été érigée en 1857.

Pompe à incendie. — Le 10 mars 1836, une pompe à incendie et ses accessoires, remisée dans une dépendance de la mairie, a été achetée et payée 1,200 fr. à M. Royer, fondeur à Saint-Mihiel. En 1879, une compagnie régulière de sapeurs-pompiers, destinée à la servir, fut organisée et habillée aux frais de la commune.

Ancien château. — L'ancien château de la famille des Salles, seigneurs du lieu, était situé au N.-E. du village, dans l'axe même de la Vallotte, sur une terrasse soutenue par un mur coupant le vallon dans toute sa largeur. Dominé de toutes parts, sauf d'un seul côté, par les collines avoisinantes, dépourvu de tout appareil de défense, il était peu propre à soutenir un siège en règle. Des fossés l'entouraient, alimentés par l'eau des pluies et du trop plein des fontaines publiques; ils étaient souvent à sec, et communiquaient avec les prés en aval par un aqueduc souterrain qui existe encore.

La terrasse a exigé des mouvements de terre importants. Ces terres ont été prises, comme il est facile de le constater, partie dans les fossés d'abord, et partie entre la route nationale actuelle et le château. Cela explique le talus du parc Noisette, et les murs de soutènement des jardins Voideville et Royer. On a pu y ajouter quelques terres provenant du nivellement des *Ronds*, qui, à droite et à gauche du château, servaient d'avenues et de jardins, comme l'indique un plan incomplet dressé vers 1760. Suivant ce plan, deux pièces d'eau existaient entre le château et le grand mur de la Vallotte.

Ce château, dont il reste une faible partie transformée en maison d'habitation, occupait, parallèlement à la rue principale du village, toute la largeur de l'espace dégagé par les terrasements faits en amont. Il comprenait un corps de bâtiment percé au centre, en face de l'*Allée* qui y conduisait, d'une porte monumentale surmontée de la devise des des Salles, et d'une petite aile en retour à chacune de ses extrémités. Il paraît avoir été construit vers la fin du XVIIe siècle. Son style, simple et sans ornements, est celui du remarquable château de Montbras, édifié par Louise des Salles, épouse de Charles de Verrières, chevalier, seigneur d'Amanty ; la mort prématurée de cette femme remarquable, en 1612, suspendit l'achèvement de cette luxueuse demeure.

Il paraît certain qu'avant la construction du château de Vouthon, il existait là une maison-forte ; que celle-ci fut assiégée et brûlée en 1635 comme nous le dirons plus loin ; et que Louis des Salles, deuxième comte de la branche des Vouthons, voulut avoir, au siège de sa seigneurie, une maison plus en rapport avec son titre et sa fortune que la vieille forteresse ruinée par l'ennemi. C'est à lui qu'on devrait les terrassements intelligents dont nous parlons plus haut, et qui témoignent à la fois de son bon goût et de son opulence.

Habitants. — « Éloigné de villes et de villages, dit M. F. Génin, entouré d'épaisses forêts, Vouthon-haut, qui est la solitude dans ce qu'elle a de plus sauvage, n'offre d'autres distractions que l'étude et la chasse. » On nous permettra de juger un peu sévère cette appréciation d'un étranger.

Cet isolement de la population, plus complet encore depuis la création des chemins de fer qui enlèvent tout transit à la route nationale n° 66, si accidentée entre la vallée de l'Ornain et celle de la Meuse, a tenu nos compatriotes un peu en arrière de ce qu'on est convenu d'appeler *le progrès*, mais leur a laissé en revanche quelque chose de cette franchise, de cette simplicité, de cette aménité naturelle qu'on perd volontiers au contact prolongé de la civilisation moderne. Nous les savons religieux au fond, moraux, économes, sobres et laborieux; ils ont une politesse de bon aloi sous une rudesse apparente, que tempère chez les jeunes gens une éducation plus soignée.

S'il est bon de crier selon les gens et les temps « Vive le Roi! Vive la Ligue! » comme le dit La Fontaine, nos compatriotes sont des sages. Toujours ils se prêtèrent volontiers aux démonstrations *obligatoires* qu'exige tout gouvernement nouveau. En 1790, ils achètent des cocardes pour 10 livres 6 sous, et envoient trois délégués, François Labourasse, Élophe Labourasse et Étienne Colombé à Gondrecourt, pour prendre part à l'élection de députés pour la fête de la *Confédération* (1). Ils plantent un arbre de la Liberté qui meurt et qu'on vend 9 livres. Ils chantent des *Te Deum* pour l'Empire, saluent le double retour des Bourbons, dépensent 90 fr. pour faire un feu de joie en réjouissance de l'*heureux* avènement au trône de S. M. Louis-Philippe, et célèbrent encore, en 1832, la fête de S. M., *leur digne monarque*. En 1848, ils arborent quatre drapeaux, — coût 20 fr., — et dépensent 102 fr. pour une fête patriotique, fête qui se renouvelle à l'avènement du prince-président. La municipalité vote de nouveaux fonds lors de la naissance et du baptême du prince impérial, et une fête nationale, en 1880, coûte 137 fr. 35 c.

Que celui qui est sans péché, en ces temps de fluctuations politiques, ose leur jeter la première pierre!

Langage. — Il y a soixante ans, le patois était le langage courant des Vouthons; à peine on pardonnait au prêtre l'usage exclusif du français. L'instituteur lui-même, on s'en souvient encore, parlait patois à ses élèves. A dater de 1835, nous avons eu des maîtres n'employant que le français; mais en 1840, un instituteur, vraiment digne de ce nom, entreprit de réformer le

(1) De la Fédération, 14 juillet 1790.

langage local. Ses successeurs l'ont imité, et le patois tend à disparaître, au moins dans ce qu'il avait de pittoresque, non sans nous laisser quelque regret.

Tout en conservant des airs de famille, les patois de la Meuse, fils ou frères du wallon, sont très variés. Celui des Vouthons est l'un des moins harmonieux; les articulations fortes y priment les autres, et les intonations y sont rudes; mais nous pouvons dire, après l'avoir étudié longtemps et comparé à ses congénères, qu'il contient plus que tout autre, sans altération notable, un grand nombre de mots du vieux français, tandis que ses finales se rapprochent beaucoup du français moderne. Ce que nous n'essaierons pas d'expliquer ici, c'est que ce patois ressemble davantage à celui d'Étain ou de Montmédy qu'à ceux de localités plus rapprochées.

Aux Vouthons comme ailleurs, il existe un langage courant qui est loin d'être académique, et qui conserve un grand nombre d'expressions précises, plus ou moins francisées, qu'il a empruntées au patois. G. Sand, dans ses ouvrages, n'a pas craint d'employer celles de sa province, et Littré, dans son grand Dictionnaire, a tenté d'en réhabiliter quelques-unes. Quoi qu'on fasse et qu'on dise, on emploiera longtemps aux Vouthons les mots *ahoter*, *apoche* (cenelle), *babeure*, *bassin*, *bassiner* (charivariser), *bouchot*, *bogis* (haran), *bouchâtre*, *bouille* (cloche, ampoule), *bouquin* (salsifis sauvage), *braquer*, *brider* (des sabots), *bronder*, *broque* (de chien), *bruïant* (crécelle) et *bruïander*, *carne* (charogne)', *chabosse*, *chabousson*, *chanvre-nu*, *chanote*, *chamboûler* (chanceler), *charpagne*, *chaudbrûlé*, *coquotte*, *croûtotte*, *démârer*, *essignon*, *ételle* (1), et plusieurs centaines d'autres, dont un bon nombre n'ont pas d'équivalents en français.

Puisque le patois des Vouthons est condamné à disparaître, au moins dans ses parties principales, on nous pardonnera d'en donner sous forme de conte, un court échantillon.

_____

(1) Pour la signification de ces mots, voir notre *Glossaire abrégé du patois de la Meuse, notamment de celui des Vouthons*, in-octavo de près de 600 pages; Nancy, Crépin-Leblond, 1887.

« L'Cadet Malchau s'o n'allô bràmo ton'dre cheu Grand-chin, avo s'n'habresac et sa sarpe dérie s'doue. Coume î dévalô l'son'teil de Fremonvaux et qu'l'allô hater l'piot reu, î voïé ine pîrotte que dansô dvant sos pîes. Lai pîrotte s'artai et lî dit : « Ousque t'va, Cadet? — J'va, quî dîe, cawper au boue d'la Combrechon. — C'nost m'vrai, Cadet, lî dit l'ai pîrotte, te tounes le doue à la Combrechon.

« In paw pue lon, cheu Hàdeilchin, l'Cadet Malchau rocontrai in yîvre, qu'atòt aichiti cheu s'cù. « Ousque t'va? qu'lî die l'yîvre? — J'm'o vas faucher à'la Grand-Valleil, qu'lî répondai bràmo Cadet Malchau. — Ç'n'ost m'vrai, Cadet; on n'fauche mi avo ine sarpe. Pro wate à ti !

« Au fond d'la compe Laicîche, Cadet Malchau trouvai in rnà, avo ine grand caw que treilnô do la fatte. « Ousque t'va? qu'lî die le rnà. — J'va sèyer o Bouquenat. — Ni-ant, t'aî ben mon'ti, qu'lî die le rnà; Bouquenat ost ben lon de t'touci.

« Quant î fue dvant lai Frieilre, l'Cadet Malchau vie in groue law qu'l'artô cheu l'foussé daw boue, et qn'lî montrô sos broques. Î s'arrétai tout d'grand, opougnai sa sarpe et lî die : « Qu'ost-c'que t'fà toula? — J't'arréte ! — Pouquoïe? — Pou t'mainger. — Avance! qu'lî die l'Cadet Malchau ; j'n'as m'paw d'ti. Et î li montrai sa sarpe. Mâ l'law heurlé, do z'autes laws airivérent, et l'poure Cadet fue croqué. Sa foume ne rtrouvai pu qu'so z'oûsses do la taille.

V'là c'que c'ost que d'montie.

Traduction littérale.

« Cadet Maréchal s'en allait tranquillement tendre sur Grand-Chien, avec son havresac et sa serpe derrière son dos. Comme il descendait le sentier de Fremonvaux et qu'il allait enjamber le petit ruisseau, il vit une petite pierre qui dansait devant ses pieds. La petite pierre s'arrêta et lui dit : « Où vas-tu? Cadet. — Je vais, dit-il, couper au bois à la Combrisson. — Ce n'est pas vrai, Cadet, lui dit la petite pierre; tu tournes le dos à la Combrisson.

« Un peu plus loin, sur Hardéchien, Cadet Maréchal rencontra un lièvre qui était assis sur son derrière. « Où vas-tu? lui dit le lièvre. — Je vais faucher à la Grand-Vallée, lui répondit bonnement Cadet Maréchal. — Ce n'est pas vrai, Cadet; on ne fauche pas avec une serpe. Prends garde à toi!

« Au fond de la combe Lasiège, Cadet Maréchal trouva un renard dont la queue traînait dans la boue. « Où vas-tu? lui dit ce renard. — Je vais moissonner en Bouquenat. — Nenni, tu as bien menti, lui dit le renard; Bouquenat est bien loin d'ici.

« Quant il fut devant la Frière, Cadet Maréchal vit un gros loup qui l'attendait sur le fossé du bois et qui lui montrait ses longues dents. Il s'arrêta tout à coup, empoigna sa serpe et lui dit : « Que fais-tu là? — Je t'attends. — Pourquoi? — Pour te manger. — Viens, lui dit Cadet Maréchal, je n'ai pas peur de toi; et il lui montra sa serpe. Mais le loup hurla, d'autres loups arrivèrent et le pauvre Cadet fut croqué. Sa femme ne trouva plus que ses os dans le taillis.

Voilà ce que c'est que de mentir.

Usages et coutumes. — Un fait singulier, mais incontestable, c'est qu'on s'applique très sérieusement à étudier et à décrire les usages et les mœurs des peuplades les plus lointaines, tandis qu'on dédaigne les coutumes souvent étranges et très intéressantes de la province qu'on habite. Ces coutumes, qui faisaient partie de l'existence de nos ancêtres, et dont les derniers vestiges subsistent encore dans quelques localités *arriérées*, disparaîtront bientôt sans laisser de traces, même dans le langage populaire. Celles dont nous allons parler ne sont pas spéciales à Vouthon-haut; la plupart même existent encore quelque part; néanmoins, nous en dirons quelques mots avant qu'elles disparaissent tout à fait.

Autrefois, lorsque l'intérêt, les luttes électorales et la politique n'avaient pas semé la discorde dans nos populations rurales, les familles et les amis se réunissaient volontiers à la Toussaint pour prier pour les morts, à Noël pour fêter la naissance de l'Enfant-Jésus par un joyeux réveillon, aux Rois pour tirer la fève qui conférait une royauté pacifique et éphémère, et au Mardi-Gras pour se prémunir contre un carême sévère que nous ne connaissons plus. C'était autant d'occasions de modestes agapes où présidait la bonne humeur; chacun y apportait son tribut, et l'on se séparait content de soi et des autres. Un vent d'égoïsme a soufflé sur ces traditions patriarcales, et les liens sociaux se sont relâchés.

Il était d'usage, à la naissance d'un enfant, de planter un cerisier, en un point indiqué par les agents des ponts et chaussées, au bord de la route nationale. Ces arbres ont disparu, mais nous avons longtemps vu le nôtre, qui était l'un des plus beaux, à l'ouest de cette route, au Pâtis du Trait.

Au baptême d'un enfant naturel, on ne sonne pas les cloches; ce blâme public est très propre à maintenir les jeunes filles dans le devoir. Le pauvre enfant, qui n'en peut mais, n'en reçoit pas moins l'épithète de *sansonnet* (sans sonné).

Dans les trois derniers jours de la semaine sainte, alors que les cloches se taisent en signe de deuil, les jeunes garçons annoncent l'heure des offices au son de la crécelle. Le samedi-saint, ils quêtent les œufs dont on paye leur peine.

Nous avons vu, avant 1835, faire une quête de gerbes pour le curé et le maître d'école, et celui-ci, le jour de Pâques, distribuer des hosties bénites dans tous les ménages. Il recevait des œufs en échange.

Lorsqu'une jeune fille est fiancée, elle convoque ses compagnes devant l'autel de la sainte Vierge le dimanche qui précède son mariage; là elle donne à chacune un *quarteron* d'épingles et toutes chantent un *Veni Creator* à son intention.

Nous entrerons dans quelques détails à propos du *dônage*, des *dailleries* et des *poiles* ou veillées d'hiver.

Le *dônage* avait ordinairement lieu le premier dimanche de carême. C'était à la fois un ballon d'essai, une sorte de publication anticipée des mariages prévus, désirés ou même arrêtés, et dans certaines occasions un jugement sévère et public porté sur les jeunes filles d'une conduite plus que légère.

Pendant la semaine précédente se tenaient des conciliabules de jeunes gens que présidaient les *coqs* du village. Dans ces secrètes assemblées dont étaient bannis les profanes, on arrêtait en commun la liste des garçons à *dôner*, et en regard du nom de chacun d'eux, on inscrivait celui de la *dôneuse* qui lui était attribuée. Cela ne se faisait pas, on le comprend, sans protestation ou secret dépit : telle jeune fille, dont plusieurs convoitaient la fortune, le cœur ou la main, ne pouvant être *dônée* qu'à un seul. De concession en concession, la liste était enfin arrêtée, mais comme partout, les plus audacieux s'attribuaient la part du lion.

Enfin le dimanche suivant, à la nuit tombante, on se préparait au *dônage* public, dont l'attente faisait battre bien des cœurs. Certains tentaient alors un suprême effort et faisaient jouer tous les ressorts de la plus subtile diplomatie pour obtenir à leur profit une modification à la liste déjà tant discutée. Flatteries, promesses, menaces même, ils mettaient tout en œuvre pour arriver à leurs fins. Jusqu'au galantin de douze ans, qui voulait figurer sur la fameuse liste, et se recommander ainsi tout haut à la *dame de ses pensées !*

Les pourparlers sont enfin clos d'une manière irrévocable. L'heure solennelle est arrivée. Le cortège des jeunes gens se met en marche, muni de chandelles de suif, de bougies, de lanternes s'il fait du vent, et se dirige vers l'extrémité du village. Là un vaste cercle s'est déjà formé : ce sont des badauds, des mères et surtout les jeunes filles, autour desquels tourbillonne le bruyant *essaim de l'avenir*, embarras gracieux et inévitable de toutes les réunions champêtres.

Ajoutons que pour cette solennité, les *dôneurs* ont réuni toutes les armes à feu de l'endroit. C'était, dans les temps dont je me souviens, le fusil à piston, le classique fusil à pierre, ou certain pistolet d'arçon dérobé à quelque Cosaque. Toutes ces armes sont chargées, amorcées, et les boîtes à poudre sont assez bien garnies pour faire face à toutes les éventualités.

Les jeunes gens arrivent, pénètrent dans le cercle qui s'ouvre pour les recevoir, et se partagent en deux camps à peu près égaux, se faisant face l'un à l'autre. Les flambeaux sont allumés ; les cœurs féminins battent de plus belle ; et l'on croit en entendre les indiscrets *tic-tac* au milieu du profond silence qui s'établit.

Alors le coryphée de la troupe s'apprête à satisfaire enfin la curiosité de l'auditoire. Il débute volontiers, pour se faire la main, en *dônant* quelque couple inoffensif, que l'âge et les infirmités devraient mettre à l'abri de cette avanie. Et la foule néanmoins d'applaudir à cette raillerie déplacée, en attendant les proclamations *officielles*.

Le silence se rétablit bientôt, et le coryphée, la liste sous les yeux, s'écrie de sa plus forte voix :

Je *dône! Je dône!*

Et l'autre camp, d'interroger sur le même ton :

A qui tu *dônes!* A qui tu *dônes!*

Ce à quoi le coryphée répond :

Louis Parentin avec *Eugénie Duval!*

Et tout aussitôt, si Eugénie Duval ne déplaît pas à Louis Parentin, celui-ci tire un ou plusieurs coups de feu sonores en l'honneur de sa *dôneuse*, à moins que le fusil ne rate, ce qui fait rougir Eugénie en égayant l'assemblée. Mais si quelque *dôné*, dédaignant sa *dôneuse*, ne donne pas signe de vie, ce qui est pour la jeune fille un grave affront, les jeunes gens s'écrient en chœur :

C'est bon! C'est bon!

Sont ainsi proclamés, chacun à son tour, tous les couples compris dans la liste, et chaque fois les mêmes formules se renouvellent. Quelquefois, comme intermède et pour flétrir l'inconduite notoire, on *dône* quelque débauché avec son amante attitrée, qui sont rarement là pour protester contre l'arrêt moral qui les frappe.

La liste épuisée, la foule s'écoule lentement, applaudissant ou critiquant. Plus d'une maman peste en secret, tandis que d'autres s'en vont toutes fières. Quant aux jeunes gens, ils reconduisent bras dessus bras dessous leurs *dôneuses* acceptées jusqu'à chez elles, vont ensuite *souper*, et viennent les reprendre un peu plus tard pour les conduire *aux danses* qui terminent gaiement cette première partie de la fête.

Le dimanche suivant le *dôneur*, si peu qu'il plaise et s'il a été poli, est invité à manger dans la soirée, les *gaufres* chez sa dôneuse. Il est d'autant mieux reçu, vu et choyé, que l'on tient davantage à cultiver sa connaissance. Et si déjà un mariage est arrêté entre les jeunes gens, alors on invite toute la famille, sans pour cela bannir du festin la pâtisserie traditionnelle.

Passons à un sujet moins édifiant.

La Toussaint passée, les filles et les femmes d'une rue, d'un quartier, faisaient choix d'un local pour y passer en commun les soirées d'hiver. C'était une cuisine, le plus souvent un poile (1), mais jamais chez nous une cave ou une écurie, comme dans d'autres provinces de France. Chaque *veilleuse* fournissait à tour de rôle le bois et l'huile; la propriétaire seule de ce local était dispensée de ce tribut, à titre de location. Parfois aussi, chacun apportait sa chaise.

C'est là qu'autour du *pi-ouri* fumeux (2) se groupaient chaque soir, de sept à onze heures, le dimanche excepté, douze à quinze commères apportant rouets ou tricots. « Je laisse à penser quel caquet, » eût dit à bon droit La Fontaine. Chacune avait sa place attitrée, les plus jeunes vers la porte et les autres à la suite, de telle sorte que les matrones confinaient au poêle qui ronflait bruyamment à l'autre bout de la pièce.

La réunion, déjà nombreuse, s'augmente bientôt de quelque galant qui vient faire *la cour* à sa belle, en tout bien et tout honneur. Plus il l'aime, plus il la taquine. Si elle tricote, il lui fait galamment *lâcher des mailles* en lui tirant ses aiguilles; si elle file, non moins galamment il imite Atropos sans le savoir, comme M. Jourdain faisait de la prose. La belle se fâche pour rire, vous lui allonge un coup de quenouille ou un soufflet aux applaudissements de la galerie, et reçoit en échange, sur chacune des joues, un baiser retentissant. Notons que les

(1) *Poile, pôle* en patois local, chambre à coucher faisant suite à la cuisine, dont la sépare le mur contre lequel est adossée la cheminée principale. La plaque du foyer (taque), derrière laquelle est ménagé un vide fermé ou non d'un placard, permet au feu de la cuisine d'échauffer un peu cette seconde pièce. On disait *aller en pôle*, pour aller à la veillée, aux écraignes.

(2) Le *pi-ouri* se composait d'un morceau de bois long de 0m,80 cent. à peu près, un peu plus gros que le bras, planté verticalement dans une pierre qui le lestait sur le sol. Il était évidé à la partie supérieure, de manière à recevoir un godet en verre où l'on mettait l'huile et la mèche pour l'éclairage. C'était donc une *lampe à pied* absolument primitive.

soufflets jouaient jadis un rôle considérable dans les amourettes villageoises; mais depuis le progrès, qu'on a bien changé tout cela!

Puis venaient la chronique scandaleuse, les cancans, aux-quels succédaient sans transition les contes de fées cent fois ré-pétés. Une vieille racontait ensuite des histoires à mourir de peur, après quoi l'on chantait *Geneviève de Brabant, Pyrame et Thisbé, Damon et Henriette*, dont une image d'Épinal, collée au mur, retraçait la dramatique et non moins véridique his-toire. La légende rimée d'Ashavérus était toujours accueillie comme article de foi. Puis c'étaient des cantiques, des noëls, des chansons patriotiques ou semi-grivoises, et de naïfs re-frains qui sont tombés dans le plus complet oubli.

Mais il est neuf heures; l'atmosphère de la pièce s'épaissit, les yeux se fatiguent, les rouets s'arrêtent, les tricots tombent sur les genoux, le poêle lui-même semble avoir mis une sour-dine à ses ronflements sonores. Le travail est suspendu pour quelques instants; on va faire son *grand* ou son *petit tour*. C'est alors que la *dâyeuse* en titre (car chacun ne sait pas *dâyer*), quitte la chambrée avec plusieurs de ses compagnes, et va pro-voquer à la fenêtre un autre *veilloir*, en contrefaisant sa voix, par la formule consacrée.

V'lé-v'*dâyer?* (Voulez-vous *dâyer?*)

Une voix de l'intérieur : « Oui. — De quoi? — D'amour.

Et alors s'engage en patois un long dialogue à peu près rimé, dont nous traduisons quelques passages suffisants pour donner une idée de l'ensemble.

« Quand vous parlez d'amour, savez-vous bien ce que c'est qu'aimer? — Une fille qui n'a point d'amant au monde, com-ment voulez-vous qu'elle réponde?

> — Je vous vends mon tour, mon joli tour,
>   Que mon galant est à l'entour.
> R. Je vous vends ma quenouillette,
>   Qui fait virviron, virvirette,
>   Et le ruban qui est à l'entour,
>   Pour vous retenir tous les jours.

— Je vous vends mon citron
Qui est dans mon giron;
Mon giron est percé,
Mon citron s'en est allé.

R. Je vous vends mon orange
Qui est dans ma manche;
Ma manche est percée,
Mon orange s'en est allée.

. . . .

— Si ton amant était sur un poirier, comment ferais-tu pour lui porter à boire dans un panier?

R. J'attendrais l'heure et la saison, et je lui porterais un glaçon.

— Si tu étais d'un côté de la rivière et lui de l'autre, comment ferais-tu pour te laver les mains dans le même bassin, et pour les essuyer avec le même essuie-mains?

R. Je prendrais la rivière pour bassin, et le soleil pour essuie-mains (1).

Et ainsi de suite pendant dix minutes. A mesure que s'allonge le dialogue, toujours le même ou à peu près, on se dit des choses moins innocentes; puis la kyrielle terminée, la malignité a souvent son tour. Tandis que ses compagnes tiennent la porte du *veilloir* attaqué, la *dâyeuse* épuise son répertoire de mots pimentés, de personnalités blessantes, au risque de recevoir sur la tête, par la gerbière (2), quelque douche glacée. Puis l'essaim s'enfuit en riant, rentre et reprend où il l'a laissée la besogne interrompue.

Ces plaisanteries de haut goût étaient parfaitement accueillies par nos ancêtres, et un *veilloir* sans *dâyeuse* leur eût semblé un corps sans âme. Les rivalités d'intérêts, les querelles de famille et de voisinage, l'égoïsme surtout, ont soufflé depuis longtemps sur le *pi-ouri* des écraignes. Chacun veille chez soi, et les *dâyeuses* s'en sont allées avec les neiges d'antan.

(1) Voir notre *Glossaire abrégé*, I, page 92 et suivantes, et notre opuscule intitulé : *A propos de trois mots patois*, Arcis-sur-Aube, Frémont, 1885.
(2) Lucarne du grenier par où l'on y introduit les gerbes.

Les veilloirs, qui finissaient chaque soir par une prière en commun, s'ouvraient à la Saint-Martin et se fermaient vers la Sainte-Agathe, patronne des ménagères (5 février).

Sobriquets et surnoms. — Les sobriquets sont rares à Vouthon-haut et aucun d'eux n'est blessant. Par contre, les surnoms y sont assez nombreux. Les uns ont trait à la taille : le *grand* Joseph, le *petit* Toinon, la *grand* Marianne, la *petite* Louise ; d'autres, à la parenté : la Louise *Babotte* (fille de Barbe), le Joseph *Jacquot* (fils de Jacques), le Francisse *Jeannot* (fils de Jean) ; d'autres encore à la profession : la Clairette *Garde*, le Louis *Malchau* (maréchal), etc. Pris en masse, les habitants des Vouthons sont nommés *loups*, non pas à cause de leur caractère, mais à raison de leur situation au milieu des forêts, et des professions de bûcherons, de charbonniers, etc., que beaucoup d'entre eux exerçaient.

Une coutume bizarre, mais qui n'était pas propre à notre province (1), consistait à dénaturer les noms propres de manière à les rendre méconnaissables. Le mot Jeanne devenait *Tonton*, par la répétition de la dernière syllabe de Jeanneton ; Marie faisait *Manon* ; Marguerite *Goton*, de Margoton, et quelquefois *Marguinchon* ; et le mot Françoise, en passant par Françonnette, devenait *Fanchonnette*, puis *Chonchon*, altération de Fanchon. Les *Anne* se nommaient *Nânon*, et plus souvent *Nanette*, d'Annette.

Les noms d'hommes, soumis à la même loi, subissaient également ment de profondes modifications : *Lolot*, Laurent ou Charles, de Charlot ; *Toinon*, Antoine ; — *Coliche*, Nicolas ; — *Didiche*, Claude, de *Diaudiche* ou *Claudiche*, etc. Quelques surnoms avaient une origine affectueuse : *Doudoux*, de doux ; *Fanfan*, d'enfant ; *Sœurette*, de sœur, etc. Cette coutume bizarre a disparu, et les enfants portent aujourd'hui, sans grande altération, les noms qu'ils ont reçus au baptême.

(1) Témoin *Ninon* de l'Enclos, *Manon* Lescaut, *Marion* Delorme, etc. Une fille de J. Racine se nommait *Fanchon*.

Mouvement de la population.

ANNÉES.	POPULATION	MAISOS	FEUX.
5 nivôse an II (20 févr. 1794).	339	»	»
1820, recensement.	340	»	»
1846, *id.*	351	103	124
1851, *id.*	378	104	119
1861, *id.*	297	93	103
1866, *id.*	305	94	108
1872, *id.*	265	96	102
1876, *id.*	285	96	110
1881, *id.*	252	88	95
1886, *id.*	258	86	93

En 1768, suivant le pouillé Chatrian, Vouthon-haut avait 67 feux et 130 communiants.

En 1791, il y avait 22 laboureurs, 42 manœuvres, 10 veufs et garçons majeurs, 18 veuves et filles majeures.

Du tableau ci-dessus, il résulte que depuis le 20 février 1794, la population de Vouthon-haut a augmenté jusqu'en 1851 ; alors se manifesta une diminution notable.

En 1846, la moyenne des individus par ménage est de moins de trois, tandis qu'elle est de plus de trois en 1851. Le recensement de 1851 indique de nombreuses familles de cinq et même sept individus. La principale cause de décroissance à partir de cette époque est le choléra de 1854. Une seconde cause est la fâcheuse tendance qu'ont quelques individus à quitter le village pour la ville ou pour les professions dites *libérales*. Nous en ajouterons une troisième, c'est la crise industrielle qui a privé beaucoup d'habitants des travaux qui les aidaient à vivre.

Il y a cent ans, la moyenne des naissances était de quatorze six dixièmes pour cent habitants ; celle des mariages de deux trois dixièmes ; celle des décès de treize six dixièmes par année.

Actuellement la moyenne des naissances est de cinq trois dixièmes pour cent; celle des mariages, d'un et demi; celle des décès de six. Toutes ces moyennes sont calculées sur dix années consécutives.

Il y a cent ans, la durée moyenne de la vie était à Vouthon-haut de vingt-deux ans (1); il y a trente ans, elle était de qua-rante-quatre ans; et dans les dix dernières années elle est de quarante-six ans neuf dixièmes.

Familles. — A côté du mouvement de la population, il serait bien intéressant de connaître celui des familles. Les unes s'y sont fixées depuis des siècles, tandis que d'autres semblent s'y être rapidement éteintes.

Nous trouvons dans nos archives locales plusieurs rôles des sommes à lever sur les habitants à raison de leur situation de fortune.

Nous copions le plus ancien (1724), pour donner une idée des impôts de cette époque et le nom des chefs de famille, ce qui peut intéresser nos compatriotes. Ce rôle, établi par Claude Labourasse, Jean Collin et Dominique Arnoul, *asseyeurs* choisis des trois classes, monte à la somme totale de 1,225 livres qui est payable, moitié au premier janvier et l'autre moitié au pre-mier juillet de cette année.

Voici les noms des assujettis :

Laurent Grand Jean, labourant d'une charrue, à quatre livres par cent, font en total quarante neuf livres, cy. 49 l.

Claude Royer l'aîné, labourant d'une demi-charrue, moitié à ferme, à deux livres dix-neuf sols par cent, font trente-six li-vres deux sols six deniers, cy. . . . . 36 l. 2 s. 6 d.

Jean Petit Jean, labourant d'une demi-charrue, à ferme, à deux livres onze sols par cent, font trente et une livres quatre sols neuf deniers, cy. . . . . 31 l. 4 s. 9 d.

Claude Labourasse, labourant d'une demi-charrue, moitié à ferme, à deux livres dix-sept 'sols par cent, font trente-cinq livres quatre sols quatre deniers, cy. . . . . 35 l. 4 s. 4 d.

_____

(1) De 1778 à 1787 inclusivement. Voir les archives locales.

Anthoine Viard, labourant d'une demi-charrue, moitié à ferme, à deux livres un sol par cent, font vingt-cinq livres deux sols trois deniers, cy. . . . . 25 l. 2 s. 3 d.

Claude Pierre, labourant d'une demi-charrue, moitié à ferme, à deux livres seize sols par cent, font trente-quatre livres six sols, cy . . . . 34 l. 6 s. 0 d.

Anthoine Michel, labourant d'une demi-charrue, moitié à ferme, à deux livres par cent, font vingt-quatre livres dix sols, cy . . . . 24 l. 10 s.

François Jamais, labourant d'une demi-charrue, à ferme, à une livre quinze sols par cent, font vingt et une livres huit sols neuf deniers, cy. . . . . 21 l. 8 s. 9 d.

Pierre Humbert, labourant d'un tiers de charrue, moitié à ferme, à deux livres un sol par cent, font vingt-cinq livres deux sols trois deniers, cy. . . . . 25 l. 2 s. 3 d.

Didier Royer, labourant d'un tiers de charrue, moitié à ferme, à une livre seize sols par cent, font vingt-deux livres un sol, cy. . . . . 22 l. 1 s.

Nicolas Labourasse, labourant d'une demi-charrue, moitié à ferme, à deux livres cinq sols par cent, font vingt-sept livres onze sols trois deniers, cy. . . . . 27 l. 11 s. 3 d.

Élophe Grand Jean, labourant d'un tiers de charrue, moitié à ferme, à deux livres par cent, font vingt-quatre livres dix sols, cy. . . . . 24 l. 10 s.

Martin Louis, labourant d'un quart de charrue, à ferme, à une livre neuf sols par cent, font dix-sept livres quinze sols trois deniers, cy . . . . 17 l. 15 s. 3 d.

Nicolas Grandjean, labourant d'un tiers de charrue, moitié à ferme, à deux livres par cent, font vingt-quatre livres dix sols, cy. . . . . 24 l. 10 s.

Jean Pierre, labourant d'un tiers de charrue, moitié à ferme, à deux livres sept sols six deniers par cent, font vingt-neuf livres un sol onze deniers, cy. . . . . 29 l. 1 s. 11 d.

Claude Royer le jeune, labourant d'un quart de charrue, moitié à ferme, à une livre dix-huit sols par cent, font vingt-trois livres cinq sols six deniers, cy. . . . . 23 l. 5 s. 6 d.

Jean Caboret, labourant d'un quart de charrue, moitié à erme, à une livre neuf sols par cent, font dix-sept livres quinze sols trois deniers, cy. . . . . 17 l. 15 s. 3 d.

Lupin Bouton, labourant d'un tiers de charrue, moitié à ferme, à une livre dix-huit sols par cent, font vingt-trois livres cinq sols six deniers, cy . . . . 23 l. 5 s. 6 d.

Le sieur *Joseph Pelgrin*, commis au bureau de S. A. R. à Vouthon, labourant d'une demi-charrue, à trois livres dix sols par cent, font quarante-deux livres dix-sept sols, cy. 42 l. 17 s.

Le sieur *Anthoine Poiresson*, avocat, labourant d'une demi-charrue, à deux livres un sol par cent, font vingt-cinq livres deux sols trois deniers, cy. . . . . 25 l. 2 s. 3 d.

Joseph Michel, commis au magasin à sel, à une livre dix sols par cent, font dix-huit livres sept sols six deniers, cy. . . . . 18 l. 7 s. 6 d.

Sébastien Godel, garçon recouvreur, à une livre cinq sols par cent, font quinze livres six sols trois deniers, cy. 15 l. 6 s. 3 d.

Jean Gérard veuve, labourant d'une charrue, le quart à ferme, à trois livres trois sols par cent, font trente-huit livres onze sols neuf deniers, cy. . . . . 38 l. 11 s. 9 d.

Anthoine Brion veuve, labourant d'un tiers de charrue, les trois-quarts à ferme, à une livre quatorze sols six deniers par cent, font vingt et une livres deux sols huit deniers, cy . . . . 21 l. 2 s. 8 d.

Remy Buclin veuve, labourant d'une demi-charrue, à ferme, à deux livres quatre sols par cent, font vingt-six livres dix-neuf sols, cy . . . . 26 l. 19 s.

Jeanne Fringant veuve, manouvrière, à dix-huit sols par cent, font onze livres six deniers, cy. . . . . 11 l. s. 6 d.

Bernard Demoisson, manouvrier, à une livre par cent, font douze livres cinq sols, cy . . . . 12 l. 5 s.

Claude Royer, dit *Masson*, tissier de toile, à une livre par cent, font douze livres cinq sols, cy . . . . . 12 l. 5 s.

Charles Bonnefond, savetier, à quinze sols par cent, font neuf livres trois sols neuf deniers, cy. . . . . 9 l. 3 s. 9 d.

Marie Grandjean veuve, manouvrière, à quinze sols par cent, font neuf livres trois sols neuf deniers, cy. . 9 l. 3 s. 9 d.

Estienne Bouton veuve, manouvrière, à huit sols par cent, font sept livres sept sols, cy . . . .   7 l. 7 s.

Jean Royer veuve, manouvrière, à huit sols quatre deniers par cent, font cinq livres deux sols cinq deniers, cy . . . .   5 l. 2 s. 5 d.

Jean Morel, savetier, à une livre huit sols par cent, font dix-sept livres trois sols, cy. . . . .   17 l. 3 s.

Gaspard Colombé, cabaretier, à une livre douze sols par cent, font dix-neuf livres douze sols, cy . . . . .   19 l. 12 s.

Nicolas Louis, chirurgien, à une livre par cent, font douze livres cinq sols, cy . . . .   12 l. 5 s.

Nicolas Morel, labourant d'un quart de charrue, moitié à ferme, à une livre dix-huit sols par cent, font dix-huit livres sept sols six deniers, cy. . . . .   18 l. 7 s. 6 d.

Nicolas Pierre, maréchal-ferrant, labourant d'un quart de charrue, moitié à ferme, à deux livres huit deniers par cent, font vingt-quatre livres dix-huit sols deux deniers, cy. . . . .   24 l. 18 s. 2 d.

Nicolas Estienne, recteur d'école, à dix-neuf sols par cent, font onze livres douze sols neuf deniers, cy.   11 l. 12 s. 9 d.

Jean Richelot, labourant d'un tiers de charrue, à ferme, à une livre cinq sols par cent, font quinze livres six sols trois deniers, cy. . . . .   15 l. 6 s. 3 d.

Philippe Simon, tissier de toile, à une livre deux sols six deniers par cent, font treize livres quinze sols huit deniers, cy. . . . .   13 l. 15 s. 8 d.

Edme Morel veuve, manouvrière, à une livre cinq sols par cent, font quinze livres six sols trois deniers, cy . . . .   15 l. 6 s. 3 d.

Sébastien Jublin, coupeur au bois, à dix-neuf sols par cent, font onze livres douze sols neuf deniers, cy.   11 l. 12 s. 9 d.

Anthoine Richelot, manouvrier, à une livre deux sols six deniers par cent, font treize livres quinze sols huit deniers, cy. . . . .   13 l. 15 s. 6 d.

Libaire Richelot veuve, manouvrière, à huit sols par cent, font quatre livres dix-huit sols, cy . . . . .   4 l. 18 s.

Anthoine Bernard, manouvrier, à une livre par cent, font douze livres cinq sols, cy . . . . 12 l. 5 s.

François Collin, cordonnier, à une livre cinq sols par cent, font quinze livres six sols trois deniers, cy . 15 l. 6 s. 3 d.

Joseph Michel, cloutier, à une livre neuf sols par cent, font dix-sept livres quinze sols trois deniers, cy . 17 l. 15 s. 3 d.

François Jacob, pastre du troupeau armail (1), à dix sols par cent, font six livres deux sols six deniers, cy. 6 l. 2 s. 6 d.

Claude Louis, droguiste, à une livre cinq sols six deniers par cent, font quinze livres douze sols trois deniers, cy . . . . 15 l. 12 s. 3 d.

Jean Bonnefond, maçon, à une livre cinq sols par cent, font quinze livres six sols trois deniers, cy . . . 15 l. 6 s. 3 d.

Jean Aymerot, tailleur, à quinze sols par cent, font neuf livres trois sols neuf deniers, cy. . . . . . . 9 l. 3 s. 9 d.

Pierre Parmentier, tissier de toile, à quatorze sols par cent, font huit livres onze sols six deniers, cy. . . 8 l. 11 s. 6 d.

Nicolas Leduc, savetier, à une livre dix sols par cent, font dix-huit livres sept sols six deniers, cy . . . 18 l. 7 s. 6 d.

Edme Parmentier, tissier de toile, à une livre cinq sols six deniers par cent, font quinze livres douze sols cinq deniers, cy. 15 l. 12 s. 5 d.

Jean Collin, manouvrier, à une livre dix sols par cent, font dix-huit livres sept sols six deniers, cy. . . 18 l. 7 s. 6 d.

Nicolas Labbé, cloutier, à une livre trois sols par cent, font quatorze livres un sol neuf deniers, cy . . . 14 l. 1 s. 9 d.

Claude Gahon, maréchal-ferrant, à une livre cinq sols par cent, font quinze livres six sols trois deniers, cy. . 15 l. 6 s. 3 d.

Dominique Arnoul, charron, à une livre deux sols six deniers par cent, font treize livres quinze sols huit deniers, cy. 13 l. 15 s. 8 d.

Jean Courtois, manouvrier, à neuf sols par cent, font cinq livres dix sols trois deniers, cy . . . . 5 l. 10 s. 3 d.

Nicolas Huguenin, chapelier, à treize sols deux deniers par cent, font huit livres un sol, cy . . . . 8 l. 1 s.

(1) Bêtes à cornes.

4

Jean Poulet, manouvrier, à quatorze sols par cent, font huit livres onze sols six deniers, cy . . . .   8 l. 11 s.   6 d.

Claude Collot, manouvrier, à quinze sols par cent, font neuf livres trois sols neuf deniers, cy. . . . . . .   9 l.   3 s.   9 d.

Barbe Jobert, fille, manouvrière, à neuf sols par cent, font cinq livres dix sols trois deniers, cy. . . . .   5 l. 10 s.   3 d.

Jean Pouard, *paistre* du troupeau des bestes blanches (1), à quinze sols par cent, font neuf livres trois sols neuf deniers, cy. . . . . , . . .   9 l.   3 s.   9 d.

Elizabeth Seron, veuve, mendiante, à six sols par cent, font trois livres treize sols six deniers, cy . . . .   3 l. 13 s.   6 d.

Anthoinette Louis, veuve, mendiante, à neuf sols six deniers par cent, font cinq livres seize sols cinq deniers, cy.   5 l. 16 s.   5 d.

Catherine Oudot, veuve, mendiante, à huit sols par cent, font quatre livres dix-huit sols, cy. . . . .   4 l. 18 s.

Crépine Legros, fille, mendiante, à cinq sols par cent, font trois livres un sol trois deniers, cy . . . . .   3 l.   1 s.   3 d.

Barbe Bardot, veuve, mendiante, à cinq sols par cent, font trois livres un sol trois deniers, cy . . . . .   3 l.   1 s.   3 d.

Nicolas Regnaux, mendiant, quatorze sols par cent, font huit livres onze sols six deniers, cy . . . .   8 l. 11 s.   6 d.

Anne George, veuve, mendiante, à quinze sols par cent, font neuf livres trois sols neuf deniers, cy . . . .   9 l.   3 s.   9 d.

Nicolas Larché, manouvrier, à dix sols par cent, font six livres deux sols six deniers, cy. . . . .   6 l.   2 s.   6 d.

François Simonin, cordonnier, à dix sols par cent, font six livres deux sols six deniers, cy . . . .   6 l.   2 s.   6 d.

Jean Grand Jean, garçon, manouvrier, à huit sols par cent, font quatre livres dix-huit sols, cy . . . . .   4 l. 18 s.

Nicolas Bonnet, menuisier, est allé demeurer à Dommartin (Lorraine), à quatre sols six deniers par cent, font deux livres quinze sols deux deniers, cy . . . .   2 l. 15 s.   2 d.

Total monte à 1,225 livres 1 sol 8 deniers.

(1) Moutons et brebis.

Claude Vaconnet, manouvrier, faisant labourer six à sept jours de terre de son propre, à une livre quinze sols par cent, faisant vingt et une livres huit sols neuf deniers.

Mortuaire.

Melchior Legros, mort à la fin d'octobre dernier.

Marie Robert, femme à Jean Royer, morte au mois de novembre dernier.

Les exempts par la feuille.

Le jardinier, le berger et le chasseur de M. le comte Dessalles, demeurant à la basse-cour.

Nous soussignés asseyeurs au présent rôle, y avons vaqué suivant notre âme, science et conscience, et l'avons laissé sans aucune rature entre les mains de Nicolas Labbé, greffier, et l'attestons véritable. En foi de quoi nous nous sommes soussignés, à la réserve de Jean Collin qui a déclaré ne savoir signer pour n'en avoir l'usage.

Cejourd'hui trentième jour du mois de décembre mil sept cent vingt-trois.

Signé D. ARNOUL, C. LABOURASSE.

On remarquera, dans ce rôle, le nombre des laboureurs et des mendiants, tandis qu'il n'y figure qu'un *coupeur au bois.*

Trois seulement des familles citées dans ce rôle existent encore à Vouthon-haut : les Rouyer ou Royer (1), les Labourasse et les Colombé.

La première nous est connue depuis 1669 ; ses membres ont souvent rempli d'importantes fonctions dans la commune.

La famille Labourasse, dont nous n'avons trouvé en France aucun membre qui ne descende de celle de Vouthon (2), semble remonter au siège de 1635. Un des hommes d'armes du colonel

(1) On prononce le *r* final. Ces mots signifient charron, fabricant de roues. Verdun-sur-Meuse a une rue *des Rouyers.*

(2) François Labourasse, décédé en 1836, ancien militaire, disait avoir trouvé des Labourasse en Bretagne.

de Gassion, grièvement blessé, put être soigné dans une maison du village et s'y marier. Ce qui est certain, c'est qu'en 1647 naquit à Vouthon-haut *Antoine Labourasse*, qui épousa *Marie Richelot* en 1670. Il eut de ce mariage, en 1686, *Claude Labourasse*, marié en 1707 à *Marie-Anne Pelgrin* (1). De ce dernier, que nous trouvons en 1730 lieutenant de la haute justice des Vouthons, naquirent plusieurs fils dont descendent les différentes branches de la famille.

On trouve des Colombé, fermiers du seigneur, dès le commencement du xviie siècle.

La famille Géotin, qui n'est pas citée dans le rôle de 1724, figure dans celui de 1729.

Celle des Grandjean, représentée aujourd'hui par un membre, n'est pas celle qu'offre le rôle ; elle est originaire de Coussey (Vosges) et ne remonte pas au commencement de ce siècle.

AGRICULTURE.

Voici quelles sont, en moyenne, les superficies affectées à chacune des cultures suivantes :

Céréales et autres farineux alimentaires.	371 hect.
Culture industrielle (oléagineux).	3 h.
Culture potagère et maraîchère.	2 h.
Prairies naturelles	5 h. 14
Prairies artificielles.	57 h.
Vignes.	10 h.
Vergers.	1 h. 85

En général, le propriétaire cultive seul ses champs ; nul fermier n'exploite exclusivement sa ferme ; cependant quelques

(1) La famille *Pellegrain*, *Pellegrin* ou *Pelgrin* (de *peregrinus*, pèlerin), qui s'est éteinte à Vouthon-haut dans la personne de Catherine Pelgrin, en 1863, était une des plus considérées. Un Pelgrin fut condamné par le tribunal révolutionnaire, et ses biens, situés à Vouthon-bas, furent confisqués et vendus au profit de la nation.

cultivateurs prennent à bail, pour trois, six ou neuf années, des terres pour compléter leur exploitation. Ce mode de location est basé sur l'assolement triennal.

Les céréales cultivées sont le blé ou froment, l'orge, l'avoine et le seigle. Cette dernière culture se borne à un ou deux hectares au plus.

Les légumineuses semées comme fourrages sont le trèfle, la luzerne et le sainfoin. Ces plantes réussissent toujours, à condition de ne revenir sur le même sol qu'après un intervalle d'au moins neuf années.

La seule plante oléagineuse cultivée est le colza d'hiver. Le colza d'été, la navette et la caméline n'y réussissent plus comme autrefois.

Le blé et le seigle rapportent, en moyenne, 10 hectolitres par hectare; l'orge, 15; l'avoine, 20; le colza d'hiver, 8; le trèfle, 30 quintaux métriques; le sainfoin, 20; la luzerne, 30; et les prairies naturelles, 25.

Les racines fourragères cultivées à Vouthon-haut sont la pomme de terre et la betterave. La première occupe 45 hectares et produit 75 quintaux à l'hectare; la seconde, 5 hectares, et donne 90 quintaux également à l'hectare. Le chou et le navet fourragers ne sont pas cultivés, mais la carotte prend faveur. Toutes ces racines sont consommées sur place.

Depuis une vingtaine d'années, la culture du chanvre est totalement abandonnée. La mise de fonds de la chènevière, les frais de culture, d'engrais, de manutention et de tissage dépassent de beaucoup le prix des belles et bonnes toiles que fournit le commerce.

L'assolement est toujours triennal; il laisse chaque année 180 hectares de jachères, dont une bonne partie sont ensemencées en légumineuses ou plantées en racines fourragères. On laboure partout facilement avec deux ou trois chevaux, même dans les sols argilo-calcaires.

La charrue en usage est la Dombasle perfectionnée; il y a aussi deux charrues fixes. Les herses brisées sont en fer. Les coupe-racines, les buttoirs sont employés. Il n'y a qu'une moissonneuse et une faucheuse mécaniques : le morcellement des

terres et un sol pierreux et accidenté sont les principaux obstacles à la vulgarisation de ces ingénieux appareils. Vouthon ne
possède ni hache-paille, ni extirpateur, ni scarificateur. Tous
les instruments employés pour l'ameublissement du sol sont
fabriqués à Vrécourt (Vosges) par une maison de confiance.

Le nitrate de soude est le seul engrais commercial essayé à
Vouthon-haut. Les résultats de ce sel sont appréciables. On
use du plâtre avec discrétion : un hectolitre à l'hectare pour la
luzerne et le sainfoin, et un peu plus pour le trèfle. Ses bons
effets sont constants.

On élève à Vouthon-haut peu de chevaux et de bœufs, —
des veaux autant que le permet la quantité variable des fourrages, 25 en moyenne, — et des moutons en nombre très
variable, de 250 à 500 ; pour atteindre ce dernier chiffre, y
compris les agneaux, il faut une année exceptionnellement favorable.

L'engraissement des porcs est une des ressources du pays ;
on en livre annuellement une centaine au commerce, outre
ceux qui sont destinés à l'usage des habitants. Il n'existe à
Vouthon que trois truies qui sont loin de suffire ; le reste des
jeunes porcs vient des Vosges et de la vallée de la Meuse.

En hiver, le lait des vaches, au nombre de 70, peut être
vendu pour la fromagerie de Maxey-sur-Vaise, qui vient le
prendre sur place au prix de 12 cent. le litre. En été, les ménagères font du beurre pour leur usage ou pour le marché ; le
caillé sert à la fabrication de fromages communs ou est donné
aux porcs. D'après un relevé statistique de 1887, la production
du lait a été cette année de 740 hectolitres, ce qui donne par
vache une moyenne de 1,060 litres.

Le produit de la laine, pour cette même année, a été de 4
quintaux valant 8,000 fr.

Le prix moyen d'un veau âgé de cinq à six semaines est de
40 fr. les 50 kilos, soit 60 à 70 fr. par bête en moyenne ; celui
d'un mouton de quatre ans, de 25 fr. ; le bœuf gras se vend sur
pied 1 fr. le kilo ; et le porc vivant, 45 à 50 fr. les 50 kilos.

A part la production des engrais, l'élève du bétail serait peu
rémunérateur, sauf peut-être pour les porcs, dont la vente, à

l'entrée de l'hiver, permet au propriétaire de battre et de vendre ses grains à loisir.

La crise industrielle et la crise agricole pèsent lourdement sur les Vouthons, et y ont fait baisser de plus de moitié la valeur vénale des biens-fonds. Le petit roulage, qui rapportait année moyenne de 25 à 30,000 fr. est tombé sans retour; il avait ses inconvénients, mais aussi ses avantages. Le blé qui, il y a vingt ans, s'écoulait à un prix rémunérateur, a diminué de 7 à 8 fr. par quintal, et coûte plus qu'il ne se vend. A la même époque, le bois était recherché, tant le bois d'œuvre que la charbonnette; l'affouage donnait tous les ans à chaque ménage 50 à 60 fr. net; tandis qu'aujourd'hui plusieurs l'abandonnent à la commune, trouvant onéreuse la cotisation qu'elle exige en retour, et qui est restée à peu près la même qu'autrefois. Le décistère de chêne, qui se vendait de 8 à 10 fr., est tombé à 5 et même à 4 fr. Si l'on songe que toutes ces pertes atteignent le bénéfice net, sans que les frais généraux diminuent, on comprendra la gêne de la population et l'émigration qui en est la conséquence.

Il résulte d'une comparaison sérieuse, faite par les vétérans de l'agriculture locale, qu'il y a quarante ans on récoltait à Vouthon-haut plus de blé et d'avoine qu'aujourd'hui; les tiges étaient moins élevées, mais le tallage était supérieur. Ils attribuent cette diminution à trois causes principales : 1º la grande quantité de légumes que l'on plante, qui épuise le sol et retarde la semaille des blés; 2º l'emploi général de la faux pour la moisson des céréales, qui laisse moins d'éteules sur le sol et partant moins d'engrais; et 3º l'emploi constant des mêmes semences. Ils ajoutent aussi celui des instruments perfectionnés, ce qui est contraire à l'expérience, La cause principale, la seule peut-être à notre avis, est l'appauvrissement du sol en azote, auquel on peut remédier au moyen des engrais industriels.

Si l'on a un peu perdu de ce côté, on a gagné d'un autre. De l'avis de tous, on récolte actuellement à Vouthon deux fois plus de fourrages et trois fois plus de plantes-racines qu'alors, et l'on s'est à peu près affranchi du lourd tribut que l'on payait à

la vallée de la Meuse pour s'approvisionner de foins naturels.

D'un rapport de Pierre Guérin (5 ventôse an II, 20 février
1794), commissaire chargé de faire le recensement général des
farines, on comptait alors à Vouthon-haut 61 chevaux de labour,
51 bœufs, 51 vaches, 15 veaux, 20 porcs, 350 moutons et 18
charrues roulantes.

270 jours de terre appartenaient en propre aux cultivateurs;
450 jours étaient affermés et 80 en petite propriété. Le jour est
de 250 verges ou 21 ares 35 cent.

Ce rapport fut fait en présence de tous les citoïens (*sic*) et
signé de *Poulet*, agent national.

Les vignes, situées en Gervallotte, sont sujettes à être gelées,
et donnent un vin de médiocre qualité.

Trois propriétaires seulement s'occupent de l'éducation des
abeilles. Le nombre total des ruches est de 21.

Nous donnons ci-dessous, comme terme de comparaison, un
tableau des différents produits agricoles à diverses époques.

Les chiffres, exprimant les quintaux pour les céréales, les
pommes de terre et les prairies, et les hectolitres pour les autres, sont puisés dans les statistiques officielles.

ANNÉES.	CÉRÉALES.	POMMES de terre.	OLÉAGI- NEUX.	PRAIRIES		VINS.
				naturelles.	artificielles.	
1853	4,836	1.050	12	325 »	2,532	60
1860	4,883	716	48	123 75	3,135	84 (1)
1871	3,561	3,500	»	»	»	»
1880	7,077	4,200	»	257 »	2,450	50
1887	5,470	2,330	22	257 »	880	60

Salaires. — Voici quels sont actuellement, à Vouthon-haut,
les prix des différents travaux agricoles :

----

(1) La vendange se fit, en 1860, le 24 octobre.

Culture. — Un labour seul, homme et chevaux non nourris, 30 fr. l'hectare.

Semailles de blé comprenant 3 labours, un hersage et un roulage, 60 fr. l'hectare.

Semailles d'avoine ou d'orge, 2 labours, un hersage et roulage, 50 fr.

Moissons. — Blé, faucher seulement. . . 15 fr. » l'hectare.
Orge et avoine, faucher seulement. . . . 12 fr. 50 —
Prés naturels, faucher seulement. . . . 15 fr. » —
Prairies artificielles, faucher seulement. 10 fr. » —

Transports. — Charrois ordinaires, pour transport de fumiers ou de récoltes, homme et deux chevaux, 1 fr. 50; avec 3 chevaux, 2 fr.

Autres charrois non agricoles, par jour, hommes et chevaux non nourris, 5 fr. par collier.

Domestiques à gages.

Maître-valet, nourri . . . . 350 fr.
Laboureur, *id.* . . . . 350 fr.
Domestique ordinaire, *id.* . . . . 350 fr.
Servante, 200 fr. . . . . 200 fr.

Journaliers : pendant la moisson :

Nourris : hommes. . . . . 3 fr. »
— femmes. . . . . 1 fr. 50
— enfants. . . . . 1 fr. »
Non nourris : hommes. . . . . 5 fr. »
— femmes. . . . . 3 fr. »
— enfants . . . . 2 fr. »

Hors le temps des moissons :

Nourris : hommes. . . . . 2 fr. 50
— femmes. . . . . 1 fr. »

Garde des animaux. — Prix de garde d'une vache par mois : 0,75 cent.; d'une bête à laine, 12 cent. 1/2.

Industrie et commerce. — La majeure partie des habitants se livrent à l'agriculture et à l'exploitation des bois ; cependant il existe à Vouthon-haut un boulanger, un charron, un cordonnier, deux couvreurs, un maréchal-ferrant, un mécanicien, un menuisier, trois maçons et tailleurs de pierre et deux scieurs de long.

Les femmes et les jeunes filles s'occupent à la couture des gilets de flanelle pour des entrepreneurs des environs. Elles peuvent en produire par année 3,000 douzaines à 2 fr. 50 l'une en moyenne. Cette unique branche d'industrie y existe depuis 1877 seulement.

Les archives nous révèlent, en 1729, l'existence d'un cloutier, Joseph Michel ; de Jean Courtoix, *retindeux* de chapeaux (1732) ; de François Bouton, tissier (1793), et de François Poulet, salinier (1794). Cette dernière profession a été ensuite exercée par Claude Recouvreur, son gendre, puis par Joseph Recouvreur, fils de ce dernier. Les produits de cette industrie (carbonate de potasse) étaient destinés à la verrerie de Vanne-le-Châtel (Meurthe-et-Moselle), et les cendres lessivées vendues à des cultivateurs vosgiens. — Nous ne pouvons passer sous silence le nom de Jean Étienne, maréchal intelligent, qui a forgé et *gravé* dans ce siècle des fers à gaufres assez curieux, portant les noms de leurs propriétaires.

Le commerce est peu actif à Vouthon-haut. Il y a deux épiciers, deux aubergistes, un marchand de petits porcs et un de fromages dits de Void. Il y a aussi un débitant de tabac. Les cultivateurs vendent leur excédent de blé, soit au marché de Neufchâteau, soit aux meuniers des environs. Le prix du quintal varie : en 1851, il était de 20 fr.; en 1860 de 26 fr. 50 ; en 1880, de 26 fr. 50 ; et en 1887, de 22 fr. seulement.

Une autre branche de commerce est celle des animaux gras, surtout des porcs ; nous en avons parlé ci-dessus.

ADMINISTRATION.

Vouthon-haut ressortissait autrefois, quant à l'administration civile et judiciaire, à la prévôté de Gondrecourt (1), au bailliage de Saint-Thiébaut, au présidial de Châlons, au parlement de Paris, et suivait la coutume du Bassigny. Après son affranchissement qui lui accorda, sans doute, la plupart des libertés inscrites dans la *loi de Beaumont*, mais dont la date est ignorée, la communauté s'administra elle-même par son maire et ses échevins choisis par elle. Dans les circonstances graves, les habitants étaient convoqués au son de la cloche sur la place de l'église, pour délibérer avec leurs élus sur les mesures qu'il était opportun de prendre.

A côté de cette sorte de conseil municipal, étaient les officiers des seigneurs et des ducs : procureurs, lieutenants de la haute justice, receveurs des tailles, dîmes, censives, etc., ce

(1) Au siècle dernier, cette prévôté comprenait Abainville; Amanty; Badonvilliers; mi-partie de Baudignécourt; Broussey-en-Blois, partie de la souveraineté de Champagne et partie du comté de Ligny; Burey-en-Vaux, partie Champagne; Clérey-la-Côte (Meurthe-et-Moselle); Dainville-aux-Forges, partie Champagne; Demange-aux-Eaux; Domremy-la-Pucelle, partie Champagne; Épiez; Gérauvilliers; Gondrecourt; Goussaincourt, mi-partie Champagne, prévôté de Vaucouleurs; Horville; Houdelaincourt; Lezéville, mi-partie prévôté de Grand (Champagne); Maxey-sur-Vaise; Mauvages et Naives-en-Blois, l'un et l'autre partie du comté de Ligny; Pagny-la-Blanche-Côte, mi-partie de la prévôté de Vaucouleurs; Rosières-en-Blois; Uruffe; Vouthon-bas et Vouthon-haut.

A son avènement au trône ducal, Léopold supprima les anciens offices des bailliages, prévôtés, grueries, etc., et, par son édit du 31 août 1698, en créa de nouveaux. Il établit notamment un bailliage à Gondrecourt, dépendant du bailliage du Bassigny, séant à Bourmont. Le 3 juillet 1711, ce prince rétablit l'ancien état de choses, suivant lequel la prévôté de Gondrecourt faisait partie du bailliage du Bassigny, au siège de Saint-Thiébaut. Un nouveau changement eut lieu sous Stanislas, au mois de juin 1751; la prévôté de Gondrecourt fut supprimée et incorporée au bailliage de La Marche. Quatre ans auparavant, Gondrecourt avait perdu sa gruerie, qui fut attribuée à la maîtrise des eaux et forêts de Bourmont (*Depautaine*). Vouthon-haut fit partie de ces juridictions successives.

qui compliquait l'administration. Depuis 1790, chaque commune est administrée par un maire, assisté d'un ou de plusieurs adjoints et d'un conseil municipal, dont le mode d'élection a varié plusieurs fois.

Voici la liste des maires dont nous avons pu recueillir les noms :

1767. Jean *Rouyer*, 20 janvier.
1780. Nicolas *Royer*.
1781. Dominique *Labourasse*, 8 février.
1786. Joseph *Thomas* (1).
1789. Nicolas *Royer*, maire et syndic pour la seconde fois.
1790. Jean *Caussin*.
1792. Claude *Serrier*.
1793. Jean *Caussin*, pour la seconde fois.
1804. François *Bigeon*.
1809. François *Labourasse*, démissionne en 1813.
1813. Claude *Colombé* (2).
1816. Pierre *Norguin*, décédé le 4 septembre 1818.
1818. Nicolas *Royer* (3).
1835. *Claude*, ancien instituteur, du 18 avril.
1871. *Royer*, Jules-Isidore.
1882. *Labourasse*, Eugène (4).
1885. *Henry*, Laurent, maire actuel.

Nous complétons cette liste par celle des principales personnalités locales qui ont joué un rôle dans la commune, soit à titre public, soit comme officiers des ducs et des seigneurs. L'année indiquée est celle où nous les avons trouvés en fonctions.

1567. Étienne *Bernardin*, mayeur pour S. A. R. le duc de Lorraine et consorts (5). — *Buon*, son greffier.

(1) Qualifié de « bas officier invalide. » Il fut, pendant vingt ans, receveur des hauts conduits à Vouthon-haut.
(2) *Claude*, instituteur, était en même temps adjoint.
(3) Ne savait que signer. Dernière signature : 2 janvier 1835.
(4) Décoré de la médaille commémorative de la campagne d'Italie, 1859.
(5) Rend une sentence relative aux dîmes de Vouthon-haut, le 11 août 1567.

1589. *Viart*, procureur fiscal (1).

1669. Lorent *Rouyer*, lieutenant de la haute justice de Vouthon-haut (2). — *Soyez*, greffier de cette même haute justice.

1676. *Michel*, Dominique, syndic de la communauté.

1676. *Viart*, procureur fiscal (3).

1676. *Pellegrain*, Antoine, lieutenant de la haute justice de Vouthon-haut. — *Royer*, Florentin, son greffier.

1723. *Pelgrin*, Joseph, commis aux bureaux de S. A. Royale; décédé en octobre 1724.

1724. *Michel*, Joseph, commis au magasin à sel.

1724. *Poiresson*, Antoine, avocat (?), laboureur d'une charrue.

1729. *Grandjean*, Nicolas, maire pour Son Altesse Royale.

1729. *Caboret*, Jean, sergent.

1729. Alexandre *François*, receveur des finances de Son Altesse Royale.

1730-1738. *Labourasse*, Claude, lieutenant de la haute justice de Vouthon-haut, décédé le 30 avril 1738 (4).

1732. *Pelgrin*, Jean-François, commis au bureau et contrôle; notaire seigneurial en 1741.

1736. *Labbé*, notaire seigneurial.

1764. *Michel*, Joseph, brigadier des chasses du roi.

1770. *Royer*, Nicolas, syndic.

1781. *Charpentier*, Sigismond, magasinier à sel.

1783. *Michel*, Joseph, lieutenant de la haute justice de Vouthon-haut, décédé le 1ᵉʳ mars 1783.

1784. *Labourasse*, Dominique, maire de cette haute justice.

1784. *Géotin*, syndic.

1784. J. *Thomas*, greffier ordinaire de la haute justice de Vouthon-haut.

1788. *Colombé*, Laurent, syndic.

(1) Figure dans une pièce du 4 août 1589.
(2) Rend une sentence dans un litige entre Demenge Saron, *chastellier* de l'église de Vouthon-haut et un sieur André Michel. Le chastellier, de *catellum* (V. du Cange), était une sorte de président ou de trésorier de fabrique.
(3) Signe une pièce du 8 avril 1676.
(4) A épousé Marie-Anne *Pelgrin*.

1788. *Royer*, Nicolas, syndic pour la seconde fois.

1789. *Géotin*, Louis, greffier.

1791. *Poulet*, François, agent municipal.

1791, *Royer*, Nicolas, procureur syndic.

1791. *Estienne*, Jean, greffier.

1792. *Caussin*, Jean, officier public pour l'état civil.

1797. *Royer*, Nicolas, procureur de la commune.

1799. *Labourasse*, François, mêmes fonctions.

1806. *Barroy*, Joseph, secrétaire de mairie, faisant fonctions d'officier de l'état civil (V. *Instituteurs.*).

CULTE.

Vouthon-haut appartenait au diocèse de Toul, à l'archidiaconé de Rinel et au doyenné de Gondrecourt. — Collateur de la cure : l'abbé de Saint-Mansuy de Toul.

Le doyenné de Gondrecourt comprenait 27 paroisses et annexes : *Gondrecourt; Abainville; Amanty*, ancienne annexe d'Épiez; *Badonvilliers; Bonnet; Bure; Burey-la-Côte; Chassey; Delouze; Demange-aux-Eaux; Épiez; Gérauvilliers*, annexe de Badonvilliers; *Goussaincourt; Horville*, d'abord annexe de Bonnet; *Houdelaincourt; Luméville; Mandres; Maxey-sur-Vaise; Ribeaucourt*, ancienne annexe de Saint-Joire; *les Roises; Rosières-en-Blois; Saint-Joire; Taillancourt; Tourailles; Vouthon-bas* et *Vouthon-haut* (1).

« Avant 1790, dit M. l'abbé Robinet dans son *Pouillé du diocèse de Verdun*, le revenu curial se composait : 1° de la *dîme*, dont un tiers à peine arrivait au curé; quelquefois la coutume lui accordait un *préciput* ou prélèvement qui, d'ordinaire, était insignifiant; 2° du *bouvrot*, dont nous avons déjà parlé; 3° du *casuel*, se composant des offrandes de toute sorte, des droits d'autel, etc.; 4° des novales presque partout;

---

(1) *Bertheléville*, *Dainville-aux-Forges* et *Vaudeville* étaient du même archidiaconé, mais du doyenné de Rinel. — *Mauvages* était aussi du même archidiaconé, mais du doyenné de Vaucouleurs. Le diocèse de Toul s'étendait fort au-delà de Bar-le-Duc, jusqu'à Rembercourt-aux-Pots y compris.

5° dans quelques paroisses, de la *boîte aux trépassés*, sorte de tronc où l'on déposait des offrandes destinées au curé : celui-ci était alors tenu à réciter le *De profundis* au prône avec recommandise, d'offrir à Dieu des prières spéciales à l'intention des donateurs, et d'en faire mémoire à la messe aux deux *Memento*.

« Lorsqu'on érigeait une nouvelle cure, ou bien quand les décimateurs percevaient la dîme en totalité, le curé était à la *portion congrue*, minimum de la pension que les décimateurs ou les fondateurs de la cure étaient obligés rigoureusement de donner au curé desservant la paroisse. Fixée d'abord à 400 livres, elle fut élevée, en Lorraine, à 500 livres, par Léopold, puis à 600 livres, par Louis XVI, toujours, il faut le dire, au grand mécontentement des décimateurs. »

Le curé de Vouthon-haut n'a jamais été restreint à la *portion congrue*. Le *Registrum Tullense* indique ainsi son revenu : 1402 : 35 lib.; — taxe : xxxv sols nantoix.

Le 2 novembre 1789, la Révolution française décréta la spoliation des biens du clergé, et le 13 février suivant, elle supprima tous les ordres religieux et confisqua leurs immenses richesses au profit de la nation.

Les lois des 22 décembre 1789 et 26 février 1790 ayant fixé les limites du département de la Meuse, celui-ci fut divisé en 8 districts et subdivisé en 79 cantons. Les chefs-lieux de districts étaient Bar-le-Duc, Saint-Mihiel, Commercy, Verdun, Clermont, Étain, Gondrecourt et Stenay. Par ordonnance du 9 février 1792, l'évêque constitutionnel Aubry, ancien curé de Véel (Meuse), adopta la même division pour le diocèse de Verdun.

Lorsque Pie VII, par sa bulle du 29 novembre 1801, réorganisa les évêchés de France, celui de Verdun, comme beaucoup d'autres, fut supprimé. Les trois départements de la Meurthe, de la Meuse et des Vosges formèrent le nouveau diocèse de Nancy. C'est en 1817 que l'ancien siège de saint Saintin a été rétabli par la bulle *Commissa divinitus*, donnée à Rome le 27 juillet de la même année; cet acte important a été sanctionné par ordonnance royale du 31 octobre 1822, et le 30 juillet 1823, Mgr d'Arbou prit possession du siège épiscopal de Verdun. On assigna au nouveau diocèse la délimitation exacte du département de la Meuse, comprenant presque tout l'ancien diocèse de Verdun (1), avec des fractions plus ou moins considérables des anciens diocèses de Trèves (45 paroisses), de Toul (199), de Châlons (17) et de Metz (12).

Depuis lors, Vouthon-haut appartient à l'archiprêtré de Commercy et au doyenné de Gondrecourt. Il a pour annexe Vouthon-bas.

Voici la liste des curés de Vouthon-haut dont nous avons pu nous procurer les noms :

1650. *Simon Contant* (2).

1669. *Baudin* (3).

1676. Jacques *Périn* (4).

1700. N. *Soyer*, curé des Roises, desservant.

1700. Jean *Moüillet*, décédé le 3 août 1729, à l'âge de 60 ans, « très digne prestre et curé. » L'inhumation fut faite par M. Soyer, nommé ci-dessus.

1729. *Dordelu*, François, du 5 août, a résigné en cour de Rome le 28 août 1778, en faveur de Jean-François Barrois, prêtre, chanoine honoraire, déjà vicaire de Vouthon-bas et chapelain du château, qui a pris possession le 4 septembre suivant. L'acte de résignation notarié (5) existe tout au long dans les registres de l'officialité de Bar-le-Duc. M. Dordelu fut enterré dans le cimetière de Vouthon-haut.

---

(1) Moins 15 paroisses et 6 annexes attribuées à l'évêché de Metz.

(2) A signé dans un testament du 29 avril 1650 (*Arch. de la fabrique de Vouthon-bas*).

(3) A signé le 4 août de cette année un procès-verbal de reconnaissance du tombeau de Catherine de Rivière, épouse de Claude Ier des Salles, inhumée dans l'église de Vouthon-haut.

(4) A signé un arrêt d'Anthoine Pelgrain, lieutenant de la haute justice de Vouthon-haut, relatif à la maison curiale de cette paroisse, « joindant la place Mazure, où estoit la maison curiale bastie. » Des habitants désignés dans l'arrêt se portent fort pour le corps entier de la communauté et ont dit avoir déboursé 600 francs barrois (*Arch. de Vouthon-haut*).

(5) La *résignation* avait lieu quand le titulaire d'une cure offrait sa démission, de son plein gré et en bonne forme. S'il y avait résignation absolue,

1778. Jean-François *Barrois*, qui plus tard prêta le serment constitutionnel, administra la paroisse jusqu'au rétablissement du culte, et mourut le 1er février 1805, après avoir sollicité un emploi de l'évêché. Également inhumé à Vouthon-haut.

1802. 21 janvier. *Henry*, Claude-Dominique.

1817. *Marchal*, Christophe, décédé le 14 février 1836 (1).

1836. *François*, curé de Vaudeville, administre la paroisse pendant cinq mois et demi.

1836. *Leclaire*, Georges-Nicolas.

1840. *Barbier*, Pierre-François.

1850. *Marchal*, Pierre-François.

1852. *Defrance*, Louis, victime de son dévouement pendant l'épidémie cholérique de 1854.

1854. *Rapnaux*, Pierre, décédé le 31 décembre 1861.

1862. *Rasquin*, Joseph, curé actuel (2).

INSTRUCTION PUBLIQUE.

Nous n'avons trouvé aucune trace d'instituteur public ou libre, à Vouthon-haut, antérieurement à 1650. Ce n'est point une raison pour penser qu'avant cette époque, il n'y avait pas d'école à Vouthon-haut. Les papes, les évêques, ceux de Toul en particulier, avaient enjoint aux curés, sous des peines sévères, d'en établir de gratuites partout où il n'en existait pas.

Louis XIV, devançant de deux siècles nos législateurs modernes, avait voulu que l'enseignement primaire fût obligatoire, et quant à l'enseignement supérieur, le grand siècle laisse

le patron (ou collateur) rentrait pleinement dans son droit de pourvoir à la cure devenue vacante. Si cette résignation n'était que conditionnelle, elle devait, d'après le droit canon, se faire entre les mains du pape, par l'entremise d'un notaire apostolique, au moins vingt jours avant le décès du bénéficier. Celui-ci avait le droit de désigner son successeur, et de réserver de celui-ci une allocation ou une pension à prendre sur le revenu du bénéfice ou de la cure, — ce qui eut lieu dans ce cas (N. Robinet, *Pouillé de Verdun*, 1888).

(1) Pour éviter à la fois le serment civique et la déportation, Christophe Marchal endossa l'uniforme des soldats républicains.

(2) Voir ci-après l'Appendice.

loin derrière lui, par ses universités et ses illustrations, tout ce que nous possédons de nos jours en ce genre.

En l'année 1700, sur quinze actes de baptême, 8 parrains et 4 marraines ont signé; — sur un acte de mariage, l'époux seul a signé.

L'année suivante, 11 baptêmes : 5 parrains et 1 marraine signent; — 1 mariage : l'époux seul appose sa signature sur l'acte. ▪

En 1750, 11 baptêmes : 11 parrains et 5 marraines signent; — 4 mariages : 4 époux signent et une épouse.

En 1800, 3 mariages : 2 époux et une épouse signent.

En 1850, 4 mariages : 3 époux et 4 épouses ont signé.

Il résulte de ces chiffres comparatifs que jusqu'au commencement de ce siècle, les femmes étaient moins instruites que les hommes.

D'après M. le docteur Baillot (1), il existait un fonds de secours pour l'instruction gratuite de trois enfants pauvres en faveur de Vouthon-haut. Les fonds destinés à faire face à cette dépense ont disparu lors de la Révolution.

Avant cette époque, les instituteurs, appelés recteurs ou maîtres d'école, étaient *loués* pour une ou plusieurs années, par les pères de famille réunis, moyennant certaines conditions stipulées au contrat de louage, et une modique rétribution. Les classes se tenaient, à la campagne, de la Toussaint à Pâques. La plupart des maîtres étaient obligés, pour vivre, d'exercer quelque métier manuel; pendant la belle saison, ils travaillaient pour le public ou cultivaient leurs propres biens. Après le rétablissement du culte, le clergé eut la haute main sur l'enseignement primaire, nomma et déplaça les instituteurs. La loi de 1833 accorda aux instituteurs un traitement fixe minimum de 200 francs, auquel venaient s'ajouter la rétribution scolaire et les allocations attachées à certaines fonctions accessoires : chantre, sonneur, secrétaire de mairie, quelquefois même tam-

(1) *Notice sur les établissements de bienfaisance de la Meuse,* dans les Mémoires de la Société des Lettres, Sciences et Arts de Bar-le-Duc, 1873, p. 173.

bour et fossoyeur. D'après cette loi, le conseil municipal fut investi du droit de choisir l'instituteur, sauf approbation du conseil académique. Aujourd'hui, les instituteurs sont nommés par le préfet, sur la présentation de l'inspecteur d'Académie, ce qui les soustrait à la juridiction directe de leurs supérieurs hiérarchiques et nuit à leur indépendance.

Voici la liste des instituteurs connus :

1700. *Estienne*, Nicolas, recteur d'école.

1727. *Lyostard*, Charles; quitte Vouthon pour Coussey (Vosges), en 1728.

1728. *Grandjean*, Nicolas, recteur.

1729. *Pierresson*, Antoine (1).

1740. *Étienne*, François, maître d'école (2).

1778. *Moyaux*, Jean-Claude.

1780. *Gillot*, François.

1782. *Louis*, Louis.

1783. *Étienne*, François, pour la seconde fois.

1783. *Louis*, Louis, pour la seconde fois.

1791. *Gentil*, Maurice, instituteur de l'*arrondissement* de Vouthon (3).

1792. *Etienne*, François, pour la troisième fois.

1793. *Louis*, Louis, pour la troisième fois.

1793. *Serrier*, Nicolas, du 20 mai.

1795. *Gentil*, Maurice, pour la seconde fois.

(1) Figure sur un rôle de cette année sous la dénomination d'*avocat*.

(2) Laboureur à trois chevaux tirants; possesseur de dix-huit jours de terre; fermier, en 1772, du quart et demi des dîmes, — probablement de celles du prieuré de Gondrecourt.

(3) Il expose au district de Gondrecourt que *s'ayant* présenté pour recevoir un logement conformément à la loi (le presbytère) pour tenir son école, il a paru à Vouthon-haut; il se trouve que la maison est louée à plusieurs individus; qu'il est vrai qu'il peut s'y *logé*, mais que l'institutrice (sa femme?) n'a pas de logement. Il demande à être logé conformément à la loi « et ferez justice. »

Reçue à Gondrecourt le 7 pluviôse an III, cette demande fut renvoyée avec cette mention : « Le pétitionnaire devrait apprendre à parler et aussi l'*ortographe*. »

1798. *Gillet*, François, pour la seconde fois.

1800. *Serrier*, Nicolas, pour la seconde fois.

1802. *Barroy*, Jean.

1809. *Claude*, Vital-Claude.

1835. *Bay*, Pierre-Denis, du 30 avril 1835 au 10 juillet 1839.

1839. *Érard*, Claude (1), du 1er décembre 1839 au 26 septembre 1872.

1872. *Sirantoine*, Eugène, du 26 septembre 1872 au 14 avril 1879.

1879. *Henriot*, Marc-Justin, du 14 avril 1879 au 12 septembre 1882.

1882. *Gaussot*, Charles-Joseph, instituteur actuel.

Douze certificats d'études ont été obtenus par les garçons depuis la création de ce modeste diplôme.

Jusqu'en 1836, l'école dirigée par l'instituteur fut commune aux deux sexes. Ce fut alors qu'on ouvrit une école spéciale de filles, qui fut confiée à une sœur de la *Sainte-Enfance* de Dommartin-les-Toul, manquant à la fois du tact et de l'instruction nécessaires. De l'avis du curé lui-même, on appela pour la remplacer une institutrice laïque.

Voici la liste complète des institutrices :

1836. Mlle *Masson*, en religion *sœur Gertrude*.

1842. *Lallemand*, Marie-Victorine, du 23 septembre 1842 au 1er février 1845 (2).

1846. *Raux*, Charlotte, femme Pinel, du 25 mars 1846 au 20 novembre 1849 ;

1849. *Bourguignon*, Marie-Anne-Josèphe, du 20 novembre 1849 au 19 juin 1855 ;

1855. *Varlet*, Elvire (3), du 19 juin 1855 au 11 novembre 1869 ;

(1) Le premier instituteur sérieux, instruit, et soucieux du progrès de ses élèves qu'ait eu Vouthon-haut. Nous lui devons une reconnaissance toute particulière. C'est lui qui a créé le jardin dont nous avons parlé, page 24.

(2) L'école resta sans titulaire du 1er février 1845 au 25 mars 1846. Les filles durent retourner à l'école des garçons.

(3) Actuellement institutrice à Bar-le-Duc, officier d'académie.

1869. *Magnier*, Joséphine, du 11 novembre 1869 au 2 mars 1877;

1877. *Jacquemot*, Louise-Désirée, du 2 mars 1877 au 25 juillet suivant;

1877. *Médard*, Marie-Victorine, du 25 juillet 1877 au 8 janvier 1881;

1881. *Meyer*, Françoise-Augustine, du 8 janvier 1881 au 12 septembre 1881;

1881. *Gobert*, Palmyre, du 12 septembre 1881 au 14 septembre 1884;

1884. *Claude*, Félicie-Marie, actuellement en fonctions.

Certificats d'études : 6.

FINANCES.

Le budget communal est alimenté par la vente périodique du quart en réserve, par les cotisations annuelles imposées aux affouagers, et par des rentes inscrites au grand-livre de la dette publique.

Malgré les dépenses considérables que nous avons signalées et qui montent à près de 200,000 fr. depuis 1827, la situation financière de la commune est assez prospère.

En 1830, les recettes sont de 27,853 fr., et les dépenses de 6,372 fr. 62.

En 1831, recettes : 29,330 fr. 85; dépenses : 15,251 fr. 55;

En 1834, recettes : 38,555 fr. 03; dépenses : 5,044 fr. 75;

En 1836, recettes : 63,068 fr. 58; dépenses : 10,751 fr. 55;

En 1837, recettes : 75,511 fr. 23; dépenses : 45,091 fr. 10.

Le 10 mai 1838, le conseil municipal de Vouthon-haut sollicite l'autorisation, qui lui est accordée, d'acheter des rentes sur l'État, avec une partie des fonds disponibles. Depuis lors, la commune jouit d'une rente annuelle de 1,406 fr., représentant un capital de 38,000 fr. environ. Les pertes occasionnées par l'invasion de 1870 et quelques dépenses extraordinaires ont obligé la commune à contracter divers emprunts s'élevant encore à 13,411 fr.

Le budget ordinaire, arrêté pour 1889, prévoit des recettes pour 10,188 fr. 70, et des dépenses pour 10,985 fr. 64. Le budget supplémentaire pour l'année courante présente les chiffres suivants : recettes, 4,380 fr. 33; dépenses, 401 fr. 01.

L'avilissement du prix des bois, s'il persistait, diminuerait notablement les ressources communales.

Impôts. Foncier : propriétés non bâties. . .   3,173 fr. 15 c.
         —   —   bâties. . .   358 fr. 69 c.

Personnelle et mobilière. . . . . .   690 fr. 30 c.

Portes et fenêtres. . . . .   315 fr. 37 c.

Patentes. . . . .   237 fr. 04 c.

               Total . . . . . .   4,774 fr. 55 c.

Centimes additionnels pour 1889 :

Ordinaires, pour divers.   5
    —   chemins vicinaux   5
    —   instruction.   4
    —   garde-champêtre.   6
Extraordinaires pour travaux   7

               Total   27

Le centime produit, cette même année, 24 fr. 80.

ASSISTANCE PUBLIQUE.

A diverses époques, la municipalité vint en aide aux habitants dans la détresse.

Le 12 mai 1810, une délibération constate que les rigueurs de l'hiver ont mis un grand nombre de ménages manquant de bois dans un état pitoyable et attribue des secours aux plus nécessiteux.

L'invasion de 1815 lui offrit une nouvelle occasion de distribuer des secours.

Le 5 août 1816, un orage épouvantable que nous avons mentionné (V. page 5), s'abattit sur le territoire de Vouthon-haut. La grêle détruisit toutes les espérances du cultivateur, et le gibier fut trouvé mort dans les champs. La misère qui s'en suivit fut extrême dans les trois quarts des ménages. Le blé se vendit jusqu'à 100 et 120 fr. le quintal et les autres céréales à proportion ; le vin valait vingt-quatre sous le litre. Plusieurs personnes moururent faute de nourriture suffisante. Par une délibération du 18 janvier 1817, le conseil municipal pourvut, dans la mesure du possible, aux besoins les plus urgents. Cette année, que suivit une autre également désastreuse par son inclémence, est restée tristement célèbre dans le souvenir des habitants sous le nom de *chère année.*

Le 1er mai 1832, nouvelle délibération constatant que le cinquième des habitants sont sans ressources. Vu la situation de la caisse municipale, le conseil vote une somme de 1,500 fr. pour être distribuée en secours, et au cas où l'épidémie régnante (le choléra) sévirait sur le village, une partie de cette somme serait affectée à procurer de la viande aux individus contaminés.

Le même conseil demande, le 20 décembre 1870, à ne pas faire payer de cotisation affouagère à raison des événements et du mauvais état des récoltes.

Ces sacrifices judicieux font honneur aux administrateurs de la communauté.

Le choléra de 1854 exigea de la commune des dépenses considérables. Il fut payé sur la caisse municipale :

Visites de médecins.	998 fr. 32 c.
Médicaments	398 fr. 40
Nourriture de cinq prêtres	250 fr. »
Voitures pour sœurs et médecins.	96 fr. 05
Total	1,742 fr. 77

Avant le commencement du siècle, Vouthon-haut n'était pas absolument dépourvu de secours médicaux. Nous y trouvons en effet.

En **1725**, Nicolas *Louis*, l'aîné, chirurgien;
Claude *Louis*, droguiste.

En **1727**, Martin *Louis*, chirurgien;
Nicolas *Louis*, l'aîné, droguiste;
Nicolas *Louis,* le jeune, vendeur d'onguent et arracheur de dents.
Catherine *Noël*, veuve, matrone.

En **1728**, Nicolas *Louis*, l'aîné, opérateur.

En **1775**, Jean *Brion*, la veuve, matrone.

En **1781**, une matrone est régulièrement élue, ainsi que le constate ce qui suit :

« Aujourd'hui 22 avril 1781, Anne Brion, femme de Jean Bourguignon, de cette paroisse, âgée de trente-cinq ans, a été élue, dans l'assemblée des femmes, à la pluralité des suffrages pour faire l'office de sage-femme, et a prêté le serment ordinaire entre mes mains, conformément au rituel du diocèse.

« Signé BARROIS, curé. »

ARCHIVES MUNICIPALES.

Il serait à désirer, tant pour la facilité des recherches que pour la bonne conservation des archives municipales, que dans chaque commune elles fussent classées méthodiquement, que chaque pièce fût numérotée et résumée par ordre de matières, dans un registre à cet effet. La faible dépense qu'exigerait ce classement serait largement compensée par les avantages qu'on en retirerait. Si cette précaution eût été prise il y a cent ans, les archives de Vouthon-haut posséderaient nombre d'anciens titres disparus, notamment, les documents cadastraux qui ont précédé ceux de 1835, et le registre fort intéressant des délibérations du 13 nivôse an III (2 janvier 1795) au 1er janvier 1810, qui a dû être détourné.

Les registres de l'état civil, déposés au greffe du tribunal de Saint-Mihiel, ne remontent pas au delà de 1768. Les archives de Vouthon-haut possèdent un registre des baptêmes, mariages et décès de 1692 à 1699. Le timbre porte au centre : *Gén. de Champagne* (1).

Les archives de Vouthon-haut n'offrent aucune pièce particulièrement intéressantes. Nous nous bornerons à mentionner les principales qui n'ont pu entrer dans le cadre de notre travail, et qui néanmoins intéressent l'histoire locale.

Voici d'abord une pièce authentique qui fait remonter beaucoup plus haut que Parmentier, la culture en grand de la pomme de terre en Lorraine (2).

Le curé Barrois avait prétendu lever la dîme des pommes de terre à Vouthon-haut. Sur le refus des habitants et pour y assujettir la communauté tout entière, il assigna par devant le bailliage de La Marche les sieurs Labourasse et Royer, pour le mardi 8 mars 1785, à l'effet de les faire condamner à lui payer cette redevance.

La communauté s'émut, pris fait et cause pour ceux-ci, et adressa, par l'intermédiaire de son maire et de son syndic, une requête à Mgr l'Intendant de Lorraine et Barrois dans laquelle on lit ce qui suit :

« Disant qu'ils ont déjà eu l'honneur d'exposer à Votre Grandeur que leur curé actuel, résignataire depuis peu d'années, vient de s'aviser de vouloir établir dans sa paroisse dudit Vouthon un droit nouveau, qui consiste à demander la dîme des pommes de terre qui se trouvent plantées sur le ban et finage de la paroisse, quoique ni ses prédécesseurs et devanciers curés ni les autres décimateurs n'en eussent jamais perçu ni prétendu pouvoir en exiger.

« En Lorraine, sous le ressort du parlement de Nancy, la

(1) Vouthon-haut était Lorraine, mais à raison de la mouvance de la partie du Barrois à laquelle il appartenait, il ressortissait à cette généralité.

(2) PARMENTIER (1737-1813), agronome, né à Montdidier (Somme), passe pour avoir vulgarisé la culture de la pomme de terre en France, sous le règne de Louis XVI.

dîme de cette espèce de fruits est due en vertu de l'ordonnance du duc Léopold du *4 mars 1719*, lorsque ces mêmes fruits sont plantés dans des terres sujettes d'ancienneté à la grosse ou menue dîme seulement; mais elle n'est pas due pour les terres non sujettes d'ancienneté à la dîme, etc. »

Puis la communauté, pour appuyer sa résistance à d'injustes prétentions, s'adressa au sieur Bertrand, de Rosières, avocat au parlement, qui rédigea la consultation qui suit :

« La communauté de Vouthon-haut, *depuis plus de quarante ans*, plante sur son territoire des pommes de terre sans jamais en avoir payé la dîme. Le décimateur actuel prétend que cette dîme lui est due; en conséquence, il a fait assigner les habitants aux fins de la lui servir. Sa prétention est-elle fondée? sa demande est-elle juste? Non : cette négative va s'établir en peu de mots par les principes de la matière.

« La dîme des pommes de terre à Vouthon doit être regardée comme insolite, et elle l'est, en effet, puisque *bien avant 1740* cette communauté en cultive sur son territoire. *Une dîme insolite*, disent les meilleurs auteurs, *est quand une espèce de fruits est ensemencée dans un territoire pendant plus de quarante ans sans que la dîme en ait été payée :* de cette définition il résulte évidemment que la dîme des pommes de terre est insolite. Cela établi, nous dirons que le sieur curé de Vouthon est mal fondé dans sa demande. La preuve d'icelle vérité suit.

« L'ordonnance de Philippe-le-Bel de 1303, appelée *la Philippine*, rendue à l'occasion des dîmes insolites, veut et ordonne que toutes les demandes formées pour la prestation de dîmes insolites soient rejetées par les juges; elle met même au nombre des exactions les demandes de cette nature. *Deffendant*, dit-elle en s'adressant aux juges royaux à qui la connaissance de cette loi est attribuée, *deffendant a nova decimarum exactione*. Depuis la promulgation de cette loi, elle a constamment été suivie dans tous les tribunaux, et surtout au parlement de Paris où ressortit le bailliage de La Marche, et elle y est même actuellement plus en vigueur que jamais. C'est de cette sorte que le célèbre Dumoulin en parle dans sa note sur le chapitre *Discretioni de decimis eufesto hanc servantur in re gno Francicæ vigore constitutionis Philippinæ*. Duperay dans son *Traité des dîmes*, dit :

« Quand il ne s'agit point de grains qui est la dîme ordi-
« naire, et que la prestation n'en a pas été faite *pendant qua-
« rante ans* et qu'on la soutient insolite, il y a lieu d'en recevoir
« la preuve, la Cour ne se départ jamais de l'ordonnance de
« Philippe-le-Bel de 1303 ; » — décision précieuse pour les
habitants de Vouthon.

« Cette ordonnance a encore été confirmée par deux édits de
Charles-Quint de 1520 et 1525 ; il y a sur ces deux édits de savantes dissertations par M. Merlin, où la communauté de Vouthon trouvera de grandes ressources pour la défense de sa
cause.

« En matière de dîmes, c'est l'usage qui doit décider. Ce
principe est si vrai et si constamment suivi par tous les tribunaux, qu'il n'a pas besoin d'être établi par des autorités. L'u-
sage des habitants de Vouthon-haut est uniforme : jamais ils
n'ont payé la dîme des pommes de terre. Tous les auteurs qui
ont traité des dîmes ont toujours réclamé l'usage, et ce même
usage a fait et la base de leurs décisions et celle des arrêts qui
sont intervenus en conséquence.

« D'Héricourt, le meilleur des auteurs qui ait traité cette matière dit : « La règle générale pour décider les questions de
« dîmes est de suivre l'usage de chaque paroisse. » Duperay et
de Joui établissent partout ce principe.

« En vain le sieur curé de Vouthon dirait-il : « Mais tous mes
voisins jouissent de cette dîme. » Nous lui répondrions avec
d'Héricourt que c'est l'usage de chaque paroisse qu'il faut consulter, et que l'usage établi à Vouthon depuis plus de quarante
ans étant contraire, il ne peut argumenter de l'usage des lieux
voisins ; ce n'est certainement pas là le cas ; on convient que s'il
s'agissait de la quotité de la dîme et qu'elle fût incertaine, on
pourrait consulter l'usage des lieux voisins, mais ce n'est pas
là notre espèce.

« Si l'on opposait encore à la communauté de Vouthon que
tous les fruits doivent la dîme, nous répondrions à cette objec-

tion avec M. de Joui, qui nous fournit une excellente observation dans son *Traité des dîmes*. Voici comme il s'explique :

« On a admis cependant un principe qui modifie cette règle
« et en est une exception. Ce principe est que si dans une pa-
« roisse ou dans un canton on est dans l'usage de ne point
« payer la dîme d'une espèce de fruits, cette dîme comme inso-
« lite n'est pas due. »

« En matière de dîmes, revenons toujours à l'usage, le seul
guide sûr qu'il y ait à suivre dans cette matière, *l'usage, la possession est le tyran des dîmes*, maxime consacrée par plusieurs
siècles et adoptée par une jurisprudence constante et uniforme.
Il faut donc pour parvenir à son but que le sieur curé de Vouthon détruise l'usage, la possession de plus de quarante ans des
habitants de Vouthon de ne point payer de dîmes de pommes
de terre, quoique *depuis cette époque ils en aient toujours planté
sans discontinuer*, si ce qui vient d'être dit n'était pas suffisant
pour déterminer Monseigneur l'Intendant à accorder aux habitants de Vouthon son autorisation pour plaider.

« On observera encore que la communauté de Rosières-en-
Blois a essuyé au bailliage de La Marche la même difficulté de
la part du sieur curé dudit lieu; cette communauté fut assignée
par ce dernier le 23 novembre 1769; elle se pourvut pour être
autorisée, et elle le fut le 4 février 1770. Elle employa pour y
parvenir les mêmes moyens que ceux contenus dans la présente
consultation. Monseigneur l'Intendant, pour instruire sa religion, renvoya avant faire droit pardevant MM. les avocats de
la Chambre des consultations, et sur un mémoire que l'avocat
soussigné fit, cette Chambre donna un avis favorable sans avoir
égard aux lois promulguées par les ducs de Lorraine concernant la dîme des pommes de terre, en Lorraine et notamment
pour le Val-Saint-Dié; il fut décidé que ces lois n'avaient de
force que pour la Lorraine proprement dite, et non pour les
parties ressortissantes au parlement de Paris, où ces mêmes
lois n'avaient jamais reçu la sanction publique. Tel fut en peu
de mots l'avis de MM. les consultants de la Chambre de Nancy,
avis, comme nous l'avons dit, qui fut adopté par Monseigneur
l'Intendant.

« Délibéré à Rosières-en-Blois, le 9 avril 1785, par l'avocat
au parlement soussigné.

« Signé BERTRAND. »

Le curé fut débouté de sa demande.

En 1790, le sieur Pierre Norguin, dit Lapierre, laboureur et
concierge du château, se plaint, dans une pétition aux officiers
du district, de ce que les officiers municipaux de Vouthon-
haut aient fait monter sa cote de 46 livres 2 sous 1 denier à
121 livres, et dit que pour le vexer, ils ont diminué la leur
de plus d'un tiers.

Dans leur réponse du 9 septembre 1790, ces officiers et leurs
assesseurs disent : « Nous n'avons été nullement étonnés d'entendre les plaintes, murmures et menaces du sieur Norguin au
sujet de la taxe pour les impôts de 1790. Sans avoir été privi-
légié de naissance, jusqu'alors il a eu le talent de s'en procurer
les avantages. Agent du seigneur, chaque habitant avait un
intérêt particulier, sinon de le craindre, au moins de le ména
ger : tel a été le premier titre de son ancienne franchise. Un
second est non moins important c'est qu'une fortune rapide
l'a mis à même de s'asserviir un grand nombre d'habitants par
des avances ou des crédits plus ou moins lucratifs. Il n'est donc
pas étonnant que jusqu'en 1789 sa cote aux impositions ait été
inférieure à ses facultés... »

La pétition du sieur Norguin, *agent du seigneur*, n'avait
aucune chance d'aboutir; les explications des officiers municipaux furent trouvées excellentes, et sa cote ne fut point ré-
duite.

En 1792, quelques habitants de Vouthon-haut, dont nous
ignorons les noms, entravèrent, au mépris de la loi, la libre
circulation des grains. Le maire lui-même, si l'on en croit une
première lettre des agents du district de Gondrecourt, aurait
tourné en dérision la réquisition du procureur-syndic (1). Les

(1) « Pierre Norguin (dit Lapierre), dit cette lettre, a offert de conserver
pour les deux communautés (Vouthon-haut et Vouthon-bas), cent cinquante

magistrats désapprouvent cette conduite et menacent la communauté de la punir « à la première résistance qui se fera contre les lois » (5 mars 1792).

Les habitants ne s'empressèrent sans doute pas assez à déférer aux ordres du district, car le 9 mars suivant, ils reçurent la missive qui suit, adressée aux administrateurs de la commune.

« Messieurs,

« Le Directoire du district de Gondrecourt vous prévient qu'en conséquence des ordres du Département, il va à l'instant arriver dans votre municipalité un détachement de cavalerie du régiment de Vaucouleurs pour favoriser l'exportation des grains. Vous aurez attention sur-le-champ de faire préparer les logements commodes pour les recevoir et leur faire préparer les vivres nécessaires tant pour les hommes qu'à leurs chevaux jusqu'à nouvel ordre, et de faire fournir particulièrement ceux qui se sont opposés aux passages des voitures de grains que vous connaîtrez; dans le cas contraire, faire fournir chacun également, de façon qu'il n'y ait aucune plainte par le détachement.

« Nous sommes fâchés que vous vous soyez mis dans le cas de réclamer la force pour arrêter l'insubordination. Rappelez à vos concitoyens que chacun d'eux doit se soumettre à la loi, et qu'alors on travaillera à vous éviter un désagrément semblable et à faire retirer ce détachement, en leur observant qu'en cas de récidive, ils seraient punis plus sévèrement; et vous ne pouvez mieux montrer vos bonnes volontés de vous conformer à la loi qu'en satisfaisant exactement à la présente lettre, qui forme un ordre pour vous qu'il vous est enjoint d'exécuter ponctuellement.

« *Les administrateurs au Directoire du district de Gondrecourt,*

« Signé : ANTOINE, ROUSSEL, NOTTA, GRELLOT, secrétaire. »

bichets, tant blé qu'orge. Certainement *cette marque d'attachement pour ses concitoyens* est très louable; il faut accepter ses offres, l'en remercier au nom des deux communautés, et l'engager à n'en vendre que sur vos billets. »

Les habitants n'avaient qu'à se soumettre; c'est ce qu'ils firent, et le détachement quitta Vouthon quelques jours après son arrivée.

Une dernière pièce nous a paru assez intéressante pour être rapportée ici. C'est une demande adressée, en 1792, par les maires, syndic et notables des communautés de Vouthon-haut et de Vouthon-bas pour qu'elles puissent rentrer dans l'entière possession de leurs bois. Voici cette pièce :

« A Messieurs,

« Messieurs les administrateurs du Directoire du département de la Meuse.

« Représentent conjointement les officiers des municipalités de Vouthon-haut et de Vouthon-bas qu'en 1768, M. François-Louis Dessalles, ci-devant seigneur de ces deux municipalités, ayant obtenu une sentence entre la maîtrise des eaux et forêts de Bourmont, laquelle portant qu'il serait distrait à son profit le sixième de la totalité des bois communaux dudit Vouthon-haut, sous prétexte que ce sixième lui appartenait. M. Dessalles craignant que les habitants ne se rendissent opposants de cette sentence, trouva le moyen de gagner quelques-uns des principaux habitants; par cette façon, ceux-ci engagèrent les autres habitants à lui faire une transaction du sixième de ces bois, et c'est ce qui fut fait à l'instant en faveur dudit sieur Dessalles. Les habitants de Vouthon-bas, voyant qu'ils allaient être aussi de la part de M. Dessalles poursuivis, lui abandonnèrent de gré à gré 120 arpents de leurs bois communaux.

« Ces deux municipalités voulant rentrer dans la jouissance de leurs bois, dont elles sont privées par le moyen de ces transactions depuis vingt-deux ou vingt-trois ans, conformément aux décrets de l'Assemblée nationale, notamment celui du 15 mars 1790, articles 31, 32 et 33, et ne pouvant intenter aucune action ni poursuite que, préalablement, elles ne fussent nécessairement autorisées; c'est pourquoi elles sont conseillées d'avoir l'honneur de vous présenter leur requête.

« A ce qu'il vous plaise, Messieurs, vu l'exposé d'autre part,

leur permettre de faire intimer M. Dessalles par devant qui il
appartiendra, leur donner pleine autorisation de ce faire, et
c'est ce que les représentants attendent de votre justice; et ont
l'honneur d'être,

« Messieurs,

« Vos très humbles et obéissants serviteurs, les officiers
municipaux des deux Vouthons.

« Signé *N. Royer*, procureur de la commune de Vouthon-haut;
Caussin, maire de Vouthon-haut; *Jean-François Labourasse*,
notable; *François Bonnefond*, notable; *C. Serrier*, notable; *J.
Liétard*, élu; *L. Étienne*, notable; *C. Brion*, notable; *J.-Fr.
Brion*; *L. Louis*, greffier; *J. Lannois*, maire de Vouthon-bas;
N. Estienne, élu; *Martin Liétard; Noisette; F. Clément*, greffier. »

Les archives sont muettes sur le sort de cette demande; nous
savons seulement qu'une transaction eut lieu entre l'héritière
de Fr.-Louis Dessalles et la municipalité de Vouthon-haut.
Comme le mot *transaction* emporte avec lui l'idée de conces-
sions réciproques, nous pensons que Vouthon-haut rentra en
possession de ses bois, mais qu'il dut abandonner la Combrisson dont la communauté s'était emparée sans y avoir aucun
droit.

II.

HISTOIRE.

Époque romaine. — Notre laborieux confrère, feu M. le comte Hippolyte de Widranges, a cru découvrir une voie antique traversant le finage de Vouthon-haut.

« On remarque, dit-il, sur le territoire de Maxey-sur-Vaise (*Marceium*), partant du point du territoire nommé *Maizières* (1), le chemin antique dit *des Armées*, qui traverse le bois des *Blusses* (2) (et la contrée d'Amanty appelée *Château de Sarrazins*), se dirigeant vers *Andemantunno* (3) (Langres) ou *Granum* (Grand), ainsi que deux autres voies, l'une dite *des Francs*, et l'autre des *Gens d'armes* ; celle-ci se dirigeait vers *Bodonis villare* (Badonvilliers), en passant au-dessus d'*Epieium* (Épiez). »

« Je suis allé, dit-il encore, en 1852, en faire la reconnaissance dans le bois des Blusses, et je me suis assuré que, sous une couche végétale de vingt à trente centimètres, elle avait été empierrée. En quittant le bois, elle paraît prendre sa direction sur *Granum*, en passant près des villages des Vouthons. (*Mém. de la Société des Lettres, Sciences et Arts de Bar-le-Duc*, ann. 1873.) »

D'après la carte que M. de Widranges a dressée à l'appui de ses découvertes, cette voie passait à 1,000 mètres environ à l'E. d'Amanty, à 1,100 mètres au N. de Vouthon-bas et à plus de 3,000 mètres au N.-O. de Vouthon-haut, par conséquent dans la forêt qui offre encore dans cette direction une profondeur de

---

(1) De *maize* ou *maise,* maison ; d'où *meix,* jardin, terrain attenant à l'habitation.

(2) Blusse, ramille, en patois *bleusse* ou *bieusse.*

(3) Ou *Andomatunum.* (Bouillet.)

neuf à dix kilomètres, ce qui est peu vraisemblable. Dans les
forêts, mieux que dans terres cultivées, comme on peut s'en
assurer près d'Apremont, de Woinville, de Mandres, etc., on
suit à la trace les voies romaines, tandis que nul indice n'en révèle l'existence ni dans les bois de Vouthon-bas ni dans ceux de
Vouthon-haut.

La trouvaille faite, vers 1834, par François Labourasse, d'un
cercueil en pierre assez bien conservé, renfermant quelques ossements, dans la contrée dite *la Caurée* (de *caure* ou *coudre*), à
800 mètres au N. de Vouthon-bas, n'est point suffisante pour
affirmer l'opinion du savant investigateur. Si le chemin de
l'Armée ou des Armées est vraiment le tronçon d'une voie romaine se dirigeant sur Grand, elle a dû être beaucoup plus rap-
prochée des Vouthons, peut-être même passait-elle à la *Voie
ferrée* (Voir le plan), et se dirigeait vers l'antique cité leu-
quoise à travers une plaine découverte. Cette opinion n'est que
problématique.

Moyen-âge. — De cette époque, Vouthon-haut possédait
naguère encore sa vieille église, que nous avons précédemment
décrite, et le monastère de *Boncourt*, ruiné depuis plus de dix
siècles.

Ce monastère, bâti dans le *fond de Boncourt* (n°s 516, 517,
518 et 519 du plan cadastral) et contre la pente du coteau, lieudit le *Grand-Lambet*, à proximité de la meilleure source du
territoire, occupait un espace assez considérable, et un merger
où l'on trouve encore des moëllons ébauchés, paraît marquer
la place d'un des principaux bâtiments. Un autre merger de
même nature, mais moins important, existait près du chemin
de la Quemine; il a été enfoui sur place, vers 1835, par le
propriétaire du champ où il se trouvait. Le sol présente aussi
de nombreux fragments de tuiles plates à rebords, des tuiles à
crochets simples ou ouvragés (1), des ferrements, etc., et la
charrue y heurte encore, mais beaucoup moins qu'autrefois,
des restes de fondations.

(1) Quelques-unes de ces tuiles portent à l'une de leurs extrémités une
tête de guerrier dont le casque sert de crochet. (M. GAUDÉ.)

De l'examen des ruines, il résulte que les bâtiments ont été détruits par le feu. La probabilité d'un vaste incendie est corroborée par ce fait, qu'en enfouissant le second des mergers dont nous avons parlé plus haut, on a trouvé, à plus de deux mètres de profondeur, une couche épaisse de cendres et de charbons, que les eaux avaient entraînées et accumulées contre la chaussée du chemin.

La tradition rapporte que ce monastère d'hommes ou de femmes (1) existait sous la seconde race de nos rois, et que les Normands le détruisirent vers la fin du ixe siècle. Entouré de forêts, bâti dans une contrée fertile, éloigné des bruits du monde, cette sainte retraite était très propre au recueillement et à la méditation.

(1) « Les personnes superstitieuses assurent que, chaque nuit, à l'heure de minuit, l'un des anciens moines immolés par les farouches guerriers du Nord revient tristement visiter ces ruines, qu'il se promène lentement au milieu d'elles, et qu'après avoir récité une prière, il disparaît subitement. Autrefois on menaçait les enfants du *moine de Boncourt,* et les voyageurs attardés ne passaient pas sans effroi près de ce lieu à l'heure des revenants. » (J.-F. GAUDÉ.)

On nous disait, dans notre enfance, qu'à certaine heure de la nuit, une procession de nonnes faisait, en chantant des psaumes, le tour du merger qui existe encore et disparaissait ensuite. C'est une variante de ce qui précède ; elle prouve que la croyance populaire, il y a soixante ans, était que des religieuses et non des moines, habitaient Boncourt. Cependant l'opinion émise par M. Gaudé, notre regretté confrère, nous semble plausible. Jadis, un couvent d'hommes était-il fondé dans quelque désert? Presque aussitôt un monastère de femmes s'élevait dans le voisinage. « Dieu a voulu, dit à ce sujet M. Ozanam, qu'il y eût des femmes auprès de tous les berceaux. »

Or, à 1,200 mètres environ du monastère de Boncourt, vers le sud et sur le territoire de Vaudeville, au lieudit *les Convas* (de *conventus,* convent ou couvent), existait à la même époque une maison religieuse, désignée dans les actes du xve et du xviie siècle sous le nom de *Nonnerie de Rignécourt.* L'existence de constructions en ce lieu ne saurait être mise en doute, et le plan cadastral de Vaudeville donne encore le nom de Rignécourt à un lieudit joignant les Convas, à l'est, et à 200 mètres environ, sur le territoire de Vouthon-haut, est une contrée nommée la *Tournière de la Religieuse.* Il est probable que la Nonnerie de Rignécourt fut détruite en même temps que le monastère de Boncourt.

« Après ce désastre, Boncourt devint la propriété de plusieurs seigneurs des environs. L'un d'eux, Sigebert, chevalier (*miles*), vendit à l'évêque de Toul, Drogon (907-922), avec une petite métairie qu'il possédait sur le territoire de Vouthon-haut, toutes les dîmes de Boncourt (*Buntcourt*).

« Quelques années plus tard, un des successeurs de Drogon, saint Gérard, acquit d'autres parties de ce même domaine.

« L'histoire est muette sur Boncourt pendant le xiᵉ siècle, et il n'en est plus question que dans le milieu du siècle suivant. A cette époque, ce petit domaine avait échappé aux mains des évêques de Toul et était tombé, on ne sait comment, dans celle de plusieurs seigneurs des environs. Boncourt était alors une grange (1) appartenant aux seigneurs de Gondrecourt, de Domremy et de Brixey, ainsi que l'apprend la charte de confirmation des biens de l'abbaye de Mureau (2). Nous lisons dans cette charte, de l'an 1157, que Milon de Gondrecourt avait donné à ladite abbaye le droit de couper, dans sa forêt du Vaux, le bois nécessaire au chauffage et à la construction de la grange de Boncourt près Vouthon (*Boncort juxtà Vultonem*); que Hellewinde, femme de Vardrette de Domremy, chevalier, ses fils Vaultier et Gérard, et ses filles Marie et Béatrix, avaient donné à la même abbaye toute la terre chargée de cens ou non qu'ils possédaient dans les limites du territoire de la grange de Boncourt, près Vouthon; qu'enfin Pierre de Brixey, son frère, et Havide, leur sœur, avaient aussi donné à l'abbaye de Mureau les quelques arpents de terre qu'ils possédaient sur le territoire de Boncourt. Henry, évêque de Toul, confirmait par une charte les donations ci-dessus et d'autres encore à ladite abbaye (3). »

Par la charte suivante, dont nous donnons la traduction (4),

---

(1) On nommait alors grange, *grangia*, une sorte d'hôtellerie tenue par des religieux, où les pèlerins et autres voyageurs étaient accueillis. » (M. Gaudé.)

(2) Ancienne abbaye de Prémontrés, finage de Pargny-sous-Mureaux, canton de Neufchâteau (Vosges.)

(3) J. F. Gaudé, *Journal de la Société d'archéologie lorraine*, novembre 1866.

(4) Cette charte latine a été traduite par le P. Adnot, religieux de la congrégation de Notre-Sauveur à Épinal, ce dont nous lui sommes très reconnaissant.

le roi Philippe-le-Bel et Jeanne de Navarre, son épouse, ratifient l'acquisition de plusieurs biens faite par les religieux de Mureau en divers lieux.

« Philippe, par la grâce de Dieu, Roi de France. Nous faisons savoir à tous, tant présents que futurs, que nous avons vu et reçu la lettre ci-dessous insérée, dont la forme et teneur suit :

« Nous Jacques, dit de Saint-Aubert, chanoine de Tournai et Guiard de la Porte, bailli de Chaumont, députés par l'Illustrissime prince Philippe, roi de France par la grâce de Dieu, pour recevoir les finances, pour et au nom dudit seigneur roi, sur les fiefs, arrière-fiefs, cens et alleux, acquis depuis environ quarante-sept ans dans le bailliage de Chaumont, par les personnes ecclésiastiques, les maisons religieuses, les Universités et les *roturiers* (?). Faisons savoir à tous que nous avons reçu des religieux hommes l'abbé et couvent de Mureau, de l'ordre de Prémontré, diocèse de Toul, l'an de N.-S. mil deux cent nonante-deux, le vendredi devant la fête de sainte Lucie, vierge, vingt-sept livres de petits tournois, pour certaines choses soit données en aumônes, soit acquises, et devant demeurer à perpétuité aux mêmes religieux et à leurs successeurs, sans qu'on puisse aucunement les contraindre à s'en dessaisir; savoir :.....

« Item, nous avons reçu des mêmes religieux l'an de N.-S. mil deux cent nonante-trois, le mercredi d'avant la fête des bienheureux saint Philippe et saint Jacques, neuf livres de petits tournois pour certaines choses, savoir : pour douze resaux de blé assignés sur les dîmes de Vouthon par un don du seigneur de la Fauche, chevalier (1).

. . . .

(1) « *Pro decem resallis bladi assignatis in decimis de Voton ex domini de Fesca militis.* »

Cette charte enregistre des biens appartenant aux religieux de Mureau à Grand, Pargny (sous-Mureaux), Bourlémont, Trampot et Morionvilliers.

Ces dix resaux de blé donné à l'abbaye de Mureau et assignés sur les dîmes de Vouthon, expliquent sans doute ce que le P. Benoît Picart, dans son *Pouillé de Toul* dit, tome II, p. 282, que l'abbaye de Mureau avait un sixième des *grosses* et menues dîmes de Vouthon. (*Note du traducteur.*)

« Or nous (Philippe), ratifiant et ayant pour agréable toutes les choses susdites, nous les voulons, louons et approuvons par la teneur des présentes, accordons auxdits religieux de pouvoir tenir et posséder à perpétuité toutes les choses ci-dessus exprimées, sans que personne puisse les contraindre à les vendre ou à s'en dessaisir, sauf pour le reste notre droit et le droit d'autrui. Et pour que ce soit chose qui s'ensuive ferme et stable dans l'avenir, Nous avons fait apposer notre sceau aux présentes lettres.

« Et Nous, Jeanne, par la grâce de Dieu Reine de France et de Navarre, Comtesse palatine de Brie et de Champagne, de l'héritage de qui il est notoire que les biens ci-dessus désignés sont mouvants, Nous voulons, autant qu'il est en Nous, louons et approuvons toutes et chacune des choses ci-dessus exprimées. Et pour plus grande sûreté des choses ci-dessus marquées, Nous avons fait apposer notre sceau aux présentes lettres avec celui de notre cher Seigneur le Roi de France susdit.

« Fait à Paris, l'an du Seigneur mil deux cent nonante-huit, au mois de juin (1). »

« Collationné à l'original par moi notaire Royal héréditaire après que lecture a esté faite à l'original, présence des témoings soubsignés au default d'autre notaire royal. »

« Signé J. ROBERT, avec paraphe. — AIMES THIERY, avec paraphe. »

Le 2 décembre 1558, un bail est fait aux habitants de *Vothon-le-haut*, pour les terres des Essarts nouveaux *on* ban de Boncourt. Malgré son étendue, nous donnons cet acte tout entier comme intéressant directement la communauté.

---

(1) Extrait du cartulaire (1er volume) du monastère de N.-D. de Mureau, contenant les titres et documents des biens, grâces et privilèges octroyés au même monastère depuis sa fondation (vers 1150) jusques à présent (1652), escript par J. Herman Helz, religieux de la communauté ou congrégation de l'ancienne rigueur de saint Norbert, de l'ordre de Prémontré, audit monastère. — Voir *aux Arch. départementales des Vosges*, 6. H., *pages 4 verso à 6 recto.*

« A tous ceulx qui ces presentes lettres verront, Claude de Ry-
nel (Reynel), garde du seel de la prevotté d'Andello (Andelot)
depar le Roy nostre sire, salut. Sçavoir faisons que par devant
Nicolas de Rinel et Nicolas Mongny clercs notaires royaux jurés à ce faire ordonnez et establis en ladicte Prevosté, furent
presens en leurs personnes noble et scientifique persone maistre
Christofle de Chousieul (Choiseul) abbé commendataire et ad-
ministrateur perpetuelle de l'abbaye de Nostre-Dame de Mureaux, ordre de Prémonstré, au diocèse de Toul, frere Nicolle
Guerie, vicaire dudit sieur abbé, curé de Frebecourt, frere
Claude Bax, prieur, frere Jehan Raulot, frere Nicolle Gruot,
frere Florentin Vouillet, frere Jehan Prevot, frere Claude Feury
et frere Didier Berne, tous religieux, prebtres profez et claus-
triers d'icelle abbaye, faisans et representans le couvent d'illec,
assemblés en leurs chapitres pour traicter des négoces et affaires communs de ladicte abbaye, le congé et license a eulx
donné par ledit sieur abbé, lesquelz ont dit que entre aultres
droictz et domaines anciens de ladicte abbaye de Mureaux et à
cause de la fondation d'icelle leur appartient et compete ung
gaignaige et territoire dit *Boncourt*, situés entre les finaiges et
villaiges de Vouthon-le-hault, Seraulmont, Waudeville et Char-
moisy (Chermisey), lequel gaignaige ils ont de pieça delaissé
à tiltre de cense et rente arrestée à quatre-vingt-dix neuf ans a
Pierre Chevril et Jacques Grattepuille (?), desquelles années
restant à eschoir soixante-dix-sept ans, soubz les conditions de-
clairées en leurs baille. Par lequel lesdis sieur abbé et couvent
recognoissant ont reservé à eulx et à leurs proffit, la contrée de
boys, buisson et brosailles dependans dudit territoire et gaignaige, et à leur disposition pour leurs proffit d'eulx et de leurs
successeurs. Et est ainsi que depuis la confection dudit bail et
par avant ladicte contrée de boys et buisson a esté totalement
infructueuse et de nulz proffit à iceulx sieur abbé et couvent
et serat à tousjours sy aultrement n'est menagée ou delaissée à
tiltre de cense perpetuelle, lesquelz à ceste cause et pour le
proffit et augmentation d'eulx et de ladicte eglise et abbaye de
Mureaux ont baillé et delaissé, baillent et delaissent par ces
presentes à tiltre de cense et rente fonciere pour lesdis soixante-

dix-sept années prochaines venans et fluans après la datte de ces dites presentes aux manans et habitans dudit village de Vothon-le-hault, leurs hoirs ou ayans cause et stipulans par Estienne Bernardin, Jacob Ferry, Humbert Henry, Claudin Wiart, Demenge Louret et Vincent Gomelet, pour ce comparans en personne, ladicte contrée de boys, buisson et brousailles dudit gaignaige de Boncourt dessus declairée entisrement et pour le tout comme elle se consiste et comporte, pour par lesdis habitans de Vothon-le-hault tenir ladite contrée de boys, buisson et brousailles en telle nature qu'ilz voudront et en joyr en tous droitz et profitz quelconques ou bien l'essarter et le mettre en nature de labeur le temps susdit et en joyr ainsy et en tel droictz et previllesges que lesdis sieur abbé et couvent et leurs fermiers et censiers dudit gaignaige feroient et faire pourroient suyvans leurs tiltres, jouissance et possession, reservant neanlmoins par lesdis sieur abbé et couvent à eulx la quantité de dix arpens d'icelle contrée, l'arpent pourtant la mesure accoustumée ou bailliage de Chaulmont à prendre au long et à l'attenans du finaige de Waudeville, reservans aussy tous leurs droicts de haulte justice, moyenne et basse qu'ilz ont audit territoire et gaignaige de Boncourt et contrée de boys dessus dis, et sans innovation d'icelle justice, à charge et moyennant que lesdis habitans de Vothon-le-hault stipulans comme dessus sont tenuz et ont promis et promettent payer ausdis sieur abbé et couvent ou leur Receveur en icelle abbaye la somme de cinquante trois solz quatre deniers tournois de cense et rente foncière par chascun an durant les années susdictes payable au jour de feste saint Martin d'yver prochainement venant et ainsy à continuer lesdictes années. Et sy ont lesdis habitans baillé et payé audit sieur abbé et couvent la somme de trente escus au soleil d'or pour une foys pour employer aux affaires urgens d'icelle abbaye, et dont de ladite somme se sont lesdis sieur abbé et couvent tenus pour contens. Aussy par ce present arrentissement est traicté que lesdis habitans ou leurs successeurs auront et joyront cy après du droit de champoyaige et vain pasturage pour toutes leurs bestes esdis dix arpens de boys cy dessus reservez par lesdis sieur abbé et

couvent, lesquelz sieur abbé et couvent ont aussy retenu et
réservé pareil droit de pasturage et vain champoyaige sur le
restede ladicte contrée de boys et buissons cy dessus accencié et
delaissée à iceulx habitans. Et à ceste est traicte que l'une ny
l'autre des parties ne pourront respectivement pretendre ne
prendre amendes ou confiscation de leurs bestes qui seroient ou
seront prinse pasturans en icelle contrée cy prinse s'en fait, ny
semblablement tenir ou faire tenir forme de coppe de boys en
icelle contrée pour y faire reserve de tailles . . . . que
par l'une ou l'autre desdictes parties s'en faire coppe de boys
durant les années susdictes. Et pour raison d'icelles coppes pretendre confiscation du bestial que y seroit trouvé pasturant et
ce nonobstant la coustume du bailliage de Chaumont, esdicts et
ordonnances royaulx à ce contraires auxquelz icelles parties
ont derogé et renoncé, derogent et renoncent par ces presentes
eulx departans de tous lesdictz droictz d'amendes et confisca-
tions que cy après y pourroient survenir et pretendre. En oul-
tre lesdis sieur abbé et couvent recognoissans ont promis et se
sont obligez de faire cesser tous troubles, empeschemens et
procès que lesdis habitans de Vothon-le-hault auront ou pourront avoir cy après pour la jouissance du present tiltre et arrentissement par le moyen desdis Chevril et Grattepuille (?), receveurs dudit gaignaige de Boncourt, et prendre pour iceulx
habitans le fait et cause après qui seront ou pourront estre
intentez contre eulx par lesdis Chevril et Grattepuille, promet-
tans lesdites parties par leurs foys prestées corporellement ès
mains desdis jurez, assavoir lesdis sieur abbé et convent de
Mureaux tenir, entretenir ferme et estable ce present traité et
contenu cy dessus, et en faire joyr iceulx habitans, leurs hoirs
et ayant cause le temps susdit. Et lesdis habitans payer la dicte
somme de cinquante-trois solz quatre deniers tournois par chacun an au terme que dessus et tout sous peine de tous despens,
dommage et interest. Et à ce faire y ont obligé et soubmiz, sçavoir est lesdis sieur abbé et couvent tous les biens et revenus
temporels de la dicte abbaye presens et advenir et lesdis habitans de ladicte communauté aussi leurs biens presens et advenir tant meubles que immeubles, pour les prendre pour chose

adjugée en droit, renonceantz icelles parties à toutes choses generallement quelconques à ces lettres contraires et au droit disant general renunciation non valloir. En tesmoing de ce nous garde dessus dit, à la relation et seings manuelles desdis jurez mis à ces presentes lettres, les avons scellées du scel de ladicte Prevosté. Ce fust fait et passé audict Mureaux le deuxiesme jour de decembre de l'an mil cinq cens cinquante et huict, et seront appenduz les seaulx de ladicte abbaye et couvent à ces presentes, le requerant lesdis habitans. (*Arch. départ. des Vosges*, *Cartul. de Mureau*, f° 84, pièce L. 1.)

Par son testament de l'année 1604, Humbert Blondelle, de Vaudeville, « gisant au lict malade, » donne à l'église de Vaudeville, entre plusieurs biens :

« Finage de Voulthon-le-haut, saison de Boncor, un demitiers (d'arpent?) à la *Vache à Laict*, joindant le couvent de Boncor à Monseigneur de Vouthon d'une part et Laurent Rouyer de Voulthon-le-haut, d'autre. »

Un acte de 1649 donne à entendre que le territoire de Boncourt avait été vendu, dans le cours du siècle précédent, par un abbé de Mureau aux seigneurs de Vouthon. On pense que cette vente fut consentie, de la part de l'abbaye, moyennant une nouvelle part dans la dîme des communautés de Vouthonhaut et de Vouthon-bas ; cette supposition est admissible.

« Les terres arrables du gaignaige de Boncourt en Ornois, non compris les nouveaux exarts (essarts) que ceux de Vouthonle-hault tiennent avec les gaigneurs dudit Boncourt, sont estés arpentés par Jehan Cugny, maieur de Vauldeville, arpenteur juré, et en sont trouvé au trois saisons cinq cents quatre vingtz huictz jours, non compris le clou (clos) de la maison, qui porte douze jours, le jour portant cinq verges de large sur cinquante de longueur, la verge de dix pieds mesure du bailliage de Chaumont (1). Et pour témoignaige de ce que dessus, ledit ar-

---

(1) Le jour de Lorraine avait 250 verges carrées, la verge de dix pieds, et représentait 20 ares 44 centiares. (M. CHAPELLIER.)

penteur a signé de son seing manuel. Ainsi signé *Cugny*, avec
paraffe : dix arpens de boys en taillis (1). » (*Pièce sans date*,
Cartul. de Mureau. Arch. des Vosges, t. Ier, f° 71.)

« Quoi qu'il en soit, il est certain que, dès les premières années du XVIIe siècle, le domaine de Boncourt appartenait aux
des Salles, seigneurs des Vouthons haut et bas, Boncourt, Bertheléville, Chermisey et autres lieux. Il y avait une métairie (2)
affermée à Pierre et Joseph les Colombé, moyennant 463 livres
5 sous 4 deniers barrois, payables en trois termes, savoir, à
Pâques, à la Saint-Martin et à Noël. Ces fermiers ne jouissaient
que d'une partie des terres de l'ancien territoire de Boncourt,
plus de quatre fauchées de pré situées dans la vallée de Vouthon-bas, au-dessous du moulin (3), avec le droit d'affouage
dans les bois communaux, et celui de paisson et de glandée
dans les 500 arpents seigneuriaux. Les terres affectées à la métairie étaient alors entourés de murs ou de haies ; le reste du
territoire de Boncourt, au sud du vallon, parsemé de broussailles ou planté d'arbres alignés était décoré du nom de parc.
Les seigneurs aimaient à s'y promener et à s'y livrer au plaisir
de la chasse.

« Après avoir pillé la métairie de Boncourt au milieu du
XVIIe siècle, les Suédois y mirent le feu ; ses habitants, aussi
bien que ceux des villages voisins, ayant été obligés de cher-
cher un refuge dans les bois environnants, laissèrent incultes
les terres de la métairie, et les seigneurs propriétaires ne son-
gèrent point à réparer les bâtiments, dont il ne resta bientôt
plus de traces. Au commencement du siècle suivant, M. le
comte des Salles réunit les terrains de Boncourt à ceux qu'il
possédait aux deux Vouthons, en fit deux parts et mit un fermier à la tête de chacune d'elles. Un bail sous seings-privés,
du 15 décembre 1787, nous fait connaître que Joseph Colombé,
Louis et Pierre les Norguin, laboureurs à Vouthon-haut, te-

(1) Sans doute les dix arpents réservés par l'abbaye de Mureau, dans l'ac-
censement cité plus haut.

(2) Le *Pouillé de Toul* du P. Benoît Picart (1711) la nomme par erreur métairie de *Biencourt*. Alors il n'en restait plus que quelques ruines.

(3) Ce moulin, sans importance, a été démoli vers 1856.

naient du comte des Salles, avec deux maisons de ferme et leurs dépendances, jardins et vergers, 1,050 jours de terre, petite mesure, compris la ferme de Boncourt, 38 fauchées de prés, moyennant 2,361 livres 5 sous 9 deniers, payables à Pâques et à la Saint-Martin.

« A la Révolution, le comte des Salles ayant émigré, ses biens furent confisqués, et Boncourt, divisé par lots, fut vendu au profit de la nation par devant le district de Gondrecourt. » (J.-F. GAUDÉ.)

DÉCIMATEURS ET CENSIERS.

Il nous paraît intéressant de faire connaître à qui revenaient les dîmes et autres redevances sur la communauté de Vouthon-haut du XIIIᵉ au XIXᵉ siècle. Ce sera d'ailleurs une transition naturelle entre le moyen âge et l'époque moderne.

« Il semble bien singulier, dit M. l'abbé Mathieu (1), que la dîme n'appartînt pas en totalité aux églises et aux pasteurs pour lesquels elle avait été établie, et qu'elle ne fût pas employée exclusivement au profit de ceux qui la payaient. Rien cependant n'est plus vrai. Les églises de campagnes et les curés n'en percevaient guère que le tiers, et la principale explication de ce fait regrettable doit être cherchée dans les obstacles que la féodalité avait mis à la pratique des règles ecclésiastiques. »

Les dîmes se divisaient en *grosses* et *menues* dîmes. La grosse dîme était perçue en blé, orge, méteil et avoine; la menue, en chanvre, lin, légumes, laine, foin, raisin et *charnage*, c'est-à-dire revenu sur le croît des animaux.

« La quotité et le mode de perception, dit encore l'abbé Mathieu, variaient tellement pour la même dîme, qu'il n'y avait pas deux villages en Lorraine où les choses se passassent de la même manière. »

(1) *L'Ancien régime en Lorraine.*

On donnait le nom de *novales* à la dîme qu'on tirait de la première récolte d'un bois nouvellement défriché, ou d'un champ qui, de mémoire d'homme, n'avait jamais été cultivé, ou même de nouvelles cultures introduites dans le pays. C'est ainsi que M. Barrois, curé des Vouthons, prétendait à la dîme des pommes de terre, comme nous le disons plus haut; mais il fut débouté de sa demande.

Enfin le *bouvrot* ou *bouverot* était un lot de terres et de prés, plus ou moins considérable, qui avait été primitivement mis en réserve pour le revenu être affecté à l'achat et à l'entretien des reproducteurs en espèce bovine, ovine et porcine. C'était quelquefois une véritable ferme. Le revenu appartenait au curé, qui en avait aussi la charge, mais le concile de Trente réforma ce singulier usage, et depuis le curé paya, pour le bouvrot, une redevance annuelle aux habitants.

Suivant le *Pouillé de Toul*, le bouvrot de Vouthon-haut comprenait deux jours de terre et deux fauchées de pré. C'est tout ce que nous en savons. Celui de Vouthon-bas fut vendu comme bien national le 7 avril 1791, au sieur Cottenot, Etienne, de Grand, pour la somme de 4,250 francs.

« Les obligations imposées par l'usage à ceux qui prélevaient la dîme étaient les suivantes :

« En général, la construction, la réparation des églises paroissiales, l'entretien de l'édifice, le pavé du chœur, étaient à la charge du curé, même *à portion congrue*. Les murailles et toitures de la nef étaient à la charge des autres décimateurs ecclésiastiques. La tour du clocher, les cloches, les vitres et le pavé de la nef étaient à la charge des paroissiens. Cela explique la diversité de style si choquante dans les églises de campagne. » (N. ROBINET, *Pouillé* (1).

---

(1) « L'évêque de Toul, Bertrand de la Tour, fit publier, le 24 octobre 1359, des *statuts synodaux* qui donnent une idée de certains usages de son temps. Le patron ou collateur d'une église paroissiale était obligé alors de couvrir et de rétablir la toiture de la nef, et les paroissiens, d'amener sur place les tuiles, bois et lambris; le curé était chargé de la couverture du sanctuaire, mais les paroissiens devaient amener les matériaux sur place. Ceux-

Voici dans quelle forme, le cas échéant, les communautés rappelaient aux décimateurs ecclésiastiques leurs obligations envers l'église :

« Remonstre le procureur en la terre et seigneurie de Vouthon-bas ensemble la communauté dudit lieu, que l'église dudit Vouthon-bas vient à (ruine?) par deffaut de recouvrir la nef d'icelle de couverture, et les messieurs les venerables Religieux de Mureau estant attenu à la refection d'icelle à cause d'une portion de disme qui leur appartient audit Vouthon, ilz requierent nostre commission au pied de ceste rendue affin de faire saisie de leur dite part et portion jusque à ce qu'ilz auroient contribué à leur dicte partie. Ce faisant ferez justice. Faict audit Vouthon ce septieme octobre mil six cent vingt huict. Signé : P. THOUENIN.

« Soit faicte la dite saisie cy dessus. Faict par le soubsigné mayeur audit Vouthon bas, les an et jour susdit. Signé enfin : G. BOURGEOIS. »

« Thierry Thierry sergent en la justice de Vouthon bas rapporte à vous Monsieur le Mayeur dudit lieu ou vostre lieutenant que en suite de la requeste subscrit et decret joinct au pied d'icelle et a requeste dudit sieur Procureur en communauté aujourd'hui vingtiesme jour du mois d'octobre mil six cent vingt huict, je me suis exprès transporté à domicile de honorable personne Charle de la Cour demeurant audit lieu ou estant et en parlant à luy, je luy ay déclairé que je saisois (saisissais) soub la main de mon dit seigneur et justice, tous et un chacun la somme de deniers qu'il peult debvoir au messieurs venerables religieux de Mureau jusque à ce qu'ils auroient satisfait au contenu d'icelle, auquel je donne assignation à comparoir par devant vous mondit sieur le mayeur ou vostre lieutenant,

ci devaient aussi construire la tour et si elle était bâtie sur le chœur la moitié de son entretien était à la charge du curé. Le patron fournissait un missel noté, mais les paroissiens donnaient les autres livres et les ornements. Le curé, en mourant, devait laisser à son successeur un lit garni, un pot de cuivre, un *crémail*, quelques petits meubles de bois et une poêle à frire. » (VICTOR SERVAIS, *Ann. du Barrois*, I, p. 90.)

à mercredy prochain suivant la datte du present exploit, l'heure de la tenue de causes en vostre hostel et domicile pour en comparant dire et declairer quel somme de deniers qu'il peult debvoir ausdis Religieux et faire et ordonner ce que de raison, auquel je laisse la présente pour coppie, presens les tesmoings portés en son original les an et jour susdis. Signé : THIERRY. » (*Arch. des Vosges, Cartul. de Mureau*, pièce collationnée.)

A Vouthon-haut, les décimateurs étaient, au siècle dernier : le curé, pour le tiers de la grosse dîme, la moitié de la menue et toutes les novales ; — l'abbaye de Mureau avait un sixième des grosses et menues dîmes ; — le prieur de Gondrecourt avait un tiers et un sixième de la grosse dîme et le reste de la menue dîme, le comte des Salles prenait un huitième sur la part du prieur. (*Pouillé du diocèse de Toul*, 1711.)

Les droits de l'abbaye de Mureau sur les dîmes de Vouthon-haut sont fort anciens. Voici un acte qui en fait foi.

« J. Jofroiz de Borleinmont (Bourlémont), faz conneissant à tous cealz qui verront et orront ces presentes lettres que mes sires Jehan, sire de la Fesche (1) a donné en aumosne perpetuel à l'église Nostre-Dame de Mireaut, dix reseaus de blé à panre chascun an perpetuement en ses araiges de Vouthon la nueve (neuve) (2), dou meillor et dou premier blei qui vient en sa partie pour faire son anniversaire chascun an perpetuement en ladite eglise. Et cette aumosne loa et creanta bonnement li sires Pierres ses freres tantost qu'il vint à la seignerie en cele chose que li testamenz doudit seignor Jehan son frere fut recitez et leuz en sa presence. Et promit à tenir à touz jors sans reclamer de lui ne d'aulcun de ses hoirs. Et est aussi à scavoir que

_____

(1) La *Fauche,* ancienne famille dont le château dominait Prez-sous-la Fauche.

(2) Cette dénomination prouve que Vouthon-bas existait avant Vouthon-haut.

C'est cette donation de dix resaux de blé qu'approuve et confirme la charte latine de Philippe-le-Bel et de Jeanne son épouse, laquelle charte nous citons, page 85, à propos de Buncourt.

ceste mesme aumosne par mon lou et par mon creante de cui
fie le muet. Et por que ce soit ferme chose et estable ai je mis
mon sael en ces presentes lettres en tesmoignaige de verité par
le consentement et la volontei dou seignor Perron (Pierre), seignor de la Fesche desus nommei. Et il meismes par ce que il
n'avoit encores point de sael a il fait mettre ces meismes lou
sael frere Guerri prioul des Prescheors de Toul qui estoit pre-
senz quant li testamenz fut leuz et recitez. Ce fut fait en l'an
que li milliaires corroit par mil et dou cenz et sexante ans, on
mois de Julet. »

« Collationné à l'original. Signé : ROBERT, RENIES, PERRIN,
LORRAINE. (*Arch. des Vosges, cartul. de Mureau*, vol. II, f° 836,
pièce cotée 764).

Le 24 juin 1494, Jehan Sageot (?) de Voton-le-hault, déclare
en la cour de monseigneur le Duc de Lorraine en son tabel-
lionnage de Châtenoy et du Neufchâteau, tenir à rentes et cens
annuel et perpétuel pour lui, ses hoirs et ayant-cause, des abbé
et couvent de Mureau, une pièce de terre contenant cinq jours
ou plus, située au ban de Voton, lieudit Vaillentrez, entre Jehan
Masson et Hemmenin dudit lieu, moyennant deux sols tournois
payables chaque année au jour de la Purification. Et comme
garantie ledit Jehan Sageot remet aux bailleurs un demi-jour
de terre environ audit ban, lieudit à Lignières, entre lui et
Jehan Masson susnommé.

Signé WIRIOT, avec paraphe. (Même origine, pièce 262, collationnée comme la précédente.)

Le 24 février 1512, par devant Nicolas Calheux et Guillaume
Richart, tabellions à Gondrecourt, Claude, de Vothon-hault,
prend à cens annuel et perpétuel des vénérables religieux abbé
et couvent de Muriaulx une pièce de terre assise au ban dudit
Vothon, lieudit en Waillantrez, contenant environ cinq jours
de terre, joignant Demongeot Tros, d'une part, et Jehan Thiebault et Mengin le Saullier d'autre part, moyennant six blancs
de cens par chaque année..... Et pour plus grande sûreté, ledit
preneur à bail oblige et hypothèque aux dits abbé et religieux

deux pièces de terre, sises à la Prèle, d'une contenance totale d'un jour et demi l'une, entre Jacob Thevenin et plusieurs tourniers, l'autre entre les héritiers Didier Lambert d'une part et Grilly d'autre part.

Signé RICHART, CALHEUX, avec paraphe. (Même origine, pièce cotée 765, collationnée comme les précédentes.)

Le 4 avril 1515, par devant Philippe Verdun et Guillaume Richart, tabellions jurés à Gondrecourt, en la châtellenie de Mgr le duc de Calabre, de Lorraine et de Bar, Demengeot Fronel, de Vothon-hault, prend à cens annuel et perpétuel cinq jours de terre ou environ, au ban dudit Vothon, lieudit Valetrey (Vaillantrée), entre Mongeot Fronel d'une part, Jehan Thiebault et Mongin Lescullier d'autre, moyennant deux gros barrois par an payables à la Saint-Martin d'hiver. Pour garantie de paiement, il hypothèque aux abbé et couvent de Mureau environ un jour de terre assis au ban de Vothon-hault, lieudit la Vieille-Côte, Claude Leyart d'une part, Didier fils et Jehan le Clerc d'autre.

Signé P. VERDUN, G. RICHART. (Même origine, pièce 133.)

Le 20 avril suivant, Nicole Moriset, abbé de Mureau, ratifie l'acte précédent. Suit la mention : « Collationné le cy-dessus par moi notaire royal héréditaire de mot à aultre, présence des tesmoings soubz.

« Signé J. ROBERT, THOMAS THIÉRY, RENIES, LORRAINE, avec paraphe. »

Comme on le voit, il s'agit dans les quatre actes qui précèdent de la même pièce de terre.

Le 11 août 1567, une sentence dont suit la teneur est rendue en ce qui concerne certaines dîmes de Vouthon-haut :

« Donné par nous Estienne Bernardin, maire du lieu de Vothon-haut, pour hault et puissant Prince Monseigneur le duc de Lorraine, Bar, etc., etc., et consors, seigneurs dudit lieu, estant en jugement audit lieu, le lundi onzième jour du mois d'aoust mil cinq cens soixante-sept. Entre honoré seigneur

7

Regné de Choyseul, seigneur de Beauprey, Mensuy, Chappes (?) et gouverneur pour le Roy notre Sire à Coiffy, et comme procureur de Monsieur l'abbé de Mureaux, demandeur comparant par François Guedoffe (?) demeurant à Sauvigny, à l'encontre de Claude Girart deffendeur demeurant audit Vothon-hault, comparant en sa personne, partie ouï, avons ledit Girart condempné et condempnons paier et delivrer par chacun an, deux ans durant, au jour de feste Saint-Martin d'hyver, la quantité de sept resaulx et demy bledz et aultant avoine, quatre resaulx d'orges, le tout mesure de Gondrecourt, le bledz et orges raclez, et l'aveine reysellée, le tout provenant de l'abbaye de Mureaux, de gros et menuz diesmes, le tout rendu à Mureaux, Neufchasteau ou Beauprey, au choix dudit laisseur et aux frais du preneur, avec douze chappons, deux livres de cire, le tout provenant dudit Vothon-haut. Si donnons en mandement au premier sergent de nostre mairie ce requis de mettre ces presentes en exécution deheu, selon sa forme et teneur, en certifiant de vostre exploict. Donné soubs nostre sein manuel les an et jour que dessus. Ainsi signé Buon, greffier juré audit lieu, avec *parafe*. » (Même origine, pièce cotée L. 6, collationnée comme les précédentes.)

Une autre sentence du même jour, rendue par le même mayeur, condamne les sieurs Maistresse et Humbellot, de Vouthon-haut, à délivrer au jour de la Saint-Martin d'hiver, huit resaux de blé, huit d'avoine et deux resaux d'orge, mesure de Gondrecourt, pour dîmes de finage de Boncourt-en-Ornois, et à conduire le tout à Mureau ou à Neufchâteau.

Une pièce de 1729, tirée des Archives nationales et présentant le rôle des menues dîmes de Vouthon-haut, énumère certaines redevances, autres que les grosses dîmes, dues par les habitants dudit lieu, tant à S. A. R. le duc de Lorraine qu'à Monseigneur le comte des Salles, haut justicier.

« Chaque ménage entier donne une poule et sept liards en argent (1).

_____

(1) Nous rétablissons l'orthographe, un peu fantaisiste pour l'époque, du rédacteur de cette pièce.

« Chaque laboureur doit, par chaque bestes tirantes, dix deniers au jour Saint-Remy.

« Les bourgeois difforains (étrangers à la communauté), qui ont bien dans le lieu, doivent une poule et cinq liards en argent.

« Il y a encore plusieurs autres petites rentes sur maison et finage.

« Droits de los et de vente à raison de vingt gros par franc, faisant la douzième partie du prix principal sur les biens qui se vendent audit lieu.

« Il appartient aussi moitié dans toutes les amendes, épaves, confiscations qui se commettent dans ledit lieu de Vouthon-haut, et dans les autres droits concernant la justice.

« Le greffier aussi par indivis, par moitié avec mon dit sieur le comte des Salles, et Nicolas Labbé; il en rend dix livres.

« Tous lesquels droits énoncés ci-dessus appartiennent par moitié à S. A. Royale, et l'autre moitié à mon dit le comte des Salles, sur la quantité desquelles poules reviennent à S. A. Royale, il en appartient quatorze audit sieur comte des Salles.

« Il y a, au surplus, une rançon d'estoges qui paye et fait partie du domaine de S. A. R., laissée au sieur Laguerre, montant actuellement à cinquante et une livres, outre les conduits (ménages) qui montent à dix livres quatorze sols par chacun des deux quartiers, dans laquelle rançon d'estoges Monsieur le comte des Salles y prend moitié, et rien dans les conduits.

« Il n'y a aucun autre droit, audit lieu, appartenant à S. A. Royale, qui soit du moins à notre connoissance, ce que nous maire, greffier et principaux habitants, certifions véritable.

« Ce requérant, le sieur François Alexandre, receveur des finances de S. A. Royale, ici présent, chargé des ordres de sa dite Altesse Royale. Fait à Vouthon-haut, cejourd'hui vingt-quatre novembre mil sept cent vingt-neuf, sous nos seings. A. Caboret, sergent audit Vouthon-haut, a déclaré qu'il a perçu en la présente année les poules et autres droits domaniaux, et les a remis entre les mains de l'administration du seigneur, auquel ledit Alexandre enjoint de par S. A. Royale, de luy·

délivrer un extrait signé et certifié des gens de justice des lieux, conforme à l'original, pour connaître le montant desdites rentes pour se les faire restituer par Claude Pelgrin, fermier de Monseigneur le comte des Salles, à qui le domaine dudit lieu a été donné par S. A. Royale.

« Signé : N. Grandjean, J. Caboret, Alexandre, N. Labbé, Fr. Fainier. »

En 1790, le revenu des dîmes du comte des Salles à Vouthon-haut était de 3,700 livres.

Simon Merrieu de Frémery, prieur de Gondrecourt, possédait à cette époque un quart et demi dans la dîme de Vouthon-haut, affermée 555 livres.

L'abbaye de Mureau possédait, de son côté, un sixième dans cette dîme, laissé pour 252 livres.

Les dames religieuses de Gondrecourt possédaient à Vouthon-haut un gagnage d'un revenu de trente paires (1), mesure de Gondrecourt.

Outre les novales et sa part dans les grosses et menues dîmes, le curé François Barrois jouissait de quatorze jours de terre; c'était peut-être l'ancien bouvrot.

Sans examiner le plus ou moins bien fondé de ces redevances, souvent arbitraires et abusives, constatons que la Révolution les abolit sans retour le 3 août 1789, alors que déjà, le 23 et le 20 août précédent, la noblesse et le clergé avaient renoncé spontanément à leurs privilèges pécuniaires. Le 24 février 1790, tous les droits féodaux furent supprimés (2).

Vouthon-haut sous le régime féodal. — Entouré de forêts étendues, très propres aux embuscades et à la défense, occupant une position élevée, situé aux frontières souvent disputées de la Lorraine, du Barrois et de la Champagne, Vouthon-haut a dû se ressentir des luttes incessantes de princes et de seigneurs ambitieux et sans pitié. Aussi, quoique l'histoire soit

---

(1) La *paire* se composait d'un bichet de blé et d'un bichet d'avoine.

(2) Voir plus loin la vente des biens nationaux.

muette sur les alertes, les exactions, les pillages dont nos ancêtres furent victimes, nous ne doutons pas qu'ils aient été souvent visités par ces bandes d'aventuriers qui couraient le pays lors des guerres avec l'autorisation avérée ou tacite d'un des belligérants, et qui, comme les Cosaques de 1815, étaient plus à redouter que les troupes régulières.

Nous glanerons donc dans les annales de la province le peu de faits qui intéressent notre histoire locale et nous les placerons par ordre chronologique. En vertu du vieil adage féodal : « *Nulla terre sans seigneur*, » Vouthon-haut eut les siens dès son origine, mais nous ignorons qui ils furent avant le milieu du XIVᵉ siècle. Rappelons toutefois qu'en 1260 Jean de la Fauche donne à l'abbaye de Mureau dix resaux de blé à prendre annuellement sur ses dîmes de Vouthon-haut.

Mais tout d'abord, disons à quels États appartint successivement cette communauté.

Le 31 mars 1220, Guy de Plancy jure que son château de Gondrecourt et ses dépendances, dont faisaient partie les Vouthons, était jurable et rendable aux comtes de Champagne, et depuis lors, le fief de Gondrecourt fut réuni à cette province ; le comte Henri III en fit don, en 1272, à Thibaut II, comte de Bar.

Henri III, successeur de ce dernier (1297-1302), se déclara pour Édouard Iᵉʳ, roi d'Angleterre, son beau-frère, contre la France, et le servit avec zèle. Battu et fait prisonnier, il ne fut élargi qu'en 1301, moyennant un traité par lequel il rendit hommage au roi de France Philippe-le-Bel du comté de Bar et de sa châtellenie, et de tout ce qu'il tenait en franc-alleu par deçà (à gauche de) la Meuse. Philippe se réserva encore le ressort par appel des jugements qui seraient rendus par les tribunaux de Bar et du Bassigny, et ce ressort fut ensuite attribué par le roi au parlement de Paris. De là une distinction importante entre le *Barrois mouvant*, à gauche de la Meuse, dont Vouthon-haut faisait partie, et qui ressortissait au parlement de Paris, et le *Barrois non mouvant*, entièrement placé sous l'autorité des souverains de Bar, et qui, plus tard, lors de la réunion du Barrois à la Lorraine, releva du parlement de

Nancy. Cette double juridiction s'est maintenue jusqu'à la réunion de la Lorraine à la France en 1766.

Les habitants du Barrois mouvant avaient l'avantage considérable d'habiter un pays d'États, libre, exempt d'impôts publics, et sur lequel le prince, leur seigneur, ne pouvait faire aucune imposition, aucune taxe ou levée extraordinaire que dans l'assemblée des États et de leur consentement. Ces importantes prérogatives leur auraient été octroyées par Childéric Ier, à son retour de Thuringe, et confirmées par son fils Clovis, passant à Bar pour aller à Reims après la bataille de Tolbiac. Nul, jusqu'à l'avènement de Léopold Ier, duc de Lorraine, n'osa toucher à ces précieux privilèges.

En 1417, René d'Anjou, comte de Guise, ayant épousé Isabelle, fille de Charles, duc de Lorraine, hérita de ses possessions à la mort de celui-ci et réunit le duché de Bar à la Lorraine. Il possédait le Barrois, par suite de l'abdication, en sa faveur, de Louis de Bar, évêque de Châlons et cardinal, à qui revenait ce duché par suite de la mort du duc Édouard III, tué à la bataille d'Azincourt avec Jean son frère (25 octobre 1415).

La réunion définitive des deux duchés eut lieu le 25 janvier 1431, par l'avènement de René Ier, au trône ducal de Lorraine.

Depuis lors, Vouthon-haut fit partie de cette province, et revint comme elle à la France à la mort de Stanislas-le-Bienfaisant (1766).

1333. — Le 7 août, Simon de Paroye, chevalier, seigneur de Marcheville, déclare tenir en fief et hommage du comte de Bar, à cause de sa châtellenie de Gondrecourt, la moitié du ban et finage de Vouthon-le-haut, en hommes, femmes, rentes, cens, justice haute et basse, avec une maison et ses appartenances. L'acte est scellé du sceau : un lion.

1355. — Le 6 décembre, Pierre de Bourlémont, seigneur de Domremy, réclame le secours du prévôt de Gondrecourt, parce qu'il devait être *assis* (assiégé) dans son manoir de Domremy (la maison-forte de l'Ile). Le prévôt Joffroy part avec quatre cents sergents à pied qu'il laisse à Vouthon-haut pour se diriger avec sa cavalerie sur Domremy. Cette démonstration impose à l'ennemi qui se retire et, le lendemain, le prévôt retourne à Gondrecourt.

1363. — La guerre ayant éclaté entre Henri V de Vaudémont et Jean Ier, duc de Lorraine, Henri appela à son aide des bandes de Bretons. Le duc de Bar se joignit à Jean pour repousser ces pillards, qui tenaient plusieurs places fortes. Irrité de cette alliance, le comte de Vaudémont fit ravager le Barrois. La garnison de Vaucouleurs surtout, composée de Bretons, se livra à d'affreux désordres dans nos contrées. Estevenin de Neuville, qui commandait à Gondrecourt, informa le duc de Bar, à Metz, le 22 avril, que les Bretons avaient incendié Vouthon et Marcey (Maxey-sur-Vaise) et gâté le pays.

La même année, le château de Brixey ayant été pris par une troupe de gens d'armes, commandés par Wautrin de Laweline et Henri de Lannoy qui, à la faveur des désordres occasionnés par les compagnies (Bretons, Anglais, Gascons), s'étaient saisis de cette forteresse et se livraient à des courses ruineuses dans le voisinage. Ces aventuriers pillèrent le 28 octobre Naives-en-Blois, dont ils prirent tout le bétail. Quelques jours après, une douzaine de pillards, sortis de Brixey, envahirent Vouthon-haut et Vouthon-bas; le prévôt de Gondrecourt accourut au secours de ces deux communautés, mais à son arrivée il fut assailli par la garnison qui lui prit trois sergents, et ses efforts pour empêcher le pillage furent inutiles. Vouthon-haut possédait alors déjà une maison-forte.

1364. — Le mariage du duc Robert de Bar avec Marie de France, fille de Jean-le-Bon, donna lieu à des *prières* ou contributions. La prévôté de Gondrecourt fut appelée à participer à ce subside. Les villages de la circonscription, dont Vouthon-haut faisait partie, payèrent ensemble deux cents florins.

1366. — Le prévôt de Gondrecourt leva sur la prévôté, pour l'approvisionnement des troupes, trente moutons, sept bœufs ou vaches, vingt resaux de froment, quatre *queues* de vin et vingt livres de cire. (La queue valait deux pièces.)

1369. — De nouvelles *prières* furent faites dans la prévôté de Gondrecourt, pour la libération de Robert, duc de Bar, fait prisonnier par les Messins, le 4 avril 1368. A cette époque, bien des villages du Barrois étaient dépeuplés par les guerres et ruinés par les subsides.

1374. — Au nombre des recettes faites cette année par le prévôt de Gondrecourt, on en trouve une de quarante-quatre livres perçues par ce comptable, sur les *maiours* de la *preuosté*. Gondrecourt fut exempté de cette contribution, car le mayeur ne figure pas sur la liste de ceux qui l'ont payée. Celle-ci comprend les mayeurs ou maires de Houdelaincourt, Abainville, Baudignécourt, Demange, Broussey, *Mawages*, *Girawillier*, Pagny, Goussaincourt, Vouthon, Dainville, Lezéville et *Dehorville*.

1378. — Ce n'était pas seulement des subsides que le duc levait sur la prévôté de Gondrecourt, mais il appelait au besoin à son aide les hommes valides qui en dépendaient. Le 3 septembre 1378, Huart de Bauffremont, seigneur de Ruppes, s'établit à Gondrecourt pour préserver cette ville contre les routiers, et y resta jusqu'au 17 à la tête d'une poignée de troupes qu'il avait amenées et à laquelle durent se joindre les *fiévés* de la prévôté.

1387. — Le 14 juin, Robert de Bar vint à Gondrecourt et en partit en l'après-dîner. Le jour même de son départ, on répartit sur la prévôté une aide de 560 florins, consentie par les habitants, pour *rachiteiz des juiels* (joyaux) *le sire de Coussey* (Coucy), mis en gage entre les mains des Lombards de Metz, sans doute à propos de la rançon du duc.

1397. 11 février. — Dénombrement de messire Colart de Foug, à Pagney-sur-Meuze, Vothon-en-haut, Marcey, Burey, Amenty.

Messire Colart de Foug fait à haut et puissant seigneur le duc de Bar, *marquis dou Pont, signour de Quacelz* (Cassel), *à cause de son chastel et chastellenie* de Gondrecourt, son dénombrement, pour toutes les choses qui s'ensuivent :

« Et premier, à Pagney-sur-Meuze. . . . . .

« Vouthon-en-haut tient ledis chevaliers, de mondit signour de Bar, environ huit livres vij sous vij deniers et sus arraiges et rentes de bleif que ledit Monseignour avoit audit Vouton. Item encore sus lesdis araiges, quinze soulz et sept livres de cire montent et avalent.

« Item à Marcey-sur-Vaize. . . . . . » (*Trésor des chartes de Lorraine*, *layette Gondrecourt*, S., n. 110. — Original sur parchemin scellé.)

1397. 1ᵉʳ avril. — Dénombrement donné par feu monseigneur le duc Robert, que Dieu absolve, de ce qu'il advoue à tenir ligement à Gondrecourt, en la chastellenie d'illec, de tres excellent Prince mon tres redoubté et souverain seigneur, Monseigneur le Roy de France (Et pareillement le double de la déclaration donnée par les officiers dudit lieu).

« Premièrement, la ville ferme dudit Gondrecourt, etc., Horville, *Gillonvillers*, *Abienville*, Houdelaincourt, Baudignécourt, *Demenges*, *Rufferoix*, *Nefves*, *Broucey*, *Mauvaiges*, *Badonvillers*, Burey, *Uruffes*, *Pargney-sur-Meuze*, Goussaincourt, *Wothon*,...

« Item, ce que j'ay de mon domaine à Wothon-en-hault, en hommes, en femmes, en justice haulte, moyenne et basse, et autres drois et seigneuries quelconques.....

« Item, ce que Waultherin et Jehan de Sauxures écuyers, tiennent de moi en la ville de Vothon-le-hault, en hommes, en femmes, et en tous droits de seigneuries, proffitz et emolumens quelconques.....

« Fait et donné à Bar, le premier apvril 1397. » (*Trésor des chartes de Lorraine*, à Nancy, *layette Gondrecourt*, 1, n. 103. — Original sur parchemin.)

1407. — En mai 1407, Jean et Milot d'Autrey, frères, écuyers au service du duc de Lorraine, vinrent, avec l'autorisation au moins tacite de leur souverain, piller la ville de Taillancourt, appartenant à Colard de Foug., et menacèrent Vouthon-haut.

1412. — Charles, duc de Lorraine, voulant punir des populations sympathiques au roi de France, alors aux prises avec les Anglais (guerre de Cent-Ans), commit et fit commettre par ses gens des excès de toute sorte contre ces populations. Amanty,

Taillancourt, Sionne, Midrevaux, les Vouthons, **Vaude-ville**, etc., eurent à souffrir de ces déprédations.

1419. — Henri de Ville-sur-Illon, évêque de Toul, et Colard de Foug, possesseur de nombreux fiefs le long de la Meuse et sur la rive gauche de ce fleuve depuis Ugny jusqu'à Vouthon-haut, prirent les armes l'un contre l'autre. Colard avait jeté en prison un prêtre de l'église de Toul, et l'évêque avait frappé pour ce fait son turbulent voisin de la censure ecclésiastique. Dans une rencontre entre les deux partis, Colard fut tué, et l'évêque fit raser les châteaux appartenant à Mathilde de Naives, veuve de Colard, et à son fils Milet, en même temps qu'il portait le ravage dans leurs seigneuries et confisquait leurs biens. (DUMONT, *Hist. de Commercy*, I, p. 211.) La maison-forte de Vouthon-haut subit sans doute le sort commun.

1424. — Le prévôt de Gondrecourt ayant appris que Guillaume d'Orne, dit Fort-Epice, tenait le pays près de cette ville, manda de Neufchâteau des hommes d'armes qui firent déguerpir cet aventurier. Le fait d'appeler des troupes de Neufchâteau semble prouver que Guillaume se tenait entre cette ville et Gondrecourt, c'est-à-dire aux Vouthons.

1425. — René d'Anjou, gendre de Charles III, duc de Lorraine, prit les armes contre Antoine de Vaudémont, son compétiteur au duché, allié du roi d'Angleterre Henri VI. Antoine intéressa à sa cause de puissants seigneurs. Alors la partie méridionale du Barrois, qui comprenait les Vouthons, fut entourée d'un cercle d'ennemis acharnés, qui se disputaient pied à pied toutes les localités du pays et rançonnaient les habitants. A cette époque, grande était la misère et la dépopulation des campagnes dans cette partie du Barrois (1).

1504. 26 novembre. — Lettres de reprises, foi et hommage, etc., faites par Pierre des Salles, dit le Baille, escuier, seigneur de Gombervaulx, de ce qu'il tient du Roy de Sicile, duc de Lorraine et de Bar, etc.; aux terres et seigneuries de Chardongnes, Longchamps, Wouthon-le-haut et Wouthon-le-

---

(1) La plupart des faits ci-dessus, sans indication d'origine, sont extraits des *Annales du Barrois*, de notre très regretté confrère VICTOR SERVAIS.

bas, à luy appartenant à cause de sa femme, lesdits deux Vouthon le haut et le bas, « relevant de nostre chastel de Gondrecourt, à quoy nous l'avons reçu....... Donné en nostre ville de Neufchastel le vingt sixième jour de novembre 1504. » Signé : RENÉ. (*Trésor des chartes de Lorraine*, à Nancy, *layette Gondrecourt*, 2, n. 13. — Original sur parchemin.)

1576. 29 may. — Dénombrement au duc de Lorraine, pour honoré seigneur Claude des Salles, seigneur de Gouhécourt, Couxey, Voulthon hault et Voulthon bas en partie, dont moitié au duc et moitié à M. Dessalles (c'est une véritable charte pour Vouthon-haut et Vouthon-bas. Nous la donnerons plus loin tout au long.) (*Trésor des chartes de Lorraine*, à Nancy, *layette Gondrecourt*, 3, n. 27.)

XIVe siècle? — Évaluation de la prévôté de Gondrecourt en ses rentes et revenus, qui y sont spécifiés.....

« Vouthon : Dou four en la partie monseigneur, par an, environ 1 fr.; des eschiefs environ lx fr.; d'aultres menues debites plusieurs environ xlv sols par an. » (Sans date. *Trésor des chartes de Lorraine, layette Gondrecourt*, 2, n. 116.)

Après l'expulsion des Anglais de France, le Barrois put enfin respirer pendant plus d'un siècle, sous l'égide paternelle des ducs de Lorraine. La lutte de Louis XIII contre Charles IV (1630-1678) vint de nouveau ruiner les campagnes, que soulagea dans une large mesure l'active charité de saint Vincent de Paul. Chaque sujet prit parti pour l'un ou l'autre adversaire; la lutte devint générale de forteresse à forteresse; les Suédois portèrent la flamme dans nos contrées et plusieurs villages disparurent à jamais. C'est alors que la grange de Boncourt fut incendiée par ces bandes pillardes, et que les troupes régulières assiégèrent le château de Vouthon (V. page 32).

Les règnes réparateurs de Léopold Ier et de Stanislas-le-Bienfaisant firent refleurir la Lorraine, et jusqu'à la grande Révolution, Vouthon-haut, sous la tutelle libérale de ses derniers comtes, jouit d'une tranquillité relative.

Depuis lors, cette commune a vu deux fois l'étranger envahir son territoire.

En 1815, une troupe de Cosaques, auxiliaire des troupes alliées, pilla le village, établit un bivouac dans la *Corvée* au sud, et brûla, pour se chauffer, les meubles des habitants. Ceux-ci n'ont pas pas oublié cette année néfaste, et la nomment encore *l'année des Cosaques*. Les pertes s'élevèrent en quelques jours à la somme de 4,502 fr., sur laquelle la commune reçut, du gouvernement des Bourbons, une indemnité de 1,980 fr.

Les 20, 21 et 22 août 1870, arrivèrent à Vouthon-haut 4,873 hommes et 1,305 chevaux, savoir : le 80° régiment d'infanterie hessois, un détachement du génie, l'ambulance n° 7 du 11° corps, plusieurs compagnies du régiment de siège de la garde royale et deux escadrons du 11° hussards.

Les 2 et 3 février 1871, nouveau passage de 373 hommes et 174 chevaux : 197 cuirassiers blancs, 176 hommes d'artillerie, 164 chevaux de cuirassiers et 10 d'artillerie.

Un état dressé le 22 mars 1873 établit comme suit les pertes et dommages occasionnés par l'ennemi :

Réquisitions régulières en nature pour le dehors et frais de transport..fr.   8,665 64

Réquisitions pour Vouthon :

Réquisitions non justifiées, pillages................fr.   3,046 57

Entretien et nourriture :

4,873 hommes à 1 fr.........fr. 4,873 »	7,483 »	
1,305 chevaux à 2 fr..........fr. 2,610 »		1,118 43
A déduire pour nourriture des troupes....fr. 6,364 57		
2 passages : 305 h., 61 ch., à 0 fr. 40. fr. 244 »		439 75
1,305 h., 610 ch., à 0 fr. 15. fr. 195 75		

Contributions ....fr.   6,575 45

                    Total des dépenses..............fr.   19,845 84

Remboursé aux particuliers en déduction de leurs impôts........................fr. 436 »		
Payé à la commune pour remboursement d'impôts........................fr. 4,243 »		5,253 70
Dû à la commune pour remboursement ...fr. 574 70		

Reste pouvant donner lieu à un second remboursement de l'État...fr.   14,592 14

Ventes des biens nationaux. — Pour compléter l'histoire de Vouthon, il nous reste à parler de la vente des biens des émigrés décrétée dans la séance du 4 août 1792.

D'une estimation faite par Derobe, architecte, et Pierre le Brun, arpenteur du district de Gondrecourt, commissaires nommés par le directoire dudit lieu, il résulte que le comte des Salles, émigré, possédait à Vouthon-haut :

Château et dépendances immédiates, parc, jardins, 37 jours (1) 71 verges de terre, estimés. . . . . 47,668 livres.
Saison de Boncourt, 584 jours 181 verges, estimés. . . . . 63,090 —
Saison de Vaillantrée, 161 jours 48 verges, estimés. . . . . 27,776 —

Total : 783 jours, 50 verges, estimés . . . . 138,534 livres.

Cette estimation est signée par *F. Poulet*, agent municipal de Vouthon-haut, *Boulanger*, officier municipal, *G. Didier*, agent, et *Pierre Jacquier*.

Les 11 nivôse, 2 et 17 ventôse an III (31 décembre 1794, 20 février et 7 mars 1795), ces biens furent mis en vente par les administrateurs du district de Gondrecourt.

Partie du parc du château, plus moitié de celui-ci, jusqu'au mur de refend du *cabinet de jour*, ce dernier non compris, plus les fossés bordant cette partie et portion de la cour à l'alignement dudit mur de refend, chapelle, etc., furent adjugés à *Pierre Humblot*, *François*, et aux deux *Roussel*, de Gondrecourt.

L'autre moitié du parc et du bâtiment du château, comprenant le *cabinet de jour*, antichambre, escalier, office et cuisine existants, l'autre partie des fossés et de la cour, le pavillon avec la chambre à four, logement au grenier, etc., a été adjugée à *Laurent Boyer*, de Vaucouleurs.

Le logement du fermier Colombé fut adjugé à *Pierre Hum-*

_____

(1) Le *jour* de Vouthon-haut était de 250 verges de 108 pouces, le pouce de 12 lignes ; — en ares : 21,35 cent.

blot, et à Roussel, tous deux de Gondrecourt, pour 8,750 livres, et celui du fermier *Pierre Norguin*, dit *Lapierre*, au même *Humblot* et à *Claude* les *Roussel* aîné et jeune pour 6,775 livres.

Nous n'entrerons pas dans les fastidieux détails des autres adjudications, dont les preneurs appartenaient, pour la plupart, à cette bande de spéculateurs sans scrupule qui se sont enrichis des spoliations révolutionnaires. Nous citerons, parmi les acquéreurs, en ce qui concerne Vouthon-haut, François et Claude les Roussel, Nicolas Denaix, Jean, Pierre et François les Humblot, Pierre Urbain, Jean Massin, Nicolas Devaux et Devôge, tous de Gondrecourt, — Chéronnet et Bouquin, de Joinville, — Boyer, de Vaucouleurs, — Punjean, de Rigny-Martin (*sic*), — et Raulet, de Toulon (1).

Peu de personnes de Vouthon-haut achetèrent de ces biens spoliés; la plupart des habitants s'abstinrent, par une louable délicatesse, de prendre part à ces adjudications. Nous relevons cependant les noms de François Bonnefond, Dominique Castel, Joseph Fleuret, Dominique Robin, Jean Poulet, Nicolas et Louis les Norguin, dont, pour la plupart, les familles ont disparu de la commune.

Le 23 février 1791, un gagnage appartenant aux religieuses de Gondrecourt fut adjugé à Pierre Humblot, pour 13,300 livres.

La cure, ses dépendances et les biens y attachés, estimés 2,400 livres, fut vendue aux sieurs Jourdain, d'Hamonville, et Nicolas Urbain, pour 77,000 fr. (2).

Toutes ces adjudications réunies rapportèrent à l'État une

---

(1) Ferme située entre Rosières-en-Blois et Montigny-les-Vaucouleurs.

(2) Ce prix exorbitant s'explique par la dépréciation des assignats, qui avaient cours forcé. Un assignat de 100 fr. valait, en réalité, 3 fr. Plus tard, le louis de 24 fr. était coté 2,400 fr.

A cette même date, la cure de Bertheléville atteignit le prix de 115,000 fr., et fut adjugée à Nicolas Collin, de Grand.

On comprend, dès lors, que telle propriété de Vouthon-haut n'ait coûté à l'acquéreur que *le prix d'un cheval*, puisqu'en supposant à celui-ci une valeur réelle de 200 fr., cette valeur représentait 15 à 20,000 fr. d'assignats.

somme nominale de 201,335 livres. En donnant aux assignats un cours forcé, l'État fut payé en cette monnaie dépréciée, de telle sorte que les acquéreurs des biens nationàux, lors des dernières adjudications, eurent pour peu de chose les biens qui leur furent adjugés.

La dernière adjudication des biens confisqués sur le comte des Salles fut suspendue, comme l'indique la clôture ci-dessous du procès-verbal :

« Après avoir vaqué à ladite adjudication jusqu'à une heure de relevée, est arrivé un gendarme national, porteur d'un paquet à l'adresse de l'administration, lequel contenait une demande formée par le citoyen Ludre, au nom et comme mari d'Aurore-Monique Dessalles (1), au bas de laquelle se trouvait l'arrêté du département de la Meuse du 16 présent mois, par lequel il est sursis provisoirement et sans préjudice aux droits de la nation, à la vente des biens de l'émigré Dessalles de Vouthon. En conséquence, nous, administrateurs soussignés, avons déclaré jusqu'à nouvel ordre et en exécution de l'arrêté susdit, l'adjudication close et la vente interrompue, l'ayant également fait publier au son de la caisse au lieu accoutumé de la commune, au moyen de quoi les 7e, 8e et 9e lots inscrits et les actes prêts à remplir demeurent nuls.

« Signé : PELLETIER, GUÉRIN, ANTOINE JANIN, agent national, etc. »

Ces trois lots se composaient de terres labourables; nous ignorons s'ils furent remis à Mme de Ludre.

En l'an VI, il restait encore à vendre un lot de parc et jardin, affermé 25 livres le 3 germinal an VIII (23 mars 1799) aux sieurs François Labourasse et Nicolas Royer.

A part les Corvées et la Vignotte, qui appartiennent aux descendants de Nicolas Royer, possesseur de seconde main, tous ces biens furent partagés et vendus en détail. Certains assurent que ce morcellement est un bien, d'autres prétendent que c'est un

_____

(1) Cousine et légataire universelle de François-Louis des Salles, dernier seigneur des Vouthons.

mal; chacun, à notre avis, a raison, suivant le point de vue
auquel il se place. Nous pensons toutefois que le morcellement
poussé à l'excès est nuisible aux intérêts de l'agriculture.

Disons en terminant quelques mots encore du château de
Vouthon qui, à la fin du siècle dernier, était dans un déplorable
état d'abandon. Seule, une portion de l'aile gauche existe encore; le reste a été démoli et remplacé en partie par des bâtiments d'exploitation. Dans les premières années de ce siècle,
la portion encore habitée, ainsi que quelques dépendances,
comme la laiterie, la boulangerie, etc., appartenaient à l'hon-
nête Dominique Michel, de Traveron, dont nous reparlerons
plus loin. En 1824, ses enfants, Étienne, Louis, François-
Xavier, Nicolas, Anne, Marie-Anne et Marie, les femmes autorisées par leurs maris, ratifient une vente faite par leur feu
père d'une maison dépendante du château, au sieur Nicolas
Labourasse. Nicolas Michel, l'un d'eux, habitait la petite partie
conservée, et possédait quelques terrains avoisinants. Il mourut en 1827, laissant le tout à Barbe Tanron, de Goussaincourt,
sa petite-fille, qu'il avait recueillie fort jeune, et qui épousa M.
Claude, instituteur. La famille Claude habite encore l'ancienne
demeure des des Salles.

SEIGNEURS HÉRÉDITAIRES

DES VOUTHONS.

La seigneurie des Vouthons, qui appartenait aux Vernancourt, passa à la famille des Salles (1) par le mariage de Pierre des Salles avec Nicole de Vernancourt (1490).

Nous aurions voulu pouvoir remonter à la source de cette illustre famille, originaire du Béarn, avant sa translation en Lorraine vers la fin du xvᵉ siècle. Mais les archives communes de cette famille ont été détruites et dispersées lors de la prise et du sac du château de Vouthon-haut par les troupes du colonel de Gassion, le 8 novembre 1635. Il n'est resté après ce ravage que des fragments épars dans les châteaux de Claude des Salles, baron de Rorté (2), ambassadeur de France dans les cours du Nord. Ces lambeaux, réunis avec soin par le P. Hugo, enfant de Saint-Mihiel (3), abbé d'Étival en Lorraine, n'ont fourni qu'avec peine, dit-il (4), aux preuves de la généalogie de la maison des Salles depuis 1476.

Pour combler ce vide fâcheux, le P. Hugo s'est enquis dans le Béarn de l'origine et des titres de cette famille. Il s'est vai-

(1) Nous adoptons cette orthographe, qui est la vraie, quoique les archives de Vouthon-haut portent constamment *Dessalles* et que ses derniers seigneurs signent ainsi.

(2) Rorthey, commune de Sionne, canton de Coussey, Vosges.

(3) Né le 20 septembre 1667, mort le 20 août 1759.

(4) *Histoire de la maison des Salles*, un vol. in-folio, 1716, avec planches, imprimé à Nancy, sans nom d'auteur, chez J.-B. Cusson. Nous avons suivi cet ouvrage jusqu'à la date de sa publication.

nement adressé au baron de Laur, héritier des biens et des armes de la branche aînée des des Salles, ainsi qu'à Mᵍʳ Prudence, évêque de Tarbes; les ravages de la Navarre et les impitoyables hostilités de Montgommery (1) n'ont laissé aucun vestige de cette ancienne famille, ses titres ont été comme à Vouthon, détruits par le feu, et le château des Salles sacrifié à la fureur d'un ennemi victorieux. Il ne restait plus, en 1710, que les armoiries sculptées sur la pierre ou gravées sur les canons, qui annonçaient la grandeur et la noblesse de cette maison. Bertrand des Salles, le dernier rejeton mâle de la branche aînée, avait été nommé grand-maître de l'artillerie par Henri IV, son compatriote, en novembre 1587, et confirmé dans ces hautes fonctions le 8 avril 1594, comme lieutenant général des armées du même prince et son conseiller d'État. Nous n'avons pas été plus heureux que le P. Hugo et nos recherches en Béarn ont été absolument infructueuses.

De cette maison sortait PIERRE DES SALLES, cadet de la famille, le premier que le sort des armes et les ordres de Louis XI, auquel il s'était attaché dès sa jeunesse, conduisirent en Lorraine (2). Il servit le roi René II dans la guerre qu'il eut à soutenir contre Charles-le-Téméraire, duc de Bourgogne, et mérita par sa valeur non seulement l'estime de ce prince, mais aussi

---

(1) Ce fut ce même Montgommery qui blessa à l'œil le roi Henri II, et qui causa sa mort. Poursuivi par la reine Catherine de Médicis, il se fit protestant, et combattit les catholiques dans le Midi. Fait prisonnier en Normandie et devant avoir la vie sauve, il mourut victime de la haine de son ennemie en 1574.

(2) « L'évêque de Verdun était décimateur principal de Tilly-sur-Meuse ; il y avait là jadis, au bord de la Meuse, un château-fort et une redoute. Vers 1476, Louis XI *le Justicier,* usant de représailles contre les bourgeois de Verdun, qui avaient contribué à arrêter un de ses secrétaires nommé *Jacques des Salles,* et l'avaient livré au gouverneur de Luxembourg qui le fit pendre, les condamna à lui payer une somme de 10,000 fr. et exigea qu'un des magistrats de la ville fût amené à Tilly, chef-lieu de la prévôté épiscopale, et qu'il y ferait solennellement amende honorable, en chemise, la tête nue et la corde au cou, qu'alors il crierait merci à Dieu et à Monseigneur le Roy. Cette sentence fut exécutée avec la dernière rigueur. » (N. ROBINET, *Pouillé du diocèse de Verdun,* I, Tilly, page 692, et N. ROUSSEL, *Hist. de Verdun,* édition revue, I, page 374.)

Ce Jacques des Salles était sans doute parent de Pierre des Salles.

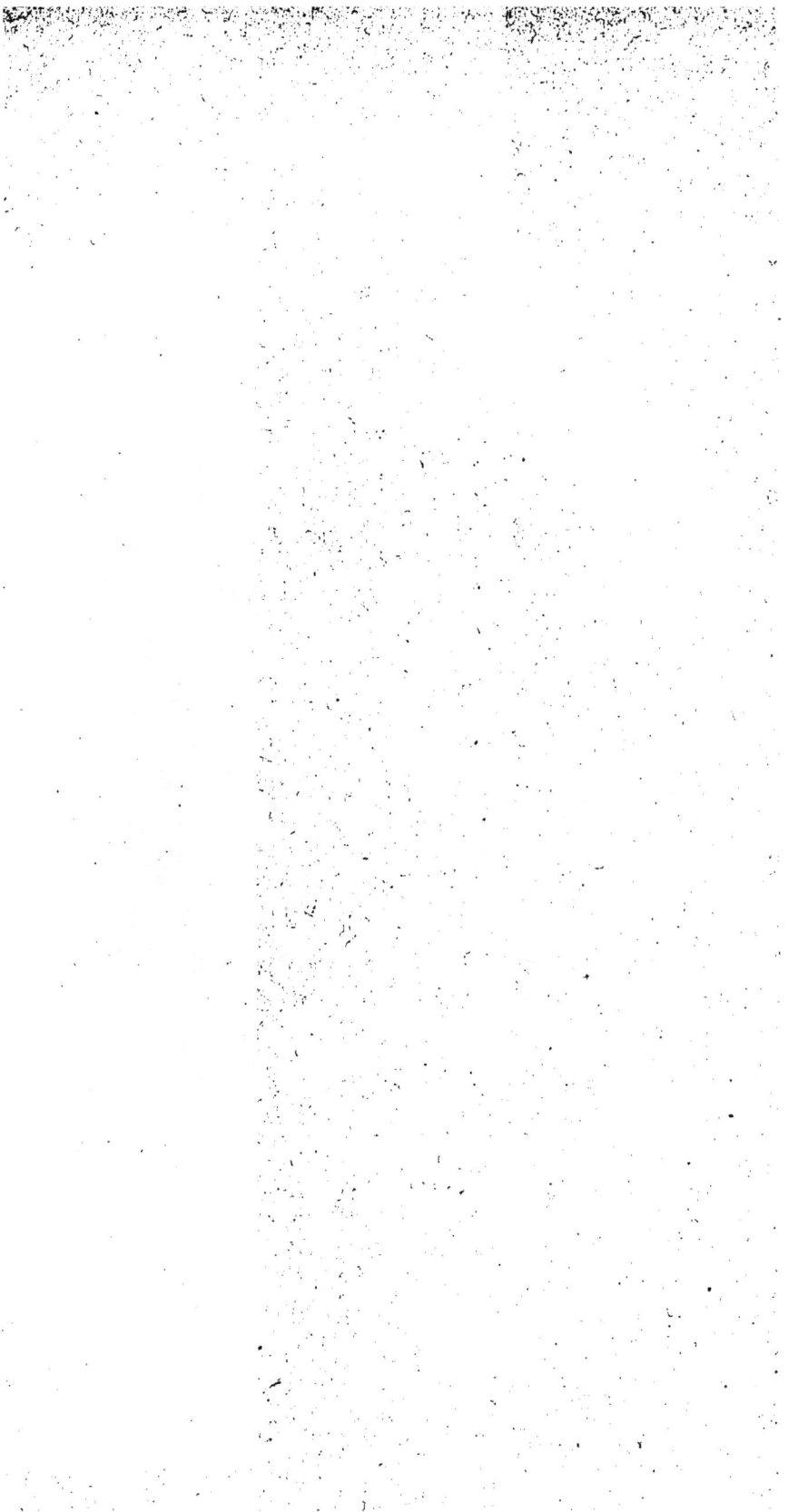

Armoiries de la famille DES SALLES.

LA TOUR DU SEIGNEUR EST MA FORTRESSE.

les premières charges de la cour et le gouvernement de Damvillers (Meuse), alors place frontière du duché de Luxembourg.

Ainsi fixé en Lorraine par un emploi honorable, Pierre songea à s'y créer une famille et jeta les yeux sur Nicole, riche héritière de la très noble et très opulente maison de Vernancourt. Cette alliance de prime-saut ne permet pas de douter que la noblesse de Pierre des Salles ne fût bien avérée en Lorraine. On y voit, en effet, Pierre aller de pair avec les plus illustres familles. Aussi fût-ce dans la conviction de l'ancienne noblesse de Pierre des Salles (1) que les plus puissants seigneurs de Lorraine, de Barrois et de Champagne mêlèrent à l'envi leurs noms au sien. Les Maugiron, les Hannonville, les Beauvau, les Montbelliard, les Ligniville, les Nettancourt, les Choiseul, les Lénoncourt, les Stainville, les Lavardin, les Lucy, les Myon, les Mercy, les Rivière, les Raigecourt, les Ludre, les Mauléon, les du Hautoy, les Armoises, les Fiquelmont et bien d'autres d'antique noblesse, se sont fait un honneur de donner leurs filles aux des Salles et de recevoir les leurs en mariage. L'Allemagne et les Pays-Bas firent de même : les Mérode, les Soetern, les Pottiers, les Guëltlinguen, les Rougraff, les Scharvembourg, les d'Ouren, gens jaloux de leur noblesse, ont recherché l'alliance de la maison des Salles, pour assurer la prééminence de leurs familles dans les assemblées d'État et leur droit dans les chapitres nobles.

Les armes de la famille des Salles, que nous donnons ci-contre, étaient *d'argent, à la tour d'azur donjonnée de sable, posée sur une motte de sinople.* Le cimier est *une tour donjonnée de même,* et la devise, jadis gravée sur le frontispice du château de Vouthon : *La tour du Seigneur est ma fortresse.* Les supports étaient jadis deux anges, ainsi qu'on pouvait le voir au château de Gombervaux, premier fief que la famille eut possédé en Lorraine. D'Hozier donne une variante en ce qui concerne la

---

(1) Suivant l'usage de ce temps, Pierre des Salles reçut un surnom, celui de *le Baille,* ou le *Baile,* soit à raison de son courage, soit à propos de ses armoiries.

On nomme *baile* une sorte de fort avancé défendant les murs d'une ville. Bar-le-Duc a encore sa *rue du Baile.*

motte, « *formée*, dit-il, *de roche d'azur.* » (De Chanteau, *Le château de Montbras*, p. 7.)

La maison des Salles a fourni nombre de grands hommes qui ont réuni en leurs personnes les charges les plus distinguées de l'État : des maréchaux de camp et d'armées des Rois très Chrétiens, des chevaliers de leurs ordres, des gentilshommes de la Chambre, des ambassadeurs, des conseillers d'État, des baillis et gouverneurs de villes, des colonels, des chambellans, des commandants de place, des maréchaux des armées de Lorraine, etc. La piété de cette maison allait de pair avec sa valeur : cette piété s'est signalée dans la fondation de quatre monastères : les Annonciades de Liège, les Capucins de Luxembourg, les Tiercelins de Vaucouleurs et les Récollets de Bulgnéville. Les des Salles étaient aussi collateurs et patrons des chapelles de la Sainte-Trinité à Dun, de Notre-Dame de l'Assomption et Saint-Sébastien à Chardogne (1), de Saint-Nicolas à Longeville près Bar, de Notre-Dame de Bar(-le-Duc), de Sainte-Catherine et de Notre-Dame de Pitié à Bulgnéville, des dignités et des canonicats de Mars-la-Tour. Si dans la nouveauté du calvinisme, l'hérésie corrompit quelques membres de cette famille, elle ne les retint pas longtemps dans l'erreur.

Nous nous sommes complu à établir dans ce qui précède l'antique noblesse des des Salles, parce que Vouthon-haut,

(1) 23 mars 1502. — « Pierre des Salles, escuyer, seigneur de Gombervault et de Chardoingne en partie, et Nicole de Vernancourt sa femme, dame des dits lieux, comme collateurs laïcs de cette chapelle, nomment chapelain messire Jehan Gastiamoine au lieu et place de messire Jehan Pitois qui a résigné cette charge entre leurs mains. »
Cet acte est daté de Gombervaux. Immédiatement l'institution canonique fut conférée au sujet présenté par Msr l'évêque de Toul; elle est écrite en latin sur parchemin, et porte la date du 24 mai 1502. (*Arch. de la fabrique de Chardogne.*)
24 mai 1573. — Jehan des Salles, seigneur de Gombervault et de Chardogne, usant de son droit de patronnat laïc, présente à Sa Grandeur Msr l'évêque de Toul un prêtre nommé Claude....., fils de noble homme.... pour remplacer Martin..... chapelain de la chapelle ci-dessus dénommée, la chapelle étant devenue vacante par décès. — Suit l'institution canonique. (*Arch. de la fabrique de Chardogne.* — Communication de M. l'abbé Thomas, curé de cette paroisse.)

l'une de leurs principales seigneuries, en a reçu quelque reflet. Après ces préliminaires, nous abordons l'histoire sommaire des principaux personnages de cette famille.

Le père de Pierre des Salles, nommé ANTOINE, était gouverneur de Navarrenx (1); sa mère, Anne de Gout de Rouillac, d'une des familles les plus considérables de la Guyenne, dont était issu Bertrand de Goth, archevêque de Bordeaux qui, devenu pape sous le nom de Clément V, transféra en 1309 le siège pontifical à Avignon.

Antoine des Salles donna son fils à Louis XI aussitôt qu'il fut en état de servir. Le monarque le fit page de sa chambre et le mena à la bataille de Montlhéry (1465). A peine hors de page, Pierre prit part aux guerres qu'eut son maître avec Charles-le-Téméraire, duc de Bourgogne, et se montra si brave dans la campagne de 1475, que Louis XI le créa chevalier.

Cette même année, René II, duc de Lorraine, en guerre avec le remuant duc de Bourgogne, obtint de Louis XI quatre cents lances pour le soutenir. Ce corps de troupes était commandé par Georges de la Trémouille, Pierre des Salles et Odet de Rouillac, son parent. Au moyen de ce renfort, René II assiégea Damvillers et le prit d'assaut. Pierre se distingua tellement à ce siège qu'il mérita d'être dans la suite nommé gouverneur de cette ville.

Avec la permission de Louis XI, Pierre des Salles s'attacha à la fortune de René, au moment où une partie des premiers gentilshommes le quittaient lâchement pour s'enrôler sous la bannière de son ennemi victorieux. Ramassant à la hâte quelques bandes de Gascons, il se mit à leur tête et combattit vaillamment à la fameuse journée de Nancy (5 janvier 1476) où périt Charles-le-Téméraire.

Après cette victoire, Pierre des Salles marcha, avec le bâtard de Vaudémont, à la conquête du Luxembourg et du comté de Chiny. A leur approche, les villes ouvraient leurs portes; c'en était fait de la capitale même, si des raisons de jalousie n'eussent excité les puissances voisines à interrompre ces succès.

(1) Ville forte, ch.-l. de canton, Basses-Pyrénées.

Désormais tranquille, René récompensa le mérite de ses officiers. Pierre fut pourvu de la charge d'écuyer tranchant, qui n'était alors confiée qu'aux personnes de haute condition. En 1478, René lui confia le gouvernement de Damvillers, qu'il quitta l'année suivante pour se rapprocher de son souverain.

Ce fut alors, comme nous l'avons dit déjà, qu'il jeta les yeux sur Nicole, de l'opulente maison de Vernancourt (1); il l'épousa en 1490, et devint d'un seul coup possesseur de quatre-vingts seigneuries, dont les principales étaient Vernancourt, Gombervaux, Rigny, Ugny, Longchamps, Honcourt (Haucourt), Malancourt, Rebeuville, Chardogne, les *Vouthons*, Chantheu, Vitrimont, Marchéville, Marzéville, Vigneulles, Heuvillers, Coussey, Gouhécourt, Noncourt, Pagny-sur-Meuse, Gérauvilliers, Badonvilliers, Dainville-aux-Forges, Naix, etc., et s'attacha plus fortement encore à son bienfaiteur.

En 1504, le 26 novembre, il fit ses foi et hommage au duc-roi René pour les seigneuries de Chardogne, Longchamps, les *Vouthons,* et pour tous les fiefs qu'il possédait en Lorraine, ainsi qu'il suit :

« René, par la grâce de Dieu, Roy de Jérusalem et de Sicile, Duc de Lorraine et de Bar, Marchis, Marquis du Pont, comte de Provence, de Vaudémont, etc.

---

(1) *Extrait de la généalogie de la maison de Vernancourt :*

JACQUES DE VERNANCOURT épousa GILLETTE DE MONTMORENCY, dame d'Orne, d'où naquit :

EUSTACHE DE VERNANCOURT, seigneur d'Orne, de Passavant, etc., qui épousa JEANNE DE NANCEY, fille d'Andreu de Nancey, seigneur de Gombervaux, et d'Alix de Chardogne, de Leymont. De ce mariage est né :

1° JEAN DE VERNANCOURT, seigneur de Chardogne, de Leymont, de Gombervaux, etc., qui épousa ÉTIENNETTE DE BELLEMAGNIEN ;

2° ALIX DE VERNANCOURT, qui épousa PETITJEAN DE SAVIGNY, dont elle eut JEAN DE SAVIGNY, souche des Savigny de Leymont.

Jean de Vernancourt eut trois enfants :

1° NICOLE, épouse en premières noces de PIERRE DES SALLES, et en secondes noces de JEAN D'IGNY, seigneur de Rizaucourt, dont elle eut CATHERINE, abbesse de Sainte-Hoïlde, et N. D'IGNY, dit le *Capitaine de Rizaucourt ;*

2° CATHERINE, morte de la peste à Gombervaux ;

3° JEANNETTE, destinée à l'état religieux.

« A tous ceux qui ces presentes verront, Salut. Sçavoir faisons que cejourd'huy, date de cestes, le sieur Pierre des Salles,..... seigneur de Gombervaulx, a reprins de Nous, et Nous a fait les foy et hommage et serment de fidélité qu'il estoit tenu de Nous faire des Terres et seigneuries de Chardogne, Long-champs, *Wothon-le-hault* et *Wothon-le-bas* à lui appartenants à cause de sa femme, lesdites terres et seigneuries mouvans de nos Fiefs : C'est assavoir ledit Chardongne du Chastel de Bar, Longchamps de nostre Chastel de Saint-Mihiel, et lesdits *Wo-thon-le-haut* et *le bas*, de nostre Chastel de Gondrecourt, de toutes leurs appartenances et deppendances, et generalement de tout ce qu'il peut tenir en fief de Nous, à cause de nostre dit Duchie de Bar, à quoy nous l'avons receu, sauf nostre droit de l'aultruy, et lui enjoint d'en donner un denombrement et adveu en nostre Chambre des Comptes de Bar dedans quarante jours après la datte de cestes. Si donnons en mandement à nos tres chers et feaulx Conseillers, President et Gens de nos Comptes de Bar, Baillys de Bar, de Saint-Mihiel et de Bassigny, Procu-reurs et Receveurs généraux de nostre dit Duchie, que si par faulte de debvoir non fait et denombrement non baillé, lesdites Terres et Seigneuries, leurs appartenances et deppendances estoient saisies et empeschées, ils les en fassent incontinent et sans delay lever la main, et tous aultres empeschemens y mis : Car tel est nostre plaisir. En témoin de ce, nous avons à ces dites presentes, signées de notre scel.

« Donné au Neufchastel (Neufchâteau), le vingt-sixième jour de Novembre l'an mil cinq cents et quatre. Ainsi signé RENÉ. Par le Roy, les Senéchal de Lorraine et Président de Nancy, presents. ALEXANDRE. Registrata GEUFFROY (1).

C'est là le dernier acte qui nous reste de Pierre des Salles, qui mourut à Neufchâteau, comme il est prouvé par la pièce suivante :

---

(1) Pierre des Salles prenait chaque année, sur la prévôté de Gondrecourt, une somme de 34 livres. (*Arch. de la Meuse, Comptes de Philippe de Laheyville,* 1496-1497. B. 1439. Cl. BONNABELLE, *Notice sur Vaucouleurs,* 1879.)

« L'an de grace Nostre Seigneur mil V^e et huiltz (1508), le disiesmme jour de febvrier, à IX heures et trois quars apres midy, ou peu près, au lieu de Neufchastel, en Lorraine, en la maison de messire Jacques de Nonjoye, pbre (prêtre), trepassast en Jhesu-Crist venerable et noble homme Pierre des Salles, escuyer, seigneur de Gombervaulx, d'Ugny, de Coussey, Gouhécourt en partie, etc., dont le corps d'iceluy est inhumés en sa chappelle joignant de l'esglise monseigneur saint Loup, au lieu de Ugney (Ugny). Priés pour luy.

« *Requiescat in pace. Amen* (1). »

Pierre laissa trois enfants :

PHILIPPE DES SALLES, qui suit, seigneur de Gombervaux, des *Vouthons*, et de quatre-vingts seigneuries en totalité ou en partie ;

CLAUDE DES SALLES, qui fut nommée par le duc Antoine, le 22 novembre 1519, en qualité de fondatrice et pour son joyeux avènement, à une prébende de la noble abbaye de Saint-Pierre de Metz ; et

MARGUERITE DES SALLES, dame de Vernancourt, qui épousa Théod de Mandelot, seigneur de Passy, le 7 mars 1519.

Le 7 mai 1512, Jean d'Igny, seigneur de Rizaucourt et d'Anglus, second époux de Nicole de Vernancourt, fit foi et hommage au duc Antoine pour les seigneuries et fiefs qu'il tenait du chef de sa femme, Lunéville, Einville, Vitrimont, etc., semblablement de ce qu'il peut tenir, à cause de sa dicte femme eslieux de *Vouthon-haut* et *Vouthon-bas*, Dainville, et sur la rente et la seigneurie de Gondrecourt.

(1) Cette sorte d'acte de décès se trouve au recto du dernier feuillet d'un *Manuale* imprimé qui existe à la bibliothèque de Nancy, lequel a appartenu, soit au château de Gombervaux, soit à son chapelain, « messire Jehan Rayebois de Roseleule, » et qu'on peut considérer comme l'un des plus anciens livres de liturgie spécialement imprimés pour le diocèse de Toul. (*Journal de la Société d'arch. lorraine,* juin 1884.)
La tombe de Pierre des Salles n'est plus visible dans l'église d'Ugny, ni celle de Nicole son épouse.

En 1516, le 25 septembre, mourut Nicole de Vernancourt, qui fut inhumée auprès de son premier époux en l'église paroissiale d'Ugny. Voici un extrait de son épitaphe :

« Ci-gist Dame Nicole de Vernancourt, Dame de Gombervaux, d'Ugny, de Chardogne et dudit Vernancourt, qui trépassa l'an MDXVI, le XVe jour de septembre. »

PHILIPPE DES SALLES, chevalier, seigneur de Gombervaux, d'Ugny, de Coussey, etc., et autres lieux, gouverneur de Neufchâteau, chambellan du duc Antoine qu'il suivit en Italie, puis à Saverne contre les Rustauds, où il se signala particulièrement. Il épousa MARGUERITE DE MAUGIRON, décédée le 30 octobre 1530 (1), puis RENÉE D'HAUSSONVILLE, sœur d'African d'Haussonville, baron d'Orne, après la mort prématurée de la première.

Le 30 septembre 1535, il rendit foi et hommage au duc pour les seigneuries de Chardogne (2), de Pagny-sur-Meuse, de Gérauvilliers, des *Vouthons*, de Longchamps, et pour tous les fiefs qu'il possédait dans le duché de Bar.

Après avoir signé dans plusieurs actes importants du duché, il fut promu gouverneur de Neufchâteau en 1534. Il portait la bannière d'Autriche à la dextre, pour septième ligne paternelle du feu prince François Ier, duc de Lorraine.

Le 26 novembre 1540, les anciens chevaliers de Lorraine, entre lesquels est Philippe des Salles, donnent une attestation par laquelle il conste que le duc Antoine a mis à la couronne ducale plusieurs bagues et joyaux, jusqu'à la valeur de cent mille écus au soleil.

Philippe mourut le 28 décembre 1559, laissant :

JEAN DES SALLES, qui suit ;

CHRISTOPHE DES SALLES, seigneur de Vernancourt, Ugny, etc., époux de CLAUDETTE DE LUCY, dont il eut HENRI DES SALLES ;

---

(1) Épitaphe de dame Jeanne (*sic*) de Maulgiron, femme de honoré seigneur Philippe de Salles, écuyer, seigneur de Gombervaulx, qui trépassa l'an 1530, le 30 octobre.

(2) Il possédait moitié de cette seigneurie par indivis avec Jehan de Savigny, seigneur de Leymont (Laimont, Meuse).

CLAUDE DES SALLES ;

MAGDELEINE DES SALLES, qui épousa, en 1592, HUGUES DE MONTBELLIARD, seigneur de Lantages (Aube) (1) ;

CHRISTINE DES SALLES, qui épousa, le 10 mai 1559, PHILIBERT DE CARREL, chevalier, seigneur de Mypont et de Lezines ; et

GASPARD DES SALLES, très peu connu (2).

Deux fois remariée, Renée d'Haussonville, mère de cette lignée, mourut le 12 janvier 1594, et fut inhumée dans l'église des Cordeliers de Neufchâteau. Chose à noter : malgré ses trois unions, elle ne prend, dans son inscription tumulaire, que la qualité de femme d'honoré seigneur messire Philippe des Salles, apparemment pour faire honneur à son premier mariage et à la nombreuse famille qui en était issue (3).

Dans un partage des biens de Philippe des Salles entre ses

(1) La famille des Salles possédait à Épothémont (même département), la seigneurie d'Humesnil, et le musée de Troyes, section de sigillographie, a une empreinte ovale du XVIIe siècle (21mm sur 19) du sceau de cette famille, sans devise : support : *deux anges ;* couronne ducale [?] (no 168).

(2) D'Hozier met LOUISE DES SALLES au lieu de Gaspard, qui pourtant figure dans le traité de partage de la succession de Philippe. Louise ne serait-elle pas la même que Claude ?

(3) La tombe de Renée d'Haussonville se trouvait à l'entrée de la chapelle des seigneurs du Châtelet, qui était au chœur, à main droite en entrant, dans l'église des PP. Cordeliers de Neufchâteau. On y lisait :

AU LECTEUR.

Quel que tu sois, arreste un peu icy,
Et d'un cœur tout dévot rallumé de pitié,
Prie, prie encore, que de Christ l'amitié
Veuille après le trépas à tous faire mercy.

Au-dessous de ces vers étaient gravées les huit lignées de la défunte :

Haussonville, Anglure, Ligniville, Wisse de Gerbeviller, Autel, Chastelet, Lenoncourt, Bayer de Boppart ;

puis :

Cy gist honorée dame Renée de Haussonville, veuve d'honoré seigneur Philippe des Salles, seigneur de Gombervaux, Coussey, etc., laquelle trepassa le 12 janvier 1594.

Priés Dieu pour elle.

enfants, du 16 août 1573, un lot, échu à Claude des Salles, une de ses filles, est composé et estimé comme suit :

La seigneurie de Chardoigne	30,519 l.	9 gr.	8 d.
Longchamp.	5,792	2	2
La forge de Dainville.	4,000	»	»
La recette de Gondrecourt	862	5	5
Coussey.	8,790	7	9
Gouhécourt.	13,027	8	»
Noncourt.	636	3	»
Rebeuville, en la grande et petite seigneurie.	1,675	16	1
La maison de Neufchâteau	3,600	6	»
Le gagnage de Sainte-Geneviève . .	2,040	6	»
La tuilerie de Boucq	626	»	»
Moitié de la dette de M. de Melay .	201	»	»
Signeulles	6,436	1	»
Vitrimont.	4,215	5	2
Chantebeu	1,173	9	»
Vouthon-haut.	14,672	2	»
Vouthon-bas	2,400	2	5

Duquel et demeurent distraites les portions de la seigneurie appartenantes audit deffunt (Philippe des Salles) esdits Vouthon-haut et Vouthon-bas, pour être jointes au premier lot de Gombervaux (celui de Jean, l'aîné); d'autant que l'accord fait entre lesdits Jean des Salles et Claude des Salles du vingtième février 1573 dernier, pour récompense du droit d'aînesse dudit Jean des Salles audit Chardoigne et pour l'acquitter du tiers des deniers dotaux de damoiselle Magdeleine des Salles, leur sœur, ladite Claude lui aurait laissé lesdites seigneuries de Vouthon-haut et Vouthon-bas, selon qu'il est dit au premier lot.

JEAN DES SALLES, seigneur de Gombervaux, Gérauvilliers, Badonvilliers, Ugny, Rigny-la-Salle, Broussey-en-Blois, Pargny-sur-Meuse, les Vouthons en partie, la petite Woëvre, etc., gouverneur de Vaucouleurs pour le roi de France, assista, le

16 juin 1567, aux assises de Nancy. Il s'attacha à Charles IX, roi de France, qui le fit gentilhomme de sa Chambre et gouverneur de Vaucouleurs. L'hérésie le séduisit depuis; et il en devint le protecteur déclaré. Pour le ramener au catholicisme, Charles IX le dépouilla de ses charges le 13 octobre 1570. Marguerite du Hautoy, sa femme, aussi hérétique et plus entêtée que lui, le fortifia dans sa nouvelle croyance, malgré les disgrâces qu'elle lui attirait. Il abjura cependant le protestantisme avant 1575, quand, revenu à la cour de Lorraine, il eut, avec Jean de Salm, un duel où il fut grièvement blessé par la déloyauté de son adversaire. Il mourut de ses blessures quelques jours après. Marguerite, sa femme, lui donna la sépulture dans l'église d'Ugny, sous cette inscription à peine lisible aujourd'hui : *Cy gist honoré seigneur Jehan des Salles, vivant chevalier, seigneur de Gombervaux, Ugny, Gérauvilliers, etc., gentilhomme ordinaire de la Chambre du Roy, lequel décéda à Nancy le 18 septembre 1573* (au lieu de 1575). Le duc Charles III condamna Jean de Salm, son maréchal, à payer 10,000 fr. barrois à Marguerite et à ses deux filles, Guillemette et Antoinette des Salles (1).

Née en 1558, Guillemette des Salles, fervente calviniste, épousa René de Beauvau, baron de Rorté, seigneur de Mesgrigny, dont elle eut deux fils, Philippe et René, qui moururent sans postérité, plus une fille, Marguerite. Guillemette, devenue veuve, donna asile aux protestants dans son château de Rorté, qui devint un foyer de rébellion. Le duc Charles III dut envoyer des troupes contre la forteresse que Guillemette et ses hôtes défendirent avec intrépidité. Néanmoins la place

(1) Marguerite du Hautoy fut inhumée sous la même dalle que son mari, dont l'épitaphe se complète ainsi :

« Et honnorée dame dame Marguerite du Hav(toy), son épouse, décédée en ce lieu d'Ugny le 7 juin 1600.

« Priés Dieu pour leurs âmes. »

Les diverses épitaphes tumulaires de l'église d'Ugny ont été copiées et nous ont été très obligeamment adressées par M. l'abbé Antoine, curé de cette paroisse.

fut emportée d'assaut, le duc de Lorraine y établit une garnison catholique, et Guillemette en fut chassée. A force de soumission, elle obtint du vainqueur, le 15 juillet 1592, la restitution de Rorté sous certaines conditions, parmi lesquelles on remarque celle-ci : « La dite dame fera nourrir ses enfans en la religion catholique, apostolique et romaine, tant et si longuement qu'ils seront avec elle; comme au semblable ladite dame fera pour son égard, sans permettre ny recevoir autres personnes au chasteau du dit Rorthey faisant profession de la nouvelle opinion, qui s'entend pour y résider ou y introniser la religion nouvelle. » Guillemette revint au catholicisme, mourut en 1607 à Abainville, et fut enterrée à Ugny, ainsi que sa sœur (1). Elle s'était remariée, le 28 juin 1596, avec Jean de Lavardin (2).

A défaut d'héritiers mâles issus de Jean des Salles, CHRISTOPHE, son frère puîné devint à sa mort le chef de la famille. Les bons services qu'il rendit au roi de France Henri III lui valurent la charge de bailli et gouverneur de **Vitry-le-François**. Il mourut sans postérité en 1585.

CLAUDE DES SALLES, son frère, lui succéda dans l'ordre de primogéniture. Baron de Mercy et de Gouhécourt, seigneur de Coussey, des *Vouthons*, de Dainville, de Longchamps, il était maréchal des camps et armées de Sa Majesté très Chrétienne. Le 28 août 1572, il épousa CATHERINE DE RIVIÈRE, fille de Claude de Rivière, seigneur d'Essey, de Vatrimont, etc., gouverneur de Dun, bailly de Saint-Mihiel, sénéchal du Barrois,

(1) Antoinette épousa Simon de Myon, seigneur de Clérey, de Barisey, de la Grand'Faux, le 8 janvier 1594, à l'âge de vingt et un ans. Elle avait été chanoinesse de Remiremont.

(2) Il existe dans l'église d'Ugny une épitaphe assez bien conservée, d'une dame des Salles dont le nom est effacé, et qui paraît être celle de Guillemette. Elle est ainsi conçue :

« Cy gist honnorée dame (Guillemette des) Salles, (dame) d'Ugny et de Giro(villiers), (veuve) en premières noces de messire (René de Beauvau) en son vivant chevalier de l'ordre du Roy et capitaine de cent chevaux....., décédée le ..... de l'an 1607.

Priés Dieu pour son ame.

et de Marguerite de Mercy. Le contrat de mariage fut signé à Pont-à-Mousson, où l'arrivée du marié, à la tête d'un groupe nombreux de cavaliers huguenots ne fut pas sans jeter un certain émoi (*Arch. de la Meuse*, B 1006). Un duel qu'eut Claude quelque temps après (1578), le contraignit à fuir de France, auprès de Henri de Navarre, depuis Henri IV, qu'il servit avec zèle (DANNRHEUTER).

Le 6 avril 1576, il fit ses foi et hommage au duc Nicolas de Lorraine pour sa seigneurie des *Vouthons* et pour la forge de Dainville.

Nous donnons tout au long cette pièce à raison de son intérêt.

« A tous ceux qui ces presentes lettres verront et orront, salut. Claude des Salles, seigneur de Gouhécourt, Couxey, Voulthon hault et Voulthon bas en partye. Sachent tous que je tien et advoue tenir en fief foy et hommaige de très hault et très puissant prince monseigneur le duc (Nicolas) de Lorraine à cause de son chastel et chastellenie de Gondrecourt les portions de seigneuries es dictz deux Vouthons qui s'ensuyvent, savoir qu'au dict Vouthon le hault, je suys seigneur pour a moitié par indivis avec mon dict seigneur le duc en toute haulte justice, moyenne et basse, prenant la moitié de toutes amendes, espaves et confiscations y escheantz, y ayant aussy es droictz, terres et aultres choses cy après déclairez en tous esquelz droictz j'ay les portions que s'ensuyvent :

Premier que les subjectz du dict lieu sont taillables à vounté par chascun an au jour sainct Remy, en laquelle taille j'ay la moitié.

Item, au dict lieu y a un droict de lotz et vente qu'est tel que tous vendages d'héritaiges qui se font au dict lieu, les dictz seigneurs ont ung gros de chascun fran auquel droict j'ay aussi la moitié.

Encor au dict lieu y a un aultre droit qu'est tel que chascune beste tirant doibt dix deniers par chascun an au jour sainct Remy, où j'ay la moitié.

Item, que chascun subject qui n'a beste tirant doibt par chascun an au dict jour huict deniers auquel j'ay la moitié.

Item, que chascun conduict (ménage) du dict lieu doibt pour son droict de bourgeoisie et pour avoir heu la permission de faire fours en leurs maisons deux solz deux deniers où j'ay la moitié.

Item, que chascun conduict du dict Voulthon et chascun forain (étranger) ayans heritaiges au dict lieu doibvent une géline (poule) par chascun an où j'ay aussy la moitié.

Item, est deheu par chascun an une rente appellée la rente Olivion (?) qui se paye par le curé du dict lieu aux jours sainct Remy et Noël, laquelle se prend sur une portion de menuz dismes du dict Vouthon en laquelle j'ay la moitié.

Item, est encore deheue une aultre rente assignée sur le gaignaige de Boncourt, ban du dict Voulthon, appartenant icelluy gaignage aux abbé et couvent de Mureaulx, montant à la somme de trois solz payables par chascun an au jour sainct Remy, en laquelle j'ay la moitié.

Item, que j'ay encore la moitié d'une aultre rente montant à douze deniers que doibt ung nommé Claude Vaultherin et ses hoirs pour raison d'une place qu'il tient où souloit (semblait) estre anciennement le four bannal a luy laissée par les dictz sieurs qui se paye au jour de sainct Remy.

Item, que j'ay encor la moitié d'une aultre rente montant à deux deniers sur une terre que tient le dict Vaultherin appellée la Louvière sur le chemin de Vaudeville, assize au ban du dict Voulthon, qui se paye au jour sainct Remy.

Item, est deheue aus dictz seigneurs une rente appellée la rente de la Forge montant à six deniers que tient à présent Estienne Bernardin, payable au jour sainct Remy, en laquelle j'ay la moitié.

Item, est deheu à moy seul par chascun an au jour de Noël la somme de huict gros et deux chappons sur une maison appellée le Chung (?) joindant à l'héritaige de la cure d'une part, et à Jacob Farry d'aultre.

Item, sur une aultre maison assize au dict Voulthon en la rue de Marotte joindant aux héritiers Bastien Jacob d'une part, et à Estienne Bernardin d'aultre, m'est deheu par chascun an au jour de sainct Martin d'hyver la somme de quatre gros.

Item, sur deux maisons sizes au dict Voulthon en la rue basse joindant à Jacob Farry d'une part et à Michiel Demenge d'aultre, m'est dheu deux chappons qui se payent par chascun an au jour de feste sainct Martin.

J'ay encore au dict lieu ung gaignaige consistant en une maison, granche et bastiment avec ung meix et jardin derrier, contenant le tout environ deux jours après lequel il y a six vingtz deux jours trois quars de terre avec une pièce de prey contenant environ douze faulchées.

Item, j'ay au dict ban ung bois de haulte fustaye appellé le bois des bas Jardinetz, lequel contient envyron six cent quatre vingtz ung arpentz et demy.

Pareillement aussy, au dict Voulthon le haut m'est deheu à moy seul six vingtz bichotz d'aveine, mesure de Gondrecourt à la racle sur la ferme des habitans du dict lieu chascun en-droit soy, l'ung plus, l'autre moings selon son esgard, qui se payent par chascun an au jour de feste sainct Martin d'hyver.

Item, qu'au dict Voulthon le hault est encor deheu à moy seul par chascun an quatorze gelines qui se prennent sur celles qui sont deheues à mon dict seigneur le duc par les habitans du dict lieu.

Pareillement, je tien et advoue tenir de mon dict seigneur le duc à cause que dessus la moitié par indivis du dict Voul-thon bas partable pour l'aultre moitié avec les seigneurs abbé de sainct Mansuy (de Toul) en toute haulte justice, moyenne et basse, y prenant la moitié des amendes, espaves et confisca-tions escheantes au dict lieu.

Item, que tous les subjectz du dict lieu et difforains (étran-gers) ayans héritaiges doibvent chascun an au jour sainct Remy ung carolus où j'ay la moitié.

Item, que chascun subject doibt pour la permission qu'ilz ont heu de faire fours chascun ung gros où j'ay la moitié, qui se payent le lendemain de Noël.

Item, que je tien et advoue tenir la moitié du moulin et ses dépendances estant au dict Voulthon.

Item, que j'ay les trois quars en la moitié des gros dismes du dict Voulthon bas.

Item, que les habitans du dict lieu et difforains ayans héritaiges et labourantz au ban du dict lieu doibt chascun an aus dictz seigneurs deux bichots d'aveine, mesure de Gondrecourt, où j'ai la moitié.

Item, que chascun conduis du dict Voulthon et difforain y ayans héritaiges doibt par chascun an à tous les seigneurs deux gellines, auquel droict j'ay encor la moitié.

Item, est deheu à moy seul par chascun an ung chappon de rente sur une maison appartenant à Mangeot Macquard, scituée au dict Voulthon bas entre Jean Bourgeois d'une part, et les héritiers Jean Michiel d'aultre.

Item, sur une place maizière appartenant à Nicolas Pierot sise au dict lieu, joindant au grand chemin tirant à Gondrecourt, d'une part, et d'aultre à Jean Maistresse, m'est deheu par chascun an ung chappon.

Item, sur la maison de la confrarie, est deheu par chascun an un gros dont j'ay la moitié.

Item, sur une aultre maison qu'est joindante à celle de la dicte confrarie d'une part, et à Jean Anthoine du dict lieu d'aultre part, appartenant au dict Jean Anthoine est deheu par chascun an ung gros où j'ay la moitié.

Item, est deheu par chascun an sur une aultre maison appartenant aux hoirs (héritiers) Demenge Perrin qui est au bout dessus la fontaine, entre Chenot Thiery d'une part et les hoirs Didier Lambert d'aultre, deux blans dont j'ay la moitié.

Item, par chascun an est deheu deux blans où j'ay aussy la moitié sur une aultre maison appartenant à Chenot Thiery du dict lieu.

Encor au dict lieu m'est deheu douze deniers sur une terre appartenant aux hoirs Pierot au lieu dict en Vaulx de l'Estang joindant à Nicolas Pierot d'une part, et Mengeot Thevenin d'aultre.

D'advantaige, je tien et advoue tenir de mon dict seigneur au lieu de Dainville une forge et ung fourneau à batre et à fondre à feu avec ung moulin et estang, l'eaue duquel faict mouldre le dict moulin et besongner la dicte forge, le tout ainsy qu'il se contient.

Pour toutes lesquelles choses susdictes, j'ay promis et promect de rechef par ces presentes en faire service à mon dict seigneur tel qu'au fiefz appartient et que mes prédécesseurs et ceux dont j'ay cause en ceste partye seigneurs des choses sus dictes l'ont faict au temps passé, protestant que sy par ignorance, inadvertance ou aultrement, j'avoye aulcune chose obmis et délaissé à bailler et déclairer à ce mien present adveu et dénombrement ou que j'y eusse mis et adjousté aulcune chose que de raison n'y doibt estre, de le corriger et bailler par déclaration amender ou en oster sy mestier (besoin) est, au plus tost qu'il viendra à ma cognoissance et que j'en seray adverty.

En tesmoing desquelles choses, j'ay sceellé ce présent dénombrement de mon seel armoyé de mes armes, et signé de mon seing manuel cejourd'huy sixiesme jour du mois de may mil cinq cent soixante et seize. »

Signé : CLAUDE DES SALLES.

(Arch. Meurthe-et-Moselle, *Layette Gondrecourt*, III, n° 27.)

Le 4 mai 1577, Claude et Catherine, son épouse, vendent au sieur Monginot de Neufchâteau et à Anne Martin, sa femme, pour la somme de 2,300 fr. de principal, et 4 fr. *aux vins*, le tout monnaie de Lorraine, moitié de la seigneurie de Rebeufville.

Catherine de Rivière mourut le 15 février 1583. Claude fit élever un monument à sa mémoire dans l'église de Vouthon-haut, où les armes des quatre lignes paternelles et celles des quatre lignes maternelles étaient peintes. Les premières étaient Rivière, Haranges, des Armoises, Sampigny; les autres Ludre, Jussy, Mercy et Stainville. Un poète de ce temps composa pour Catherine l'épitaphe suivante, qui fut gravée sur une plaque de cuivre :

Arrête-toi, passant,
Contemple cette lame
Qui t'assure que comme
La girouette au vent,
De ce mondain manoir
Le cours est inconstant,
Puisqu'indifféremment
De grand Seigneur ou Dame,
Comme du peuple bas
La mort sépare l'âme,
Par le pouvoir secret
D'un Dieu altitonnant,
D'avoir le corps sujet
A des maux tant et tant,
Pour le péché premier
D'Adam et de sa femme.
Car ici gist le corps
D'une dame de nom,
Qui, tant qu'elle a vécu,
Des vertus, du renom
De la foi a suivi
La trace remarquable
De ses prédécesseurs,
Du saint zèle est non feint.
Or, ayant tout au plus
Vingt-sept ans atteint,
L'Eternel l'a admis
Au repos perdurable,
Et mourut le 15 février 1583.

Près d'un siècle plus tard, reconnaissance du monument et de l'épitaphe eut lieu, et procès-verbal en fut dressé dans la forme suivante :

« Épitaphe d'honorée dame Catherine de Rivière, en son vivant femme d'honoré seigneur Claude des Salles, seigneur de Gouhécourt, Coussey et ce lieu, laquelle Dame mourut le quinzième febvrier mil cinq cens quatre vingt et trois.

« Les soussignés curé des Vouthons haut et bas, maire, procureur fiscal et greffier des dits lieux, certifions à tous qu'il appartiendra, que l'extrait ci-dessus est conforme et se rapporte de mot à autre de l'intitule de l'épitaphe de feüe Madame de Rivière, femme audit Seigneur Claude des Salles, vivant Seigneur de ce lieu; laquelle épitaphe est posée en l'église de Vouthon-le-haut, à main gauche au-dessous du maître-autel, et à côté sont les armes des seize quartiers.

« Fait à Vouthon-le-haut, cejourd'huy quatrième aoust mil six cens soixante-neuf, sous le seing du sieur Curé, les nôtres et celuy de notre greffier. — Signé : *Baudin*, curé des Vouthons; *Rouyer*, mayeur; *Viart*, procureur fiscal, — et *Soyez*, greffier des Vouthons, avec paraphe. »

Claude des Salles eut de Catherine de Rivière, un fils, Henri des Salles, qui lui succéda, et deux filles :

Sara des Salles, qui fut mariée le 14 janvier 1694 à Jean de Beauvau, baron de Rorté et d'Espense, et

Louise des Salles, qui épousa le 14 mai 1596 Claude de Verrières, seigneur d'Amanty, de Taillancourt, etc. Pendant les premières années de son mariage, elle bâtit le château de Montbras, qui annonce, par sa noble architecture, le bon goût et l'opulence des deux époux. Les armes de la maison des Salles figuraient en différents endroits de ce superbe édifice, qui serait un des plus accomplis, si la mort n'avait surpris la fondatrice au milieu de ses travaux, sans laisser de postérité (1612). Henri des Salles, son frère, fondé de pouvoir de son père Claude, transigea avec le seigneur d'Amanty, pour la restitution des sommes et des terres que sa défunte épouse avait apportées en mariage. Par la transaction, Claude de Verrières abandonna aux héritiers de Louise, son épouse, les seigneuries de Traveron et d'Épiez, avec 400 livres de rentes faisant 600 fr. barrois qu'il percevait sur les salines de Dieuze, et céda en outre trois fermes qu'il possédait à Badonvilliers, Gérauvilliers et Chermisey.

Henri Ier des Salles, baron de Rorté, de Mont-Saint-Jean, seigneur de Landaville, et chevalier des ordres du roi, eut pour parrain le roi de France Henri III, et suivant d'Hozier Henri IV. Il apprit de bonne heure le métier des armes.

Henri IV reconnut bientôt le mérite de ce jeune homme et lui donna la charge de guidon de ses gendarmes commandés par le duc de Bouillon. Quelques années après, il le fit chevalier de ses ordres.

Avant que Henri des Salles eût atteint sa majorité, son père l'émancipa du consentement du duc de Lorraine, Charles III, le 31 mars 1595, et lui fit épouser, le 30 novembre suivant, ÉLISABETH DE MÉRODE, fille d'Évrard, baron de Mérode et de la Vaulse, et d'Anne de Schauenbourg; au contrat de mariage assista Élisabeth de Mérode, veuve des barons de Malberg et d'Hauteville, tante de l'épousée, qu'elle institua son héritière universelle, le 14 mars 1597, lui donnant « meubles, debtes, gagières, robbes, bagues, joyaux, or, argent, acquests, conquests, terres et seigneuries, droits, actions, et autres choses généralement quelle elle soit, lui appartenant, en faveur de la bonne affection et obéissance qu'elle lui a toujours rendue. »

Voici un extrait du traité de mariage entre Henri des Salles et Élisabeth de Mérode, du 20 novembre 1595 :

« Et en cas que Douaire ait lieu, et qu'il y ait Enfans dudit Mariage, la dite Damoiselle prendra par droit de douaire préfix, en forme d'usufruit, sa vie durante, la somme de quinze cens frans barrois de rente annuelle, avec la Maison forte et Chastel de *Vothon-le-haut*, bassecourt, courtils, et tout ce qui en deppend, avec son chauffage es bois communaux, pour en jouir aussi par forme d'usufruit sa vie durante, à charge de l'entretenir selon que Douairière est tenue de faire, renonçant, à cet égard, au proffit des dits enfans, au douaire coutumier; laquelle rente de quinze cens frans sera assignée à la dite future épouse pour la recevoir par ses mains sur la dite terre et seigneurie des *Vothons* et autres terres et seigneuries à luy cidevant, et dès le douzième du mois de mars dernier, ceddés et transportés par le dit sieur de Gouhécourt son père, par Act passé au dit lieu et Chastel de *Vothon*, par les dits le Comte et Noblesse, notaires. »

Le 4 novembre 1595, reprise fut faite par Henri des Salles, seigneur des *Vouthons*, Landaville, etc., et damoiselles Sara et Louise des Salles, ses sœurs, de tous les fiefs et seigneuries à eux appartenant dans le bailliage de Saint-Mihiel.

En 1598, Henri des Salles, étant à la suite des armées, donna procuration à Nicolas de la Rochete, seigneur de Tollaincourt, de faire au duc Charles III ses foi et hommage pour les seigneuries des *Vouthons*, de Dainville et de Coussey.

Le 18 novembre 1604, il acquit, à la vente et aux enchères, pour la somme de 9,333 livres six sous huit deniers, aux charges contenues dans l'acte, le château, seigneurie et baronnie de Rorté, et « choses en dépendantes, consistant en haute justice, moyenne et basse, deniers, terres, preys, chenevières, jardins, cens, rentes, poulles, chappons, grains, moulins, rivières, bois, et toutes autes choses généralement quelconques deppendants de la dite baronnie, sans aucune chose excepter ni réserver. » Saisie avait été faite de cette baronnie par Florentin Rouyer ou Royer de Nancy, sur les héritiers de René de Beauvau, vivant chevalier, sieur et baron de Rorté, créanciers de 6,420 francs barrois et frais divers au profit du dit Rouyer.

Par lettres de jussion du mois de février 1606, le roi Henri IV fait remise à Henri des Salles, pour l'acquisition ci-dessus, des droits de quints, requints et autres droits seigneuriaux qui lui peuvent appartenir, à raison de l'acquisition qu'il a faite de la terre et seigneurie de Rorté, relevant du Roi, à cause de son château de Montesclaire.

Le 17 mars 1606, enregistrement fait au bailliage de Chaumont, des foi et hommage faits par Henri des Salles, seigneur de Coussey, des *Vouthons*, etc., pour la baronnie de Rorté, et de l'arrêt d'entérinement de la remise à lui faite du quint et requint et autres droits seigneuriaux dus pour l'acquisition de même baronnie.

Le 13 mars 1613, Henri prend possession de la seigneurie d'Espiés (Épiez), que lui vend Claude de Verrière, seigneur d'Amanty, de Montbras, de Taillancourt, etc., veuf de Louise des Salles. Cette seigneurie consistait en « tous droits de haute justice, moyenne et basse et roture ; ensemble du dit gagnage, rentes, cens, proffits, revenus et émolumens d'iceulx. »

« Par devant les nottaires au bailliage de Gondrecourt, soubsignés, fut present en sa personne Messire Henri des Salles, seigneur de Coussey, des deux *Vouthons*, Dainville vers Tilleville (Bertheléville), Landaville, Espiey, Girauvilliers, etc., lequel tant en son nom particulier que comme père et tuteur légitime, et ayant la garde de Henry, Philippe, Epvrard et François les des Salles, ses enfants mineurs de luy et de deffunte Dame Élisabeth de Mérode, son épouse, a créé, nommé, institué et estably son Procureur general, la personne de messire Claude des Salles, baron de Rorthey, son fils aîné, et frère des dits mineurs...

« Fait et passé à Vouthon-le-haut, au Chastel dudit sieur constituant, le quinzième du mois de juin mil six cent vingt. »

Le 20 avril 1627, règlement fut fait entre Henri des Salles, chevalier, seigneur de Coussey, tant en son nom qu'en ceux d'Epvrard et François des Salles ses enfants mineurs, Claude des Salles, baron de Rorté, son fils aîné, Henri des Salles, baron des Vouthons, et Philippe des Salles, baron de Dainville, ses autres enfants, pour le droit d'aînesse dudit Claude des Salles. Ce droit d'aînesse fut transformé en une somme de 23,333 livres six sols huit deniers tournois, à prendre par préciput, avec la terre de Rorté, sur la succession du seigneur de Coussey.

Henry des Salles, que sa femme précéda dans la tombe, mourut en 1628. Dès 1615, il avait fait préparer, dans la chapelle castrale de Rorté, son tombeau et celui de son épouse. A partir de ce moment, les traces du protestantisme se perdent dans la famille des des Salles.

D'Élisabeth de Mérode, Henri des Salles eut huit enfants :

HENRI DES SALLES, souche de la branche des des Salles de Vouthon ;

PHILIPPE DES SALLES, dit de *Dainville,* seigneur de Preische, d'Aspelt, de Fresinguen, d'Outen, d'Eurinquen, de Mondorff, de Russu, d'Alviesse, d'Hellingen, comte de Mont-Saint-Jean, colonel au service de sa Majesté Impériale ;

ÉVRARD DES SALLES, tige des barons de Gouhécourt, seigneur de ce lieu, de Bertheléville et de Burey-la-Côte, lieutenant-colonel du régiment de Henri des Salles, son frère;

FRANÇOIS DES SALLES, qui mourut prieur de Haréville;

MARGUERITE DES SALLES, épouse de Henri de Raigecourt, grand-maître de l'artillerie de Lorraine; devenue veuve, Marguerite fonda la maison des Annonciades de Liège, s'y retira en 1635, y prit l'habit monastique, et y mourut en odeur de sainteté le 20 janvier 1669 sous le nom de Marie-Josèphe-Gabrielle;

ÉLISABETH DES SALLES, qui épousa le 9 février 1621, Denis de Poitiers, comte de Voigney, gouverneur du duché de Bouillon et gentilhomme de la Chambre de S. M. Impériale;

CATHERINE DES SALLES, chanoinesse de Bouxières, qui épousa en premières noces François de Mauléon, maréchal des camps et armées du duc Charles IV, tué à la bataille de Paffenhove, et en secondes noces Denis de Béthune (1);

Et Claude II des Salles, qui continue la branche aînée, dont ne nous occuperons pas.

Branche cadette des Vouthons.

A partir de 1628, la seigneurie des *Vouthons*, jusque-là confondue dans les domaines de la famille des Salles, a ses seigneurs particuliers. Le premier est

HENRI DES SALLES, commandant d'un régiment de cavalerie. Sa valeur le fit nommer colonel d'infanterie. Mais comme il pouvait suffire à plus d'un commandement, Louis XIII lui donna en outre la conduite d'un régiment de carabins.

La guerre s'étant allumée entre la France et la Lorraine, le duc Charles IV devint l'ennemi. Ses sujets prirent parti pour leur souverain légitime. Henri des Salles fut l'un des plus zélés et des plus prompts à se déclarer pour son souverain. La proscription de Charles, l'envahissement de ses États par les troupes françaises, le risque de perdre ses biens et d'être enveloppé

(1) Dans le contrat de mariage entre François de Mauléon et Catherine des Salles, 5 septembre 1623, Henri des Salles, son père, est qualifié chevalier, baron de Rorté, Coussey, seigneur de Landaville, Dainville, Bertheléville, Espié, Gérauvilliers et les *Vothons*.

dans la déroute du duc, ne l'empêchèrent pas de suivre sa fortune. Il reçut garnison lorraine dans ses châteaux, passa lui-même avec ses troupes dans l'armée du prince, et le servit avec une constance à toute épreuve. Sa retraite irrita Louis XIII. Il fit assiéger son château de *Vouthon*, le 4 novembre 1635, par les troupes du colonel Jean de Gassion, depuis maréchal, qui s'en emparèrent après quatre jours d'attaque. La garnison, commandée par le capitaine La Fontaine, fut abandonnée à la discrétion du vainqueur (1).

Les meubles et les effets du baron des Salles furent aussi en proie à la rapacité du soldat; ce fut alors que les plus beaux et les plus anciens titres de la maison des Salles disparurent à tout jamais.

Ce désastre ne rebuta point le fidèle écuyer. Il ne fut pas même effrayé de la confiscation de ses terres au profit du comte Gassion. Il continua ses services aux dépens de sa fortune, de celle de sa famille et même de sa vie.

Il avait épousé, le 22 août 1623, Marie-Madeleine de Génicourt, fille de Jean, baron d'Autry, dont il eut deux enfants :

Louis des Salles, qui suit ; et

Marie des Salles, fille d'honneur de Marguerite de Lorraine, duchesse d'Orléans.

---

(1) « De Coussé (Coussey), dans le Barrois, le 9 novembre 1635. — Vous verrez, par ce qui s'est passé, quel honneur et profit il y a de quitter le service du Roy. Car le baron de Sales (lorrain de naissance), qui commandait pour Sa Majesté un régiment de carabins, s'estant laissé débaucher par le duc Charles et mis ce bourg avec son château et celui de Vouthon entre les mains des gens du duc, le colonel Gassion, à qui la confiscation en fut remise par le Roy, envoya devant cette place ici dès le 4 de ce mois deux compagnies de gens de pied et une cornette de cavalerie, tirés du corps des quatre régiments d'infanterie et des trois régiments à cheval qu'il commande ; laquelle place (Coussey) se rendit à la première sommation qu'il lui fit en personne. D'où il envoya le même jour le baron de Beaujeu, gentilhomme lorrain, avec les mêmes troupes vers le château de Vouthon où commandait le capitaine La Fontaine (pour Charles IV) avec cinquante mousquetaires, lequel se fiant en la force de la place, endura un siège de quatre jours, après quoi, ès suite d'une rude attaque, les asségiés ont été contraints de se rendre à discrétion. » (*Gazette de France*, 1635, 9 décembre, p. 732.)

Louis Ier, comte des Salles, succéda à son père. Seigneur des *Vouthons*, de Génicourt, de Condé, etc., il fut conseiller d'État de S. A. R. le duc de Lorraine. Le crédit de Claude des Salles, son parent, à la cour de France, et les services qu'il lui rendait dans ses négociations étrangères lui furent favorables. Touché des malheurs de son neveu, l'oncle s'employa auprès de la régente Anne d'Autriche pour lui faire restituer les sei gneuries de son père, et s'y intéressa si efficacement qu'il obtint pour Louis ce qu'il désirait.

Pour reconnaître ce bienfait et pour affermir la possession de son héritage, Louis se mit au service de la France et leva une compagnie de cavalerie. Il fut ensuite colonel du régiment de Marchin et bailli du Bassigny.

Le 12 octobre 1665, il avait épousé MARIE DE LOUVIERS, fille de Louis de Louviers, seigneur de Maurevert, où le contrat fut passé. De cette union naquirent :

LOUIS II DES SALLES, qui suit :

JEAN-FRANÇOIS DES SALLES, mort en Catalogne, capitaine de dragons au régiment d'Ouartigny ;

MARIE-ANNE DES SALLES, qui épousa en 1705 Charles-Ignace de Nettancourt, seigneur de Bettancourt, baron de Fresnel, chambellan de S. A. R. le duc de Lorraine ;

N. DES SALLES, dame de l'abbaye de Poulangy. Celle-ci est sans doute Élisabeth-Françoise des Salles, qui épousa en 1709 Balthazar, comte de Ravenel, capitaine de cuirassiers pour le service de S. M. Impériale, et chambellan de Léopold, duc de Lorraine.

Louis II, comte des Salles, seigneur des *Vouthons*, de Géni-court, de Maurevert, etc., embrassa la profession des armes, que des infirmités précoces ne purent lui faire abandonner. La paix générale de Ryswick et l'avènement de Léopold à la cou-ronne de Lorraine purent seuls lui faire quitter le service de la France pour se donner tout entier à celui de son souverain.

Son zèle a mérité que S. A. Royale l'honorât de la dignité de chambellan et le fît bailli de Gondrecourt.

Le 24 mai 1674, étant alors capitaine de cavalerie au régi-

ment de Boufflers, il épousa à Paris DENISE-AGATHE DE LOU-
VIERS, sa cousine-germaine, et eut de cette union les enfant
qui suivent :

ALEXANDRE-LOUIS DES SALLES, d'abord page de S. A. Royale,
lieutenant au régiment du roi, qui succéda à son père;

CHARLES-PHILIPPE DES SALLES, né à Vouthon-haut le 3 avril
1701 (1);

CHARLES-IGNACE DES SALLES, né à Vouthon-haut le 18 août
1706; et

MARIE-ROSALIE DES SALLES (2).

(*Ici s'arrête l'histoire du P. Hugo.*)

Louis II des Salles mourut à Vouthon-haut le 10 février 1721
et fut inhumé dans la chapelle attenant à l'église paroissiale.

ALEXANDRE-LOUIS DES SALLES, comte, baron de Rorté, seigneur des Vouthons, Bertheléville, etc., capitaine de cavalerie
au régiment d'Orléans, épousa, vers 1716, MARIE-LOUISE DE

(1) « Charles-Philippe, fils légitime de haut et puissant seigneur Messire
Louis des Salles, chevalier, comte, seigneur de Vouthon-haut et bas, Maurevert, Saint-Merry et autres lieux, et de haute et puissante dame Denise-
Agathe de Louviers, son épouse, est né le troisième jour du mois d'avril de
l'année 1701, et a été baptisé dans cette église le cinquième dudit mois. Et
le vingt-sixième jour du mois de janvier de l'année mil sept cent et deux, il
a été apporté dans l'église une seconde fois, où je lui ay appliqué et fait sur
luy les prières, exorcismes, onctions et cérémonies du baptème (qui auroient
été omises ou différées), par ordre de Mgr l'Évèque de Toul; il a eu pour
parrain Monsieur le marquis des Salles son frère, pour et au nom de qui le
sieur Joseph Pelgrin a répondu, et pour marraine Damoiselle Marie-Anne des
Salles, fille de haut et puissant seigneur Messire Louis, comte des Salles,
chevalier, seigneur de Condé, Génicourt et autres lieux, bailli d'Épinal, et
conseiller d'État de S. A. Royale de Lorraine, qui se sont soussigné avec moy.

MOÜILLET, ptre, curé des Vouthons. — MARIE-ANNE DES SALLES.

(*Arch. de Vouthon-haut.*)

(2) 5 août 1724. — Mariage de Messire Claude-François de Germignei,
fils de Messire Jacques-François, marquis de Germigney, Dareche et autres
lieux, et de dame Françoise Bonaventure de Saint-Maurice, de Saint-Ana-
tole de Saintin (diocèse de Besançon) — et de Marie-Rosalie des Salles, fille
de défunt Louis, comte des Salles, seigneur de Vouthon, Rorté, Chermisey,
Courtimont, Maurevert, et de dame Denise-Agathe de Louviers, de la paroisse de Poulangy (Langres). (*Arch. de Vouthon-haut.*)

Beauvau, fille de Louis II du nom, marquis de Beauvau, et de Jeanne-Madeleine de Ludres.

La cense de Han ou de la Roche-du-Han (1), territoire de Gondrecourt, appelée aussi dans les anciens titres *Hans, Helle* et *Herley,* aurait été érigée en fief par le duc Léopold, en 1709, en faveur d'Alexandre-Louis. Il y avait alors là une forge et un haut-fourneau. La forge de Han, connue depuis sous le nom de *Vieille-forge,* comprend aujourd'hui une maison de jardinier, des remises et des écuries dépendant du château de Bellevue, résidence actuelle des maîtres de forges d'Abainville.

Ce qui est certain, c'est que le 20 avril 1709, Léopold accensa à Louis, comte des Salles, père de François-Louis, les bois de Gondrecourt, et lui donna en même temps, pour construire une forge et un haut-fourneau sur l'Ornain, les matériaux de trois portes de Gondrecourt, et d'une grosse tour qui séparait la ville haute de la ville basse. Louis démolit alors le moulin de Han, acquit celui de Muleau qui était proche et qu'il rasa également, et fit un bocard à mine de celui de Vaucheron, qui eut le sort des deux autres.

Le 15 février 1721, les forges, hauts-fourneaux et bâtiments en dépendant furent accensés à Alexandre-Louis, comte des Salles, cinq jours avant la mort de son père, à charge de rembourser à celui-ci la somme de 30,000 livres pour prix des bâtiments qu'il avait fait construire, et de payer au domaine un cens de 2,720 livres tournois. Vers 1766, et à raison de l'insuffisance des bois, le comte obtint l'échange de la forge de Gondrecourt contre celle d'Abainville, fit démolir son ancienne usine et sur l'emplacement du haut-fourneau, il établit un moulin à deux tournants (2).

(1) Le mot *Han* signifie petit groupe de maisons, hameau.

(2) Voici l'épitaphe du comte Alexandre-Louis, dans l'église de Bertheléville :

D. O. M.

Ci-gist très haut et très puissant seigneur Messire Alexandre-Louis, comte DESSALLES, baron de Rorté, seigneur des Voutons, de Bertheléville, Courtimont et autres lieux, décédé le 25 de Mai 1746, âgé de 49 ans.

Requiescat in pace.

(Immédiatement au-dessous est celle de Louis-Denis son fils, que nous donnons plus loin.)

Suivant un mémoire détaillé que nous avons sous les yeux, Charles-Philippe, dit le Chevalier des Salles, frère d'Alexandre-Louis, dérogea, mena une conduite scandaleuse, s'attira le mépris de sa famille en épousant en Suisse, après l'avoir promenée de ville en ville, une femme à gages de son frère aîné. Sa mère seule autorisa ses déportements et prit ouvertement son parti. Cette femme, qui donna des preuves non équivoques de démence, fut sans cesse en lutte avec ses autres enfants après la mort de son mari, et le 12 septembre 1737, un conseil de famille déclara urgent de la faire interdire et même enfermer, dans telle maison de royaume qu'il lui plaira de choisir. Une demande en ce sens fut adressée par ses enfants à S. E. le cardinal de Fleury, alors ministre, mais nous ignorons quelle suite y fut donnée (1).

Alexandre-Louis laissa deux fils :

FRANÇOIS-LOUIS DES SALLES, qui lui succéda ;

LOUIS-DENIS DES SALLES, marquis de Noviant, baron de Rorté, seigneur de Bertheléville, Chermisey, etc., qui épousa, le 3 mars 1751, LUCIE DE ROSIÈRES, fille de Benoît-Joseph, comte de Rosières, baron de Marville, etc., chambellan du duc Léopold, et de Barbe Vignole ;

Et une fille qui mourut religieuse.

FRANÇOIS-LOUIS DES SALLES, comte de Vouthon, naquit en ce lieu le 5 mai 1724 et y fut baptisé (2). Il embrassa de bonne heure la carrière des armes. Ayant moins de trente ans, il fut nommé capitaine au régiment d'Harcourt, devenu plus tard Royal-Lorraine cavalerie, qui prit une part active à la bataille de Fontenoy (1745). Il devint ensuite gouverneur du duc de Montpensier, plus tard duc de Chartres, connu sous le nom de Philippe-Égalité, père de Louis-Philippe Ier, qui vota la

_____

(1) Charles-Philippe laissa trois enfants : un fils officier en Empire, mort sans alliance, une fille morte religieuse, et N. des Salles, abbesse des Claristes de Neufchâteau, résidant à Toul.

(2) L'enfant eut pour parrain François des Salles, comte de Rorté, seigneur engagiste de la ville et de la prévôté de Vaucouleurs, conseiller d'État de S. A. R., bailli de Pont-à-Mousson, et conservateur de l'Université de cette ville. *(Arch. de Vouthon-haut.)*

mort de Louis XVI, son parent, et périt sur l'échafaud révo
lutionnaire (6 octobre 1793). François-Louis déposa la croix
de Malte pour épouser

PHILIPPINE-ÉLISABETH DE ROCHAMBEAU, fille de Joseph-
Charles, marquis de Rochambeau, grand bailli du Vendômois,
et de Marie-Thérèse Bégon, gouvernante de la jeune duchesse
de Bourbon, sœur du duc de Montpensier. Il devint ainsi
beau-frère de Rochambeau, qui s'illustra dans la guerre d'A-
mérique. Nous reparlerons plus loin du dernier seigneur des
Vouthons qui dut émigrer avec son épouse, et se retira, dit-
on, sur les frontières de la Suisse. Indignement trompé, suivant une tradition locale, par un homme investi de toute sa
confiance et qu'il avait tiré de l'obscurité (1), sur les senti-
ments des habitants de Vouthon-haut à son égard, François-
Louis n'osa pas profiter de la loi qui lui rouvrit les portes de
sa patrie (1er nivôse an X), et mourut en exil, sans que nous
puissions certainement préciser la date et le lieu de son décès.
Il était mort en 1810. (Arch. de Vouthon-haut.)

N'ayant pas d'enfant, François-Louis institua pour sa légataire universelle *Louise-Aurore des Salles* de Malpierre, sa
cousine, épouse de Louise-Hyacinthe de Ludres, résidant à
Nancy, la dernière qui porta le nom glorieux des barons de

---

(1) En regard de cette trahison, nous citerons un trait qui honore une
famille, dont les membres possédèrent quelque temps les restes du château
de Vouthon.

En 1792, la terre de Traveron, ancien domaine des des Salles, appartenait à dame Marguerite de Laugier-Villars. Prévoyant la confiscation des
biens de la noblesse par la Révolution, elle simula une vente de cette terre,
pour une somme relativement minime, à *Dominique Michel*, de Taillancourt,
son fermier, qui, le danger passé, lui en rendit la propriété.

Dominique fut récompensé de sa loyauté. En 1820, il devint propriétaire
de Traveron, par la cession que lui en fit Marguerite de Laugiers-Villars,
moyennant une somme de cent vingt mille francs, prix minime en présence
de la valeur de ce superbe domaine, situé sur le territoire de Sauvigny,
comprenant plus de deux cents hectares de bois, des terres labourables
louées 4,300 fr., non compris le château, le moulin et ses dépendances, dont
le revenu était de 960 francs par an. C'est ainsi que Marguerite sut reconnaître le noble désintéressement de son fermier, qui laissa à ses enfants un
nom sans tache et une fortune honnêtement acquise.

Rorté, des marquis de Bulgnéville et des comtes des Vouthons, décédée en 1866.

« En sa qualité de légataire universelle du *citoyen* Dessales, dit Vouthon, rayé de la liste des émigrés, elle réclama les papiers saisis chez celui-ci. On lui répondit, à la date du 12 prairial an XI, que « vu les pièces fournies par la pétitionnaire et ouï les observations du bibliothécaire, les livres provenant de Dessalles-Vouthon existant au dépôt lui seront rendus, mais qu'à l'égard des autres livres provenant du même Dessalles, qui sont déjà entrés dans la composition des bibliothèques publiques, il y a lieu à délibérer. » C'était évidemment une fin de non-recevoir, et il est probable que c'est à la suite de cette décision que les manuscrits du comte des Salles sont devenus la propriété de la ville de Nancy ». (E. GÉNIN.)

Louis-Denis des Salles ne laissa pas de postérité. N'ayant point émigré, il conserva, sans être inquiété, sa terre de Bertheléville, où il mourut le 22 brumaire an VIII, ainsi qu'il résulte de son acte de décès ainsi libellé :

« Ce jourd'hui 22 brumaire an huit de la République une et indivisible, les cinq heures du soir, par devant moi Nicolas Liébaux, agent municipal de Bertheléville, canton de Gondrecourt, département de la Meuse, est comparu en la maison commune le citoyen Claude-Nicolas Collin, homme de loi demeurant à Grand, lequel m'a déclaré que Louis-Denis Dessalles, âgé de soixante-dix-sept ans, étant né à Vouthon-haut le six février 1723, fils de Louis-Alexandre Dessalles et de Marie-Louise de Beauvau, était décédé le vingt-deux brumaire à deux heures du soir, domicile de Bertheléville.

« D'après cette déclaration, je me suis transporté au lieu du décès du dit Louis-Denis Dessalles, j'en ai reconnu la vérité, et j'ai rédigé le présent acte en présence des citoyens ci-après dénommés, qui ont signé avec moi et le déclarant. Lesquels citoyens sont : Marie-Louise-Joséphine Dessalle et Nicolas Joly, la première âgée de soixante-trois ans, demeurant aux Neufchâteaux, cousine-germaine au décédé, le second, régisseur des forges de Bertheléville, âgé d'environ quarante-cinq ans, et ont signé avec moi.

Marie-Louise-Joséphine Dessalle, — Claude-Nicolas Collin, — Nicolas Joly, — et Nicolas Liébaux, agent (1).

(Registres de l'état civil de Bertheléville.)

Du mariage de Claude-François de Germigney, seigneur de ce lieu, d'Aresches, Chilley, etc., et de Marie-Rosalie des Salles (voir p. 139), naquit *Charles* ou *Claude-Joseph*, qui épousa dame Étiennette ou Stéphanie-Catherine de Boisouzet d'Ormenans, dont il eut *Amédée-Louis* (2) *de Germigney*, qui posséda Bertheléville en sa qualité d'unique héritier de ses parents, y résida et y mourut le 22 mars 1853, comme le prouve son acte de décès transcrit ci-après :

« L'an mil huit cent cinquante-trois, le vingt-deux mars, à quatre heures de l'après-midi ;

« Par devant nous Martin Maillard, adjoint de la commune de Bertheléville, faisant les fonctions d'officier par suite du décès de monsieur le maire dont il va être parlé ;

« Sont comparus.

« M. Pierre-Paul-Léopold, marquis de Boisouzet d'Ormenans, âgé de vingt et un ans, domicilié à Paris, rue Caumartin, 11 et Étienne Tissot, ancien notaire, âgé de quarante-quatre ans, domicilié audit Bertheléville, le premier parent du défunt, le second son régisseur, lesquels nous ont déclaré que M. Louis-Amédée, marquis de Germigney, né à Salins le 7 mars 1789, fils de M. Claude-Joseph, marquis de Germigney, et de Mme Catherine-Stéphanie de Boisouzet d'Ormenans son épouse,

---

(1) Épitaphe de Louis-Denis des SALLES, dans l'église de Bertheléville :

Hic etiam jacet
Messire Louis-Denis, marquis DESSALLES,
son fils,
qui fut le bienfaiteur de ce lieu
et le père des pauvres,
décédé le 14 de novembre 1798,
âgé de 74 ans.

Requiescat in pace.

(2) Registres de l'état civil de Salins (Jura).

est décédé aujourd'hui à midi, en son château de Bertheléville, où il était maire et domicilié.

« Sur cette déclaration, nous nous sommes, en notre qualité,
transporté au lieu indiqué, où nous avons vu et reconnu le
corps inanimé de monsieur le marquis de Germigney; ensuite
nous nous sommes rendu à la maison commune, où étant,
nous avons écrit le présent acte sur les deux registres à ce destinés, et que les déclarants et témoins ont signé avec nous,
après nous avoir remis, conformément à la circulaire de Son
Excellence le Ministre de l'Intérieur en date du 29 décembre
1852, le certificat délivré par M. Hanin, docteur-médecin de
Gondrecourt, qui a traité le défunt pendant sa maladie, et après
que lecture en a été faite par nous.

Signé MAILLARD, — ÉTIENNE TISSOT, — PAUL DE BOISOU-
ZET, marquis D'ORMENANS.

(Registres de l'état civil de Berthéléville.)

La dépouille mortelle du marquis Louis-Amédée de Germigney, descendant des des Salles-Vouthon, a été inhumée dans
l'église de Berthéléville, construite pendant son administration. Son épitaphe est ainsi conçue :

D. O. M.

ICI REPOSE

LOUIS-AMÉDÉE

MARQUIS DE GERMIGNEY,

DÉCÉDÉ A BERTHÉLÉVILLE

LE 22 MARS 1853

A L'AGE DE 64 ANS

REQUIESCAT IN PACE (1).

(1) Voici celle de sa mère, dans la même église :

D. O. M.

Inter matres optimæ CATHARINA STEPHANIA DORMENANS, marquise de GERMI-
GNEY DES SALLES, die octo decimo Januarii defuncta quæ hanc ædem sacram
restauravit acque ornavit. In sede proxima orare solita peramans posuit filius
mærens.

Anno MDCCCXX.

Requiescat in pace.

Jusqu'à cette époque, Bertheléville était, dans le département de la Meuse, la seule commune dont le territoire (moins les bois communaux), les maisons, usines, terres, friches, etc., appartînt à une même personne. La succession du marquis ayant été acceptée par ses héritiers sous bénéfice d'inventaire, cette belle propriété fut vendue, puis morcelée, et le 15 juillet 1875, Bertheléville fut, par décret présidentiel, réuni à Dainville-aux-Forges, dont il forme une section. Cette dernière commune a pris depuis le nom de *Dainville-Bertheléville*.

Descendance de JACQUES D'ARC et d'ISABELLE ROMÉE, père et mère de LA PUCELLE, durant le xvᵉ et partie du xvıᵉ siècle.

(Premier tableau, d'après M. BOUCHER DE MOLANDON.)

JEAN (de Vouthon), frère d'Isabelle Romée, épouse, à Vouthon, *Marguerite Colnel,* meurt à Sermaize (en Barrois) vers *1446* (?).
(Voir le second tableau.)

JACQUES D'ARC, laboureur à Domremy, né à Ceffonds en 1380, épouse, vers 1405, *Isabelle Romée,* née à Vouthon-(haut), meurt à Domremy, entre 1431 et 1440.

est anobli, avec sa famille, en décembre 1429; meurt à Domremy, entre 1431 et 1440. Isabelle, sa femme, vient vers 1440 se fixer dans l'Orléanais; meurt à Orléans ou dans sa banlieue, le 28 ou le 29 novembre 1458.

AVELINE, sœur d'Isabelle Romée, née à Vouthon (?), de la Pucelle, mariée à *Jean le Vauseul,* de Sauvigny.
(Voir le second tableau.)

JACQUEMIN D'ARC, réputé l'aîné des enfants, né à Domremy, épouse N..., est père d'une fille nommée *Jeanne;* eut peut-être d'autres enfants. N'existait plus en juin 1455.

|
JEANNE, fille de Jacquemin, épouse, vers 1450, *N... du Lis,* son cousin-germain (selon quelques-uns, épouse Jean du Lis, son oncle).

JEAN D'ARC, DU LIS, écuyer, né à Domremy, épouse N..., nommé bailli de Vermandois et capitaine de Chartres; est prévôt de Vaucouleurs de 1455 à 1468; meurt entre 1470 et 1476.

N... DU LIS, épouse, vers 1450, *Jeanne,* fille de Jacquemin, sa cousine-germaine, en a un fils et peut-être deux.
|
Noble homme CLAUDE DU LIS, procureur fiscal à Domremy; né vers 1450, épouse *Nicole Thiesselin;* a six ou huit enfants; meurt vers 1525
(continue la postérité).

ÉTIENNE ou THÉVENIN DU LIS, épouse *N...,* De ce mariage naissent trois enfants, et peut-être deux autres morts en bas âge.

JEANNE D'ARC, *la Pucelle d'Orléans,* née à Domremy, le 6 janvier 1412; martyre à Rouen, le mercredi 30 mai 1431.

PIERRE (PIERRELOT) D'ARC, DU LIS, chevalier, chambellan du roi, né à Domremy; épouse *Jeanne Baudot,* de ce lieu; vient, vers 1440, résider dans l'Orléanais; meurt, ainsi que Jeanne, sa femme, dans la banlieue d'Orléans, entre 1465 et 1467.

CATHERINE D'ARC, sœur aînée de la Pucelle, née à Domremy avant 1412; épouse *Colin le Maire,* fils de Jean Colin, maire de Greux. Meurt avant 1490.

MARGUERITE DU LIS, vient, avec Isabelle Romée, son aïeule, dans l'Orléanais, vers 1440; épouse, près d'Orléans, *Antoine de Brunet,* meurt, au fief du Mont-(Saint-Denis-en-Val), entre le 30 octobre 1501 et le 15 septembre 1509.

JEAN DU LIS, dit *de la Pucelle,* seul enfant de Pierre du Lis et de Jeanne Baudot; né avant 1440; épouse, le 26 mars 1457, *Macée de Vestines;* devient seigneur de Villiers; meurt sans postérité, entre le 8 mai et le 14 octobre 1501.

CLAUDE DU LIS, prêtre, curé de Greux et de Domremy, meurt vers 1549.

DIDIER DU LIS, marié à N..., a quatre fils et cinq filles; meurt peu après son frère Claude (continue la postérité).

DIDON DU LIS, épouse *Thévenin Thierrely,* de Domremy; meurt sans postérité.

ANTOINE DE BRUNET, mort avant 1519, sans alliance.

ANNE DE BRUNET, morte avant 1519, sans alliance.

JEAN DE BRUNET, écuyer, épouse, le 17 novembre 1517, *Catherine de Thiville* (continue la postérité).

HENRI (de VOUTHON), curé de Sermaize, proche parent et peut-être frère d'Isabelle Romée, de Jean et d'Aveline, né à Vouthon, est décédé à Sermaize avant 1445.

PERSONNAGES HISTORIQUES.

Vouthon-haut est la patrie d'Isabelle Romée, mère de *Jeanne d'Arc*, et de François-Louis des Salles, écrivain modeste et laborieux.

ISABELLE ROMÉE (1387-1458).

Nous avons vainement compulsé les archives, lu les ouvrages spéciaux et consulté les érudits qui ont fait de la famille de la Pucelle leur étude favorite, nous n'avons pu découvrir lequel, de Vouthon-haut ou de Vouthon-bas, a donné naissance à Isabelle Romée. Elle est née à Vouthon, disent les enquêteurs et les historiens, sans autre désignation (1). Fort de ce silence et d'une tradition constante, nous revendiquons pour Vouthon-haut, jusqu'à preuve contraire, l'honneur de lui avoir donné le jour (2).

Le mot *Romée*, ajouté à son nom n'était pas celui de sa famille, comme on l'a cru fort longtemps ; il indique seulement qu'elle avait fait soit le pèlerinage de Rome, soit celui du Puy-en-Velay (3), Tous les membres de sa famille portaient le nom

(1) Nous lisons cependant ce qui suit dans un ouvrage de M. Hesse, revu par Mᵐᵉ d'Alteynheim : « *Isabeau* ou *Zabillet Romée* était de Vouthon-le-bas, village du Barrois. » Nous ignorons où les auteurs ont puisé ce renseignement, qui nous paraît apocryphe.

Avant 1260, comme on l'a vu plus haut (page 95), chacun des Vouthons formait déjà une communauté distincte.

(2) L'usage du pays est d'appeler Vouthon-haut simplement Vouthon ; l'autre Vouthon se nomme toujours Vouthon-bas.

(3) Le surnom de *Romée* pour une femme, de *Romieu* pour un homme, veut dire : qui a fait le pèlerinage de Rome, et par extension un grand pèlerinage.

M. de Ribbe possède un acte notarié de 1432, dans lequel un nommé

patronymique de *Vouthon*, qui leur est donné dans les actes publics.

Interrogée au cours de son procès sur son surnom, ce que nous appelons aujourd'hui le nom de famille, Jeanne d'Arc déclara d'abord qu'elle l'ignorait; puis le lendemain, se ravisant, elle dit se rappeler qu'on lui donnait indifféremment les noms d'Arc ou de Romée.

Isabelle, nommée aussi Isabeau et Isabelot, était fille, pensons-nous, de JEAN DE VOUTHON, mentionné en 1385 dans un registre des exploits de justice de la prévôté de Gondrecourt (1), et naquit vers cette même époque (1387?)

Elle épousa JACQUES, JACOB ou JACQUOT D'ARC (2), né en 1380, originaire de Ceffonds, près de Montiérender, en Champagne, et le suivit à Domremy-sur-Meuse, où il s'était fixé (3).

Comment Jacques d'Arc quitta-t-il son pays natal pour s'é-

Deydier est dit *Romieu*, parce qu'il avait été au grand jubilé du Puy de 1429, en même temps qu'Isabelle (DE BRAUX, *Journal de la Société d'arch. lorraine*, mai 1889). De la réponse de Jeanne à ses juges, il résulte que le surnom de Romée était donné à Isabelle, sa mère, avant 1429.

Le grand jubilé du Puy avait lieu chaque fois que l'Annonciation, qui tombe le 25 mars, coïncidait, comme en cette année, avec le vendredi-saint.

Affolée de douleur au départ de Jeanne, qui ne lui dit même pas adieu, mais qui plus tard lui en demanda pardon, Isabelle profita de cette circonstance pour aller au Puy placer sa fille sous la protection de la Sainte Vierge.

(1) « 1385, 11 avril. — Amende de 5 sols imposée à Jehan de Vouthon par Waultiers Collard » (*Arch. de la Meuse*, B., 1425, fo 72). Ce registre contient les exploits de justice par devant le prévôt de Gondrecourt et les amendes imposées par celui-ci.

(2) On a beaucoup discuté pour savoir si l'on devait écrire *d'Arc* ou *Darc*. Chacune de ces orthographes a eu ses chauds partisans. C'est à tort qu'on a prétendu que ce nom est écrit *Darq* dans les lettres d'anoblissement de Jeanne et de sa famille. Une copie collationnée de ces lettres existe aux Archives nationales, section historique, K., 65, no 9, et le nom d'Arc y est constamment écrit avec l'apostrophe (BOUCHER DE MOLANDON). Nous adoptons cette orthographe avec Mézeray, Quicherat, Wallon, Siméon Luce et la plupart des auteurs.

(3) Jacques d'Arc eut deux frères : l'un, *Nicolas d'Arc*, dont, suivant quelques-uns, la veuve nommée Jeanne donna son nom à la Pucelle; l'autre, *Jean d'Arc*, nommé en 1436, à la rentrée du roi à Paris, « arpenteur pour les bois et forêts du royaume de France. »

tablir à Domremy? Il nous est difficile de répondre à cette intéressante question. Nous savons seulement qu'à la fin du quatorzième siècle, Simon de Montierender était procureur du Bassigny pour le duc de Bar, et l'on peut supposer qu'il eût chargé Jacques, son compatriote, de quelque mission dans ce pays. Jacques méritait cette confiance, puisque nous voyons les habitants de Domremy, lors d'un procès qu'ils eurent à soutenir contre un sieur Guiot Poingnant par devant Robert de Baudricourt, gouverneur de Vaucouleurs, le nommer leur fondé de pouvoir (7 oct. 1423) comme doyen de la communauté, ce qui suppose de sa part une certaine notoriété et quelques connaissances juridiques. Il jouissait du reste d'une laborieuse aisance (1).

Une autre question peut également être posée. Comment Jacques connut-il Isabelle, et pourquoi, ne possédant sans doute rien à Domremy, ne s'établit-il pas à Vouthon sur le petit patrimoine de sa femme? Sur ces deux points encore nous sommes réduit à des probabilités. Isabelle devait être une fille pieuse, jouissant d'une excellente réputation, et méritant par cela même d'être recherchée en mariage par un homme d'honneur; parente de Henry de Vouthon, curé de Sermaize (Marne), localité peu éloignée de Ceffonds, elle avait pu se trouver en rapport avec quelques membres de la famille de Jacques, que des intérêts majeurs retenaient sans doute à Domremy, séjour autrement agréable que celui de Vouthon-haut.

---

(1) D'après une note rédigée à l'aide de traditions de famille, et transmises par M. l'abbé *Mandre*, doyen de Damvillers (Meuse), à son neveu M. Villiaumé, père de l'historien de Jeanne d'Arc, les biens immeubles appartenant à Jacques d'Arc et à Isabelle, sa femme, représentaient environ vingt hectares dont douze en terres, quatre en prés et quatre en bois, et parmi ceux-ci le *Bois-Chesnu*. Ils avaient de plus leur maison, leur mobilier et une réserve de deux à trois cents francs pour parer aux cas imprévus. Mettant eux-mêmes en valeur ce qu'ils possédaient, ils en pouvaient tirer un revenu annuel de quatre à cinq mille francs de notre monnaie (SIMÉON LUCE). Cette évaluation de fortune nous paraît exagérée. Cependant le ménage n'était pas dans la gêne, malgré ses cinq enfants, puisqu'il conserva, au moins quelque temps, ce qu'il possédait à Vouthon-haut et à Ceffonds.

Nous parlerons plus loin des frères et de la sœur d'Isabelle ;
occupons-nous d'abord de sa propre lignée.

De son mariage avec Jacques d'Arc naquirent cinq enfants :
Jacquemin, *Jean*, *Catherine*, *Pierre*, et enfin *Jeanne*, la plus
jeune, qui illustra sa famille. De celle-ci nous dirons peu de
chose, tant sa vie, résumée dans ce qui suit, est connue de
tous.

« Nul n'a fait plus que Jeanne pour la patrie ; d'autres l'ont
embellie et défendue ; elle l'a sauvée et rachetée ; d'autres lui
ont donné leurs veilles, leurs talents, leur vie ; elle lui a donné
son cœur de dix-neuf ans avec tout ce qu'il contenait d'héroïsme
et de tendresse.

« En elle se trouve tout ce qu'il y a de meilleur dans le caractère français : la pureté, la douceur, le dévoûment, la tendre
piété, l'élan, l'intrépidité, le sang-froid devant le danger, le
langage net et incisif, le bon sens étincelant qui déconcerte les
subtilités, les mots naïfs qui charment, les cris sublimes qui
étonnent, et avec tous ces dons, d'autres qui la rehaussent encore : la beauté, la jeunesse, l'inspiration, la gloire du martyre.

« Et si l'on cherche à analyser sa beauté, partout, dans la
grâce naïve et les entretiens célestes de son enfance, dans ses
combats et ses triomphes, dans ses souffrances et son martyre,
on trouve deux traits qui se mêlent et sont devenus insépara-
bles : elle est fille de Dieu et fille de la France.

« Effacez un seul de ces deux traits, vous la défigurez.

« Otez-lui son entrain, sa hardiesse, sa franchise, sa naïveté,
sa gaîté, sa droiture, ce n'est plus une Française, mais aussi
ce n'est plus Jeanne d'Arc. Otez-lui sa pureté, sa piété si tendre,
son humilité, ôtez-lui son archange et ses saints, ce n'est plus
une chrétienne, mais aussi ce n'est plus Jeanne d'Arc. Pour
retrouver sa physionomie si belle et si originale il faut réunir
tous les rayons de ces deux faisceaux lumineux et les concen-
trer au même foyer.

« Chrétiens et Français, soyons-en fiers ; chez aucun peuple,
dans aucune histoire, il n'y a de figure qui lui soit compa-
rable ».

Nous ajoutons quelques dates nécessaires pour l'intelligence de ce qui va suivre :

Jeanne naquit à Domremy, sur terre *barrisienne* soumise à la suzeraineté française (1), dans la nuit du 5 au 6 janvier 1412 (2); elle quitta Vaucouleurs pour aller trouver le roi Charles VII à Chinon au mois de février 1429, délivra Orléans le 8 mai, fit sacrer le roi à Reims le 17 juillet (3), fut anoblie avec toute sa famille par Charles en décembre de la même année, fut faite prisonnière à Compiègne le 24 mai 1430, et mourut à Rouen, sur un bûcher, le 30 mai 1431, victime d'un procès inique, réduit à néant par acte du 7 juin 1456 (4), après une longue et minutieuse enquête.

JACQUEMIN D'ARC. — L'existence de Jacquemin d'Arc, frère aîné de la Pucelle, reste entourée d'une certaine obscurité. Il est néanmoins mentionné dans les lettres d'anoblissement accordées à Jeanne et à sa famille. Il semble résulter de la note ci-dessous (5) qu'en 1425 Jacquemin faisait sa résidence ordinaire à Vouthon-haut, où il exploitait sans doute le petit patrimoine de sa mère Isabelle.

En 1420, le 2 avril, avant d'aller s'établir à Vouthon, il

---

(1) La nationalité de Jeanne, qui a donné lieu à de nombreuses polémiques, a été fixée par les patientes recherches et les savantes déductions de nos érudits confrères, H. Lepage et J.-Ch. Chapellier; il nous paraît inutile de revenir sur cette question. (Voir *Mém. de l'Académie de Stanislas,* ann. 1852 et 1855, et *Bulletin de la Société d'archéol. lorraine.*)

(2) Elle eut pour parrains Jean Barré de Neufchâteau, Jean Morel de Greux, Jean Langart et Jean Rainguesson, de Domremy; — et pour marraines Édette, femme de Jean Barré, son parrain, Jeannette, mariée à Thiesselin de Vittel habitant Neufchâteau, Jeannette Rose, femme de Thevenin ou Etienne Royer, et Béatrice, veuve de Thiesselin ou Estelin, toutes deux de Domremy (SIMÉON LUCE). On lui donne aussi pour marraines Jeanne, veuve de Nicolas d'Arc, son oncle paternel, et Agnès, sans autre désignation.

(3) A Reims, Jeanne victorieuse associa à son triomphe ses frères Pierre et Jean, sa mère, son père et son cousin Durand Laxart.

(4) Jacques d'Arc mourut de douleur la même année, suivant quelques auteurs.

(5) Premier mois de 1425. — Jacquemin d'Ars, demourant à Vouton, pour ung deffault de jour contre Girart Pigonel adjourné et relaté par Jehan maire, sergent, et par continuacion d'autre journée............ v. sols.

(*Arch. de la Meuse,* B. 1431, f° 78.)

figure avec son père dans un acte où ils prennent à bail à ferme pour neuf ans, la maison forte de Domremy et ses dépendances, avec Jean Biget et consorts, d'Aubry dit Jannel, maire des seigneurs de Bourlémont, de Domremy et de Greux en partie.

Jacquemin, dont on ignore la descendance, eut au moins une fille nommée Jeanne (1), qui épousa, vers 1450, son cousin-germain, fils de Jean d'Arc ou du Lis, ou même ce dernier, ce qui est moins probable.

On ne sait à quelle époque Jacquemin quitta Vouthon pour Domremy où il mourut jeune encore, après une vie laborieuse et paisible.

JEAN D'ARC OU DU LIS (2), second fils de Jacques d'Arc, accompagna sa sœur Jeanne à la guerre et combattit à ses côtés. Bailli de Vermandois et capitaine de Chartres, puis prévôt de Vaucouleurs en 1455, il se maria, et vint s'établir à Domremy, dans la maison paternelle, en 1468, après avoir quitté le service du roi (3). Il fit à cette maison quelques embellissements de sculpture et de peinture. Ceux-ci déjà fort altérés en 1580, au dire de Michel Montaigne, ont disparu depuis longtemps.

Jean posséda aussi, sans qu'on puisse affirmer qu'il l'ait jamais habitée, la maison paternelle de Ceffonds. Des titres authentiques du xvᵉ siècle en font foi. On connaît cette maison

(1) Enquête faite à Vaucouleurs le 13 avril 1551.

(2) Après leur anoblissement, les descendants d'Isabelle Romée changèrent leur nom d'Arc en celui du *Lis*. Suivant les temps et les provinces, ce dernier nom s'écrivit *Dalils*, *Daly*, *Dallis*, *D'Arc*, *Dalix*, *Dalie*, *Day*, etc.

(3) Cette maison, qui existe encore, passa des mains de Jean en celles de Claude, son petit-fils, puis en celles de Thevenin, frère de Jean, et sortit de la famille après avoir eu pour dernier possesseur Claude du Lis, fils de Thevenin, curé de Domremy et de Greux. Elle fut acquise ensuite par Thomassin Guérin; Frayminet, son neveu, la posséda après lui, et la vendit en 1586 à Louise de Stainville, comtesse de Salm.

« Lorsque les troupes alliées envahirent notre pays en 1815, elle appartenait à un ancien soldat, Nicolas Gérardin, qui l'habitait et en faisait les honneurs. Un comte prussien lui demanda le tympan sculpté de la porte d'entrée et la statue qui le couronne. Sur le refus de Gérardin, il lui offrit 6,000 francs de la maison tout entière. Quoique pauvre et chargé de famille,

Armoiries de la famille DU LIS.

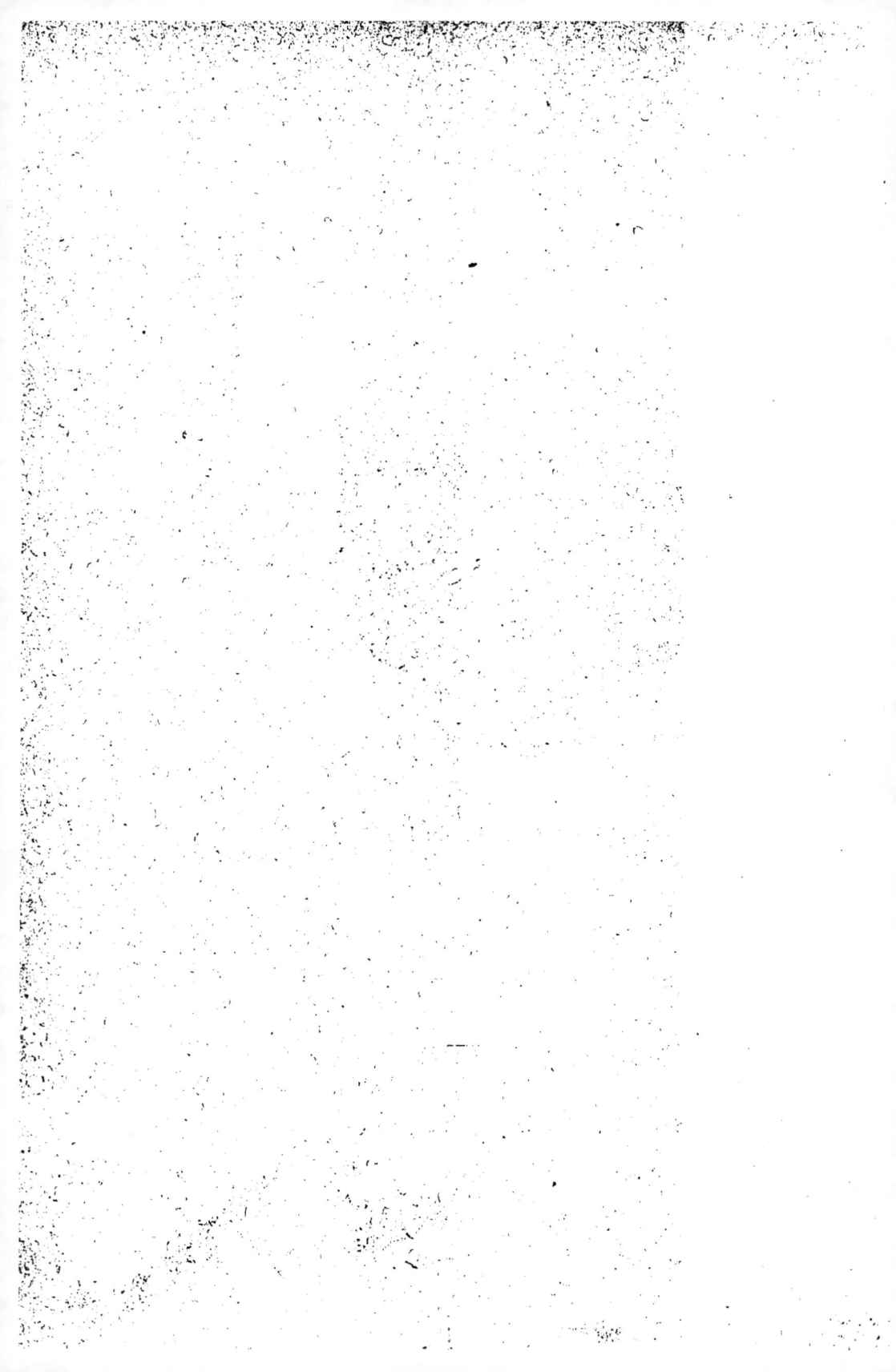

qui appartient actuellement à Mme Beurville-Nottat et à M. Ch. Nottat.

Jean du Lis laissa trois enfants : *N.*, qui épousa Jeanne, fille de Jacquemin, sa cousine-germaine, *Étienne* ou *Thevenin du Lis*, et *Marguerite*, qui accompagna Isabelle Romée en Orléanais.

L'existence du premier ne saurait être contestée, comme nous le verrons plus loin. Il laissa un fils bien connu, noble homme *Claude du Lis*, né vers 1450, procureur fiscal à Domremy, qui épousa Nicole Thiesselin, et mourut vers 1525, laissant une nombreuse postérité (1). En 1551 *Didon du Lis*, veuve de Thevenin Thibert, et *Anne Daly* (du Lis), veuve de Hautrevault, se disent filles de Claude et de Nicole, et *François de Boissy*, praticien, ainsi que *François Hurlet*, prêtre à Domremy, leurs petits-fils seulement.

Thévenin du Lis, qui habitait Domremy, eut plusieurs enfants dont trois sont connus : *Claude*, prêtre, curé de Greux et de Domremy, mort vers 1529 ; — *Didier*, qui décéda peu après son frère Claude, laissant quatre fils et cinq filles ; — et *Didon*, épouse de Thévenin Thierrely, qui mourut sans postérité.

Les descendants de Didier du Lis quittèrent Domremy et se fixèrent en Lorraine, où ils possédèrent la seigneurie de Gibeaumeix, Sept-Fonds (2) et autres lieux. L'un des derniers

---

le vieux dragon français refusa net. Ému de ces tentatives, le Conseil général des Vosges voulut assurer au département la propriété du berceau de la Pucelle, et le sauver ainsi d'une ruine qui semblait prochaine. Le 20 juin 1818, Gérardin signa l'acte de cession au Conseil général pour la modeste somme de 2,500 francs, à la condition toutefois d'être, jusqu'à sa mort, le gardien de son ancienne propriété. Ce beau trait lui valut, avec sa nomination de garde forestier, une médaille d'or que lui décerna la ville d'Orléans, puis une royale décoration accordée par Louis XVIII. Cette maison est classée au nombre des monuments historiques ». (*M. l'abbé* Burgaut, *curé de Domremy.*)

(1) De Jean du Lis descend notre érudit confrère, *G. Piat de Braux*, de Boucq (Meurthe-et-Moselle), auteur, avec M. de Bouteiller, d'un excellent ouvrage sur la famille de Jeanne d'Arc.

(2) Ne pas confondre avec Ceffonds, lieu de naissance de Jacques d'Arc.

de ce nom illustre s'établit à Vaucouleurs, par suite de son mariage avec l'héritière de la maison de Montigny.

« On voit parmi les petits-fils de Jean du Lis un procureur fiscal à Domremy, un gentilhomme du duc de Guise, un commissaire d'artillerie, un chevalier de Malte et un écuyer du duc de Lorraine (1646). L'anoblissement n'ayant porté que sur Jeanne, son père et ses frères, qui prirent alors le nom du Lis, ses autres parents continuèrent de porter le nom d'Arc, mais la trace généalogique en est perdue (1).

Charles du Lis, avocat général à la Cour des aides, auteur *du Traité sommaire tant du nom et des armes que de la naissance et la parenté de la Pucelle d'Orléans et de ses frères* (2), descendait au cinquième degré d'un des frères de la Pucelle, qui ne peut être que Jean, comme on le verra plus loin.

Il épousa Catherine de Cailly, qui elle-même descendait au cinquième degré de Guy de Cailly, qui reçut Jeanne d'Arc dans son manoir, lorsqu'au début de sa mission elle ravitailla Orléans. Charles mourut en 1634.

De son mariage sont issus deux fils qui décédèrent sans postérité, et deux filles, *Catherine* et *Jeanne*. La première, femme de Richard de Pichon, eut deux fils qui entrèrent dans les ordres; l'autre épousa Louis de Quatrehommes, membre de la Cour des aides et du Conseil privé des finances, dont la descendance se continue de nos jours en Orléanais dans la noble famille de Malessye.

(1) Les lettres d'anoblissement données à Jeanne et à sa famille par Charles VII, stipulent que c'est pour elle, ses père, mère et frères, et toute leur postérité mâle et femelle, clause tout à fait inusitée et qui semblait un acte de justice envers le sexe auquel appartenait l'héroïsme. Les armes octroyées par ces lettres au père et aux frères de Jeanne sont « une épée d'argent en pal supportant une couronne entre deux fleurs de lis d'or sur champ d'azur ». (SIMÉON LUCE.)

(2) Cet ouvrage est très précieux, mais il contient plusieurs erreurs généalogiques corrigées depuis sur des titres authentiques. C'est ainsi que l'auteur fait descendre les Villebresmes de Normandie et les Hordal de Lorraine, les premiers, de Catherine, les seconds d'Hauvry ou Helvide (de Burey), toutes deux filles supposées de Pierre du Lis, frère de Jeanne, qui n'eut qu'un fils mort sans postérité.

Luc du Lis, frère de Charles, secrétaire du roi, sieur de Reine-moulin, avait épousé Louise Collier. Il vivait encore en 1528, mais ne semble pas avoir laissé d'héritiers non plus que sa sœur *Jacqueline*, veuve de Jean Chantrel, seigneur de Rezons, avocat à la Chambre des comptes.

PIERRE DU LIS. — Pierre, dit le *Chevalier du Lis* (1), le plus jeune des frères de la Pucelle, combattit partout à ses côtés, fut fait prisonnier comme elle à Compiègne, resta longtemps captif du bâtard de Vergy, et aliéna son modeste patrimoine pour payer sa rançon. En 1441, nous le voyons dans l'Orléanais, où il passera sa vie ainsi que sa femme Jeanne Baudot, et son fils unique Jean. Il était alors dans une grande gêne, malgré les services signalés que sa sœur avait rendus au pays. Le mercredi, 31 janvier 1441, il loue à deux lieues d'Orléans par bail emphytéotique, la ferme de Baigneaux (Bagneaux), située sur la rive droite de la Loire, comptant, outre ses bâtiments d'exploitation, cent soixante-dix à cent quatre-vingts arpents de terres labourables, appartenant à l'église Sainte-Croix d'Orléans et située sur la paroisse de Saint-Aignan de Sandillon. Cette location eut lieu sous la caution de son ami Jean Bourdon, qui allait bientôt lui rendre un nouveau service.

Dans une lettre du 28 juillet 1443, le duc d'Orléans, revenu d'Angleterre, répondant à une supplique de Pierre du Lis, s'exprime ainsi : « Avons reçu l'humble supplication de notre bien aimé messire Pierre du Lis, chevalier, contenant..... que par fortune de guerre, il a perdu tous ses biens, tellement que à peine a de quoi vivre et avoir la vie de sa femme et de ses enfants..... ».

Cette lettre fut suivie d'effet. Jean Bourdon tenait en fief l'Ile-aux-Bœufs du domaine. Il s'en dessaisit le 26 juillet en faveur de Pierre, et le 28 du même mois le duc d'Orléans faisait donation à celui-ci, à sa femme et à son fils Jean, dénommés dans l'acte, par lettres-patentes, de l'usufruit de ce domaine dans les termes les plus flatteurs et à titre de récom-

---

(1) Charles d'Orléans l'avait décoré de son ordre du Porc-Epic, et depuis le titre de chevalier fut accolé à son nom.

pense nationale. Ce domaine comprenait plus de deux cents arpents de terres labourables, pacages et oseraies.

Peu après une pension annuelle de 121 livres tournois sur le Trésor fut encore, en 1454, accordée au Chevalier du Lis et continuée après sa mort à Jean son fils.

L'année précédente, le 8 mai, quoique habitant la campagne, Pierre avait pris à bail pour cinquante-neuf ans, de l'abbé et du couvent de Saint-Euverte, une vieille maison sur la paroisse Saint-Pierre-Puellier, d'Orléans, rue actuelle des Africains, à raison de 32 sous parisis par an. C'est pour réparer cette maison en ruine qu'ayant fait un voyage en Barrois, il ramena de Sermaize Henri dit Perrinet, charpentier, son cousin issu de germain. A la mort de Jean, fils de Pierre, en 1505, elle revint au couvent de Saint-Euverte.

Le 11 juin 1463, Pierre du Lis reçut du duc d'Orléans une nouvelle marque de bienveillance. Il lui fut fait don d'une somme annuelle de 10 livres tournois, à prendre sur le prix de vente des bois de la forêt.

Dans plusieurs actes du temps, Pierre du Lis a le titre de *chambellan du roi*. Sa mort, qui eut lieu en 1465 ou 1466, fut bientôt suivie de celle de son épouse, qui trépassa certainement avant le 8 janvier 1467.

Du chevalier du Lis et de Jeanne Baudot (1) naquit un seul enfant, Jean du Lis, dit *de la Pucelle*, marié à Macée de Vésines le 26 mai 1457. Elle était fille de Jean de Vésines, seigneur de Villiers-Charbonneau. Il devint bientôt possesseur et seigneur de cette terre qu'il habita alors. Après la mort de son père, il demeura comme lui à Saint-Aignan de Sandillon, et prit, quoique simple tenancier, le titre de seigneur de Bagneaux. Plus tard, il dit demeurer à Bagneaux, paroisse de Saint-Aignan, le 9 mars 1497. Comme son père, il jouissait de la ferme de Bagneaux, du domaine de l'Ile-aux-Bœufs, de la pension de 121 livres tournois, et de la maison rue des Africains.

A sa mort survenue entre le 8 mai 1501, jour où il assista à la fête de la délivrance d'Orléans, et le 3 octobre suivant,

_____

(1) On la nommait aussi Jeanne *de Prouville*, et Jeanne *du pays de Bar*.

date d'ouverture de sa succession, les biens dont il avait la jouis sance retournèrent à leurs possesseurs respectifs. Quant au château de Villiers-Charbonneau, il l'avait abandonné moyennant usufruit, à son ami Nicolas de Berruyer, dès le 9 mars 1497.

Marie de Vésines suivit de près son époux au tombeau, sans lui avoir donné d'enfant apte à recueillir leur modeste succession.

Quoique l'histoire des fausses Jeanne ne rentre point dans notre plan, nous ne pouvons passer sous silence que Pierre du Lis fut la dupe ou le complice de la première, qui épousa le sire Robert des Armoises, se présenta au roi, avoua sa supercherie fut condamnée par le Parlement de Paris et exposée sur la *table de marbre*.

« La Vierge de Domremy était si pure, sa mission si pleine de merveilles, le peuple l'avait tant de fois bénie comme un ange envoyé du ciel, qu'il ne pouvait se faire à la pensée que cette pieuse et noble enfant eût achevé sa vie dans un horrible supplice. Il croyait facilement à un prodige que tant de bienfaits lui semblaient mériter. »

Mais quelle que fût la ressemblance, Pierre ne pouvait s'y méprendre. Il était alors besogneux, car jusqu'alors l'anoblissement de sa famille n'avait été qu'une faveur stérile, et il sollicita de la ville d'Orléans un secours pécuniaire pour aller rejoindre sa sœur (1). Il avait emprunté pour solder sa rançon, ne possédait plus rien, et la pénurie d'argent dans laquelle il se trouvait explique, si elle ne la justifie, sa crédulité plus simulée que réelle, crédulité que semblent cependant partager les magistrats d'Orléans.

Il est vrai qu'une autre femme, épouse de Jehan Douillet, se fit passer aussi pour la Pucelle près des Vouthon de Sermaize qui lui firent fête; mais ils avaient si peu vu Jeanne d'Arc que leur méprise peut s'expliquer en présence de l'état

---

(1) « A Pierre Baratin et Jacques l'Esbely, pour bailler à Jehan Dulils, frère de Jehanne la Pucelle, le mardy xxj jours d'aost l'an mccccxxxvj, pour don à luy faict, la somme de douze livres tournois pour ce que le dict frère de la dicte Pucelle vint en la chambre de la dicte ville requérir aux procureurs qu'ils voulsissent l'aidier d'aucun prey d'argent pour s'en retourner par devers sa dicte sœur. » (*Extrait des comptes de la ville d'Orléans.*)

des esprits. Combien de grognards de la Grande-Armée ont
réfusé de croire à la mort de leur Empereur !

Nous devrions terminer ici ce qui concerne la descendance
de Pierre du Lis, mais il est nécessaire, ce nous semble, de
rectifier certaines erreurs qui se sont glissées dans la généalogie
de sa famille.

Aucun héritier ne s'étant présenté à la mort de Jean du Lis
et de sa femme Jeanne, le procureur du roi au bailliage d'Orléans fit saisir et mettre sous main de justice, conformément à
la législation d'alors, tout ce qui constituait leur succession.
Donc Jean n'avait pas d'enfant.

A la nouvelle de cette saisie, Marguerite du Lis, fille de Jean
du Lis, épouse d'Antoine de Brunet et cousine-germaine du
défunt, côté paternel, réclama cette succession. Sa requète fut
accueillie par sentence du 3 octobre 1501.

Mais bientôt d'autres parents réclamèrent aussi leur part de
cet héritage.

Une sœur de Jeanne Baudot, femme de Jean, Catherine
Baudot, avait épousé Joffroy Tallevard, de Domremy, et en
avait eu deux fils : Jean Tallevard, mort sans enfants, en
janvier 1498, et Poiresson ou Pierresson (Pierre) Tallevard,
survivant, cousin-germain de Jean de la Pucelle du côté ma-
ternel, qui avait par conséquent les mèmes droits que Marguerite du Lis à la succession en litige.

En conséquence, le 16 août 1502, par devant Pierre Mangeot et Cugny Rouyer, notaires à Vaucouleurs, la parenté de
Pierresson Tallevart fut établie par témoins et acte en fut
dressé. Pierresson donna aussitôt procuration (17 août 1502),
par devant les mêmes notaires, à Colas Tallevart son fils, à
Pierre Tallevart son neveu, à Jehan Mocelot, à Garin Thomassin, tous de Maxey-sous-Brissey, et à Claude du Lis, de
Domremy, témoins dans l'acte de notoriété dressé la veille,
procuration générale pour faire valoir ses droits à la succession
de Jean, concurremment avec Marguerite du Lis, et le 15
septembre suivant, Colas et Pierre Tallevart munis de ce pouvoir, cédent à Antoine de Brunet, écuyer, seigneur de Mont,

à cause de *feu* Marguerite du Lis, sa femme, la totalité des droits successifs de Poiresson Tallevart, leur père et oncle, pour la modique somme de 12 écus d'or à la couronne, valant 28 sous parisis pièce, payés et *baillés* auxdits vendeurs.

Il est donc faux qu'outre Jean *de la Pucelle*, Pierre du Lis ait eu une fille nommée Catherine (1), ayant laissé des enfants. Sans quoi ils eussent hérité directement et sans conteste des biens de leur frère ou de leur oncle.

Dans l'enquête dont il vient d'être parlé, Claude du Lis déclara que sa mère était fille de Jacquemin du Lis. Donc, contrairement à la tradition, Jacquemin d'Arc ou du Lis était marié et avait eu au moins une fille.

De plus, Claude du Lis ne saurait être, comme beaucoup l'ont pensé, fils de Jean du Lis, sans quoi, parent de Jean de la Pucelle au même degré que Poirresson Tallevart et Marguerite du Lis, il eût comme eux revendiqué une part de l'héritage, au lieu de paraître dans l'enquête de 1502 comme témoin désintéressé, et même d'accepter une procuration pour déposséder l'épouse d'Antoine de Brunet. Petit-fils, et non fils de Jean du Lis, frère de la Pucelle, il n'était que *cousin issu de germain* de Jean de la Pucelle, et partant, n'avait aucun droit à son héritage, suivant la législation du temps.

Donc aussi, puisque Claude n'est pas héritier comme Marguerite du Lis, c'est qu'il n'est pas son frère; dont il n'est pas fils, mais seulement petit-fils du second frère de la Pucelle, et comme sa mère Jeanne était fille de Jacquemin du Lis, son père, dont le nom est inconnu, était fils de Jean du Lis et petit-fils d'Isabelle Romée.

Ces explications nous ont paru nécessaire pour justifier la généalogie des parents de la Pucelle, que nous avons adoptée d'après M. Boucher de Molandon.

(1) Le 22 octobre 1723, Léopold Ier, duc de Lorraine, anoblit Antoine Macquart de Ruaire et son frère Henri Macquart d'Ormançon. Leur père Georges, commissaire de police à Bar-le-Duc, avait épousé Anne Haldat, leur mère, fille d'Antoine Haldat, sire de Bouvet, lequel descendait de Georges Haldat, capitaine d'infanterie pour le service de France, et de *Catherine du Lis*, fille de *Pierre* d'Arc, dernier frère de la Pucelle.

CATHERINE D'ARC. — Dans cette même enquête du 16 août
1502, le huitième témoin, Mongeot Rondelz, certifie que Colin
le maire, fils de Jean Colin, en son vivant maïeur de Greux,
et frère de la mère du déposant, avait épousé la sœur de la
Pucelle, et que son dit oncle le lui a dit à lui-même. D'ailleurs,
dans une enquête de 1455, Hallouy Robert, épouse de Parisot
Lengres, fille de Catherine le Vauseul et petite-fille d'Aveline
de Vouthon, rappelle que pendant la grossesse de celle-ci,
Jeanne d'Arc la priait de donner à l'enfant, si c'était une fille,
le nom de Catherine, en souvenir de sa feue sœur, ce qui eut
lieu en effet.

Tout ce qu'on sait de Catherine, sœur de Jeanne d'Arc, c'est
qu'elle épousa Colin le maire de Greux, et qu'elle était morte
avant le départ de la Pucelle pour accomplir sa laborieuse et
patriotique mission (1).

Voilà tout ce que diverses enquêtes et d'anciens écrits nous
ont fait connaître des descendants de Jacques d'Arc et d'Isabelle Romée. Il est temps de revenir à celle-ci.

Devenue veuve, éloignée de ses enfants, Isabelle se rappro-
cha de Pierre son fils, alla à Orléans, et reçut des procureurs
de la ville un affectueux accueil. Elle amenait avec elle,
comme nous l'avons dit, Marguerite, fille de Jean, bailli de
Vermandois, et partant sa petite-fille. Orléans ne se borna pas
envers Isabelle à un stérile accueil. Elle fut soignée aux frais
de la ville pendant une longue maladie, et l'on pourvut à tous
ses besoins au moyen d'une pension annuelle de 36 livres
tournois, payée régulièrement par douzième jusqu'à sa mort.
Cette pension, qui nous semble modique, était alors très suffisante pour une personne de sa condition. Quand Pierre du
Lis prit à bail la ferme de Bagneaux, elle l'y accompagna, et

(1) Voici quelques paroles qu'aurait prononcées Jeanne au sacre du roi à
Reims, et qui semblent contredire cette dernière assertion : « Plût à Dieu
mon créateur, s'écria-t-elle, que je m'en retournasse maintenant, quittant
les armes, et que je revinsse servir mon père et ma mère à garder leurs
troupeaux avec *ma sœur* et mes frères, qui seraient bien aises de me revoir! »
Mais ce vœu de Jeanne peut n'avoir pas été exactement traduit.

sur les bords de la Loire, elle reprit les habitudes champêtres de Vouthon-haut et de Domremy. Mais elle gémissait de la mort cruelle de sa petite Jeannette, son enfant de prédilection, victime de monstrueuses accusations.

« Le cardinal Guillaume d'Estouville, indigné de l'iniquité du jugement de Jeanne, conçut l'idée d'en poursuivre, en sa qualité de légat du Saint-Siège près de la cour de France, la légitime réparation : accompagné de l'inquisiteur de la foi, Jehan Brehal, il se rendit à Orléans près de la mère et du frère de l'héroïque victime en 1452. Puis, s'étant fait remettre, par Isabelle Romée et aussi par Pierre du Lis, en son nom et au nom de Jean, son frère, une requête formelle en révision du procès, il alla lui-même la déposer aux pieds du Souverain Pontife et l'appuyer de son crédit personnel. Après trois années d'hésitation, le 11 juin 1455, Calixte III, récemment élu, nomma pour procéder à la révision et au jugement réparateur, Jean Juvénal des Ursins, archevêque de Reims, Guillaume Chartier, évêque de Paris, et Richard de Longueil, évêque de Coutances, assistés de Jehan Brehal.

« Isabelle et ses fils, Jean et Pierre, prirent une part considérable à ces imposants débats, provoqués et poursuivis en leur nom.

« Le 17 novembre 1455, la mère de la Pucelle alla d'Orléans à la cathédrale de Paris pour leur solennelle ouverture; puis, à raison de son grand âge, elle obtint de retourner en sa province et de se faire représenter au procès par un fondé de pouvoirs.

« Enfin, après douze mois d'informations, un arrêt définitif (1), prononcé le 7 juin 1456, mit à néant l'odieuse con-

---

(1) Voici le texte de cet arrêt :

« Les procès, l'abjuration et les deux jugements rendus contre Jeanne, sont remplis de dol, de calomnies, d'iniquités, d'inconséquences et d'erreurs manifestes tant en fait qu'en droit; ils ont été, sont et seront nuls et non avenus, sans valeur ni effet, ainsi que leur exécution et tout ce qui a suivi.

« Néanmoins, en tant'que de besoin, les cassons, anéantissons, annulons et déclarons vides d'effet.

« Déclarons que Jeanne et ses parents, ses demandeurs, n'ont contracté,

damnation du 30 mai 1431, et ordonna que cette sentence de réhabilitation fût publiée à Rouen d'abord, à la suite d'une procession générale d'expiation, puis dans toutes les villes du royaume. Le 20 juillet suivant, deux juges du procès, l'évêque de Coutances et Jehan Brehal se rendirent eux-mêmes à Orléans, et le lendemain mercredi 21, dans l'imposant appareil des solennités religieuses, y proclamèrent publiquement l'acte réparateur. » (B. DE MOLANDON.)

Isabelle pouvait mourir : l'innocence de sa fille était juridiquement reconnue; mais une dernière joie lui était réservée.

Marguerite, fille de Jean, prévôt de Vaucouleurs, qu'Isabelle avait amenée de Domremy, épousa un gentilhomme orléanais, Antoine de ou du Brunet, et son oncle Pierre, devenu comme son père adoptif, lui constitua en dot la jouissance du petit fief du Mont, sis sur la paroisse de Saint-Denis en Val. Les deux époux habitèrent constamment ce petit domaine, dont ils accrurent considérablement l'étendue.

Antoine et Marguerite eurent trois enfants : *Antoine* et *Anne*, morts avant 1519 sans avoir contracté d'alliance, et *Jean de Brunet*, écuyer, qui épousa damoiselle Catherine de Thiville, fille de Guillaume, seigneur de la Roche-Verd, et de Marie de la Forêt. Après la mort de Marguerite, décédée en 1519, Antoine épousa en secondes noces Marguerite Potin, et mourut vers 1530.

Le 28 ou le 29 novembre 1458, Isabelle Romée, presque octogénaire, termina sa longue et douloureuse existence. Il semble, d'après les comptes de la ville, qu'elle ne mourut pas à Orléans mais à la campagne, auprès de messire Pierre, son fils. C'est ce qui explique l'incertitude des historiens sur la date précise de son décès.

Disons quelques mots en terminant des frères et de la sœur d'Isabelle Romée, qui sont nés à Vouthon-haut.

encouru aucune note ou tache d'infamie, à l'occasion de ce procès, dont en tant que de besoin, nous les déclarons quittes et entièrement purgés. »

Cet arrêt fut publié et affiché dans toutes les villes et communes de France.

Branche collatérale de la famille de Jeanne d'Arc.

Descendance de JEHAN (de Vouthon), frère d'ISABELLE ROMÉE, et d'AVELINE, sa sœur,
durant le xvᵉ et partie du xviᵉ siècle.

1º Descendance de Jehan (de Vouthon).

JEHAN DE VOUTHON,
recouvreur de son état,
né à Vouthon, près Domremy;
marié, vers 1405, à *Marguerite Cochel*,
vient, vers 1415,
habiter Sermaize (en Barrois);
y meurt vers 1446.

(Voir le premier tableau.)

POIRESSON,
ou
Perresson,
né à Vouthon,
charpentier,
habitait Perresse,
près Sermaize;
n'existait
plus en 1476.
(Postérité
inconnue).

PERRINET,
né à Vouthon,
charpentier,
religieux au monastère
de Chemizon
(ordre de Cîteaux),
chapelain de *la Pucelle*,
sa cousine-germaine.

HENRI (OU VOUTHON),
dit *Perrinet*,
né vers 1394,
à Sermaize,
charpentier
comme son père.
(Postérité inconnue).

NICOLAS,
né à Vouthon,
religieux au monastère
de Chemizon
(ordre de Cîteaux),
et en secondes noces, vers 1440,
Colin Turlant (de Sermaize);
et en secondes noces, vers 1440,
Pierre (de Perthes),
mort en 1476.
N'existait plus en 1476.

MENGOTTE (Marguerite) [?],
née à Sermaize vers 1416;
épouse en premières noces, vers 1435,

JEHAN
(de Perthes),
religieux
mort
à Châlons
du roi,
vers 1468.

DIDIER
(de Perthes),
religieux
promoteur
de l'enquête
de 1476;
(peut-être
à Chemizon);
vivait encore
en 1476.

COLLOT
(de Perthes),
promoteur
de l'enquête
de 1476;
continue
la postérité.

MARGUERITE
(de Perthes).

AGNÈS
(de Perthes).

NICOLLE LASSOIS,
surnommée
la Noble,
née vers 1500;
épouse
Nicolas Frézlot,
(Postérité inconnue).

THIBAUT LASSOIS,
dit *Le Noble*,
habitait Savoy;
épouse *Didon N...*
(Est exempté
des tailles
comme parent
de *la Pucelle*).

JEHAN LASSOIS,
né vers 1530,
praticien à Paris
après service militaire,
Promoteur de l'enquête
de 1555.

JEHAN Royer,
né vers 1530,
praticien à Paris
après service militaire,
Promoteur de l'enquête
de 1555.

ISABELLE ROMÉE
(DE VOUTHON),
épouse de JACQUES d'Arc
et mère
de LA PUCELLE.

2º Descendance d'Aveline.

AVELINE, sœur d'Isabelle Romée,
épouse *Jehan le Vauseul*
(ou *Le Vogseul*,
de Sauvigny),
entre Domremy et Vaucouleurs.

JEHANNE LE VAUSEUL,
née
épouse
Durand Lassois
(ou *Lazard*),
du même village.

DEMENGE LE VAUSEUL,
de Burey-en-Vaux,
épouse *Ydette Voymant*,
du même village.

CATHERINE LE VAUSEUL,
née en 1488 ou 1489,
épouse *Robert (Jacques)*, laboureur à Burey-en-Vaux,
mort en 1595, à quatre-vingt-six ans.

JEHAN LE VAUSEUL,
né à Burey-en-Vaux,
né vers 1396.
Elle n'existait plus
en 1458.

Mongeotte Guillarelle.
N'existait plus en 1580.

Elle jouissait des pri-
vilèges de noblesse.

JACOB ROBERT,
laboureur
né à Burey,
né vers 1476.
Témoin
aux enquêtes
de 1551 et 1555.

HALLOUY ROBERT,
né vers 1479,
épouse
Pariset Lengres
(de Badonville).
Témoin à l'enquête
de 1555.

JEHANNE ROBERT,
épouse
Laurent Barrois,
n'existait plus
en 1555.

MONGEOTTE LE VAUSEUL,
épouse, vers 1525,
Malard Royer,
maire de Chalaines,
fermier des moulins
du roi.
Eut six enfants, dont
trois fils.

NICOLLE LASSOIS,
surnommée
la Noble,
née vers 1500;
épouse
Nicolas Frézlot,
(Postérité inconnue).
(Continue la postérité).

ROBERT BARROIS,
cousturier
à Burey-en-Vaux,
né vers 1500.
Témoin à l'enquête
de 1555.

HENRI DE VOUTHON, que nous croyons frère d'Isabelle, était curé de Sermaize en 1415, ainsi qu'il résulte d'une enquête faite par Collot (de Perthes), en 1476, pour établir sa parenté avec Jeanne d'Arc. C'est à tort qu'on l'a confondu avec Nicolas de Vouthon, religieux profès de l'abbaye de Cheminon, proche Sermaize, cousin-germain de la Pucelle, qui l'accompagna à la guerre en qualité d'aumônier et de chapelain.

JEAN DE VOUTHON, *recouvreur*, autre frère d'Isabelle, alla s'établir à Sermaize vers 1415, avec sa femme Marguerite Colnel et ses enfants, attiré sans doute par son frère ou proche parent messire Henri de Vouthon.

Jean de Vouthon eut trois fils, *Poiresson*, *Perrinet* et *Nicolas*, et une fille *Mengotte* (Marguerite), qui naquit peut-être à Sermaize.

Poiresson exerça la profession de son père, s'établit à Sermaize et mourut vers 1446. Sa postérité est inconnue.

Perrinet apprit l'état de charpentier, et alla habiter Favresse, commune voisine de Sermaize, où sans doute il s'est marié. Il n'existait plus en 1476. Il eut un fils, *Henri de Vouthon*, dit Perrinet, charpentier, habitant comme lui Favresse, que messire Pierre du Lis conduisit à Orléans pour avoir son avis, comme il est dit plus haut, sur une maison qu'il voulait réparer ou construire.

Nicolas, grâce à la protection de son oncle Henri, curé de Sermaize, fut admis comme profès à l'abbaye cistercienne de Cheminon. A la prière de Charles VII et avec l'autorisation de son abbé dom Thomas, il fut attaché à la Pucelle, sa cousine-germaine, en qualité de chapelain. Après la prise de celle-ci à Compiègne, il reprit sans doute à Cheminon l'habit religieux et y mourut ignoré.

Mengotte épousa Jean Turlaut ou Turlot en 1420. Jean fut tué, deux ans plus tard, d'un coup de bombarde, en défendant l'église de Sermaize, qu'assiégeait le comte de Saulmes (Salm) par les ordres du célèbre Lahire, alors capitaine de Vitry. Vers 1440, Mengotte accepta pour second époux Pierre (de Perthes), dont elle eut deux filles, *Marguerite* et *Agnès*, dont la postérité est inconnue, et trois fils, *Jean*, mort vers 1468 dans l'armée du roi, — *Didier*, religieux à Châlons, peut-être à Cheminon, — et *Collot*, promoteur de l'enquête de 1476, dont la descendance, perpétuée à travers les siècles, existe encore dans la famille des Boucher de Crèvecœur de Perthes.

Ce qui accrédita la croyance qu'Henri de Vouthon, curé de Sermaize et Nicolas, profès à Cheminon, étaient une seule et même personne, c'est que Poiresson, Perrinet et Mengotte, neveux et nièce du premier, se partagèrent sans conteste sa succession comme étant ses plus près lignagers. Messire Henri avait fait de la famille de Jean, son frère, sa famille adoptive, et il n'est pas étonnant que, vu l'aisance relative des frères de la Pucelle, il ait réservé aux Vouthon de Sermaize, simples et honnêtes artisans, le peu qu'il possédait.

Aveline de Vouthon, sœur d'Isabelle Romée, épousa Jean le Vauseul ou le Voiseul avant 1410, et le suivit à Sauvigny. Plus tard, nous les retrouvons à Burey-en-Vaux (1) proche de Vaucouleurs, où ils marient leur fille aînée *Jeanne* à Durand Laxart ou Lassois, qui recueillit l'héroïne lors de ses voyages à Vaucouleurs pour convaincre Baudricourt de sa divine mission.

Durant Laxart n'était donc pas *oncle*, comme le disent la plupart des historiens, mais cousin-germain de la Pucelle (2).

(1) Monsieur l'abbé Bourgaut, curé de Domremy, dit que Laxart habitait Burey-la-Côte, village en amont de Burey-en-Vaux, où sa maison existerait encore. Nous suivons l'opinion la plus accréditée : Burey-la-Côte est beaucoup plus éloigné de Vaucouleurs que Burey-en-Vaux.

(2) Cette désignation était alors admise. Ainsi, dans une enquête du 2 novembre 1476, à Vitry, Mengotte, fille de Jean de Vouthon, y qualifie d'*oncle* Pierre du Lis, et réciproquement celui-ci donne le nom de *neveu* à Henri de Vouthon, dit Perrinet, son cousin issu de germain. L'enquête du 13 avril 1551, ayant pour objet d'établir la parenté des Fournier (de Normandie) avec Jeanne d'Arc, en offre un second exemple : Jacques Robert, époux de la seconde fille d'Aveline de Vouthon, dès lors cousin-germain de la Pucelle, est également dit son *oncle* par Blaize Barrois, de Burey-en-Vaux, l'un des déposants.

Cette affectueuse qualification d'*oncle* semble donc avoir été, à cette époque et dans ces contrées, un simple titre de courtoisie, donné par déférence à des cousins plus avancés en âge. (B. de Molendon.)

De Jeanne de Vauseul, qui jouissait des privilèges de noblesse, il eut un fils, *Thibaut Lassois*, dit *le Noble*, qui habita Sauvoy (Meuse), et fut exempté des tailles comme parent de la Pucelle. Thibaut eut, de Didon, sa femme, *Nicolle Lassois*, surnommée *la Noble*, née vers 1500, qui épousa Nicolas Fréziot, et dont la postérité est inconnue.

Demange le Vauseul, fils d'Aveline et de Jean, épousa Ydotte Voynant, de Burey-en-Vaux, dont il eut *Jehan le Vauseul*. De sa femme Mongeotte ou Mengotte Galliselle, il eut *Mengeotte le Vauseul*, qui épousa, vers 1525, Médard Royer de Chalaines, près Vaucouleurs, fermier des moulins du roi. De ce mariage naquirent six enfants, trois filles et trois fils, et parmi ces derniers *Jehan Rouyer*, militaire, puis praticien à Paris, promoteur d'une enquête en 1555, pour bien établir sa parenté avec la Pucelle, et dont la postérité n'est pas connue.

Catherine le Vauseul, seconde fille d'Aveline, celle-là même que Jeanne d'Arc, avant son départ, avait en quelque sorte nommée dans le sein de sa mère en souvenir de Catherine sa sœur, épousa Jacques Robert, laboureur à Burey-en-Vaux, né vers 1535, et décédé en 1625. De ce mariage naquirent *Jacob Robert*, laboureur, qui habita Burey, son pays natal, et fut témoin aux enquêtes de 1551 et 1555; — *Hallouy, Hauvy* ou *Helvide Robert*, née vers 1479, qui épousa Parisot Lengres, de Badonville (Badonvilliers?) et témoigna dans l'enquête de 1555; — et *Jehanne Robert*, femme de Laurent Barrois, dont elle eut *Robert Barrois*, cousturier (tailleur) à Burey-en-Vaux, né vers 1500, qui figure comme témoin dans l'enquête de 1555.

(*Voir le tableau généalogique* n° 2).

———————

Nous donnons ci-dessous, mais sous toutes réserves, d'après le *Courrier de Nancy* (1er mai 1889) et MM. DE BOUTEILLER et DE BRAUX, la liste des personnages vivants qui prétendent descendre des frères de Jeanne d'Arc.

Mᵐᵉ Hubert, née de Saint-Vincent, à Nancy; Vicomtesse du Coetlosquet, à Pont-à-Mousson; M. Ancillon de Jouy, à Boudonville (Nancy); M. et Mᵐᵉ Coste, à Nancy;

M. Brou de Cuissart, officier d'infanterie;

M. de Lardemelle, receveur des finances, à Toul;

M. et Mᵐᵉ Félix Gouy, à Nancy;

Mᵐᵉ Coanet, à Nancy;

M. Léon Gouy, officier;

La famille Renaudeau-d'Arc, à Rouen, savoir :

Marthe et *Lucien*, enfants de M. Renaudeau-d'Arc, ancien magistrat décédé, et *Georges* et *Marie*, enfants de M. Ch. Renaudeau-d'Arc;

M. Julien d'Arc, ancien secrétaire de la faculté de droit d'Aix;

M. Lenery-d'Arc, ancien intendant;

Les enfants de M. Blanchet-Rivière d'Arc, capitaine de frégate.

M. de Parrel, beau-frère de M. Renaudeau-d'Arc;

M. Boucher de Crèvecœur, à Boulogne-sur-Mer;

M. le baron G. de Braux, à Boucq, près Foug;

M. le baron Desazards, à Alby;

M. et Mᵐᵉ de Haldat du Lis, à Nancy;

Mᵐᵉ de La Salle, au Château de Phlin (Meurthe-et-Moselle);

MM. les comtes *Arthur*, *Aristarque*, *Henri* et *Conrad* de Maleyssie;

M. Carmouche, ancien receveur des domaines, à Nancy;

M. Paul Le Duchat, ancien officier des haras;

M. Frogier de Ponlevoy, député des Vosges;

Mᵐᵉ Frogier de Ponlevoy, née de Mardigny;

M. René de Mardigny, magistrat;

M. Raymond de Mardigny, officier;

M. Joseph Huyn de Vernéville, à Vernéville (Lorraine).

Habitant la Meuse :

M. de Saint-Vincent, magistrat, à Saint-Mihiel;

M. de Cournon, à Bonnet;

M. VAULTIER, de Ligny;

M. BOUILLARD, de Bar-le Duc;

M. BRIGEAT DE LAMBERT, de Ligny;

MM. MOREL, de Bar-le-Duc et de Châlons;

M. HANNOTIN-BOUILLARD, de Bar-le-Duc;

M. BOURGEOIS DE MÉNIL, de Ligny;

M. le comte FOURIER DE BACOUR, de Ligny;

M. PAILLOT, de Bar-le-Duc;

M. JACQUOT DE BRIGEAT;

M. ROBINEAU, de Bar-le-Duc;

M. VIVENOT-LAMY.

FRANÇOIS-LOUIS DES SALLES (1).

François-Louis, comte des Salles, naquit à Vouthon-haut, comme nous l'avons dit ci-dessus, le 5 mai 1724, d'Alexandre-Louis et de Marie-Louise de Beauvau. Il embrassa de bonne heure la carrière des armes et s'y distingua par sa bravoure; mais nous le considérerons ici comme chercheur et comme historien.

M. É. GÉNIN, s'occupant de rechercher, dans les bibliothèques publiques et autres de l'Est les manuscrits qui traitaient les questions de géographie, découvrit à la bibliothèque de Nancy un volumineux manuscrit sans nom d'auteur, intitulé *Histoire de la Marine*, renfermé dans deux énormes cartons, et pouvant fournir à l'impression vingt volumes in-12, de quatre cents pages chacun. M. Génin voulut savoir qui avait entrepris et mené à bien ce travail considérable. « Je me heurtai d'abord, dit-il, à des difficultés en apparence insurmontables : l'écriture de l'auteur est ronde, mais petite, très serrée, et

---

(1) Ce qui suit est extrait presque textuellement d'un opuscule intitulé : *Pourquoi nous n'avons pas recouvré l'Inde en 1782*, par É. GÉNIN, professeur agrégé au Lycée de Nancy, délégué départemental de la Société académique Indo-Chinoise pour Meurthe-et-Moselle, 1884.

Voir p. 141, ce que nous avons déjà dit sur F.-L. des Salles.

médiocrement lisible. Non seulement l'ouvrage n'est pas signé, mais à la bibliothèque, où il est qualifié de compilation, on n'en soupçonnait pas la provenance. Tout conspirait donc pour en éloigner le lecteur. Il me sembla toutefois que l'œuvre du laborieux anonyme qui avait peiné pendant quinze à vingt ans pour réunir tant de documents, méritait quelques instants d'attention. Un rapide coup d'œil jeté sur différents passages con cernant Dupleix (1) et la guerre de Sept-Ans suffit pour me convaincre de la sûreté du jugement et de la variété des connaissances de l'auteur. Étudiant ensuite divers épisodes de la guerre d'Amérique, je pus m'assurer que l'ouvrage, au moins dans la dernière partie, se recommandait par l'étendue des recherches, par l'abondance et l'exactitude des détails, en un mot, par une science aussi sûre que profonde, et je ne tardai pas à en conclure que l'œuvre de cet érudit, de ce tacticien, de cet annaliste sévère mais impartial, était digne d'échapper à l'oubli ».

M. Génin nous initie ensuite aux nombreuses recherches et comparaisons qu'il a faites pour découvrir enfin que l'auteur anonyme de l'*Histoire de la Marine* est le dernier seigneur des Vouthons.

Nous complétons ici la notice sommaire que nous avons consacrée en son lieu à François-Louis des Salles.

Ses goûts, ses aptitudes et ses traditions de famille le portèrent à embrasser la carrière des armes, qui était celle de ses aïeux. Capitaine au régiment d'Harcourt, devenu plus tard Royal-Lorraine cavalerie, il prit part à la bataille de Fontenoy (1745), assista à la prise de Tournay (1745), combattit à Roucoux (11 oct. 1746) et à Laufeld (1747) où il se fit remarquer. Dès lors il put prétendre aux plus hauts emplois de l'armée. Nous le retrouvons à trente-cinq ans colonel du régi-

---

(1) Joseph, marquis de Dupleix, gouverneur des établissements français dans l'Inde, mort dans la misère à Paris en 1763.

Il essaya de réaliser dans l'Inde au profit de la France ce qu'a fait depuis la Compagnie anglaise; après avoir longtemps lutté contre la Compagnie française elle-même, il fut rappelé et disgracié. Le gouvernement s'aperçut enfin de son erreur, mais il était trop tard.

ment des grenadiers de France, vraie troupe d'élite destinée à marcher et à combattre à la tête de la maison du roi, à faire les chemins et à ouvrir les passages. Mais à partir de cette époque le comte des Salles semble avoir renoncé à la vie des camps pour s'occuper exclusivement d'art militaire. Il était d'ailleurs très modeste, ne tirait aucune vanité de son nom, avait des goûts simples, des aspirations libérales, et n'aimait ni le bruit ni les honneurs.

Formé à l'école de Rochambeau, son beau-frère, qui, avant la guerre d'Amérique, avait été inspecteur général de l'infanterie, et avait pris une part active à la réforme des manœuvres de tactique. François-Louis l'avait beaucoup aidé dans ses études, comme en témoignent divers projets de réorganisation laissés par notre auteur. Cette parenté du comte des Salles avec l'un des héros de l'indépendance américaine explique comment il réussit à se procurer des renseignements si détaillés, si précis, sur les événements dont les États-Unis furent le théâtre (1754-1761). Il n'a d'ailleurs pas été difficile à l'auteur de se procurer des documents, car beaucoup de gentilshommes lorrains étaient partis pour les États-Unis, entraînés par M. de Broglie, qui avait été gouverneur de Metz. Le major-général de Chastellux, les maréchaux de camp de Vaubecourt et de Vioménil, cousins de l'auteur, l'infortuné Philippe-Adam de Custine (1) qui fit en 1780, avec le régiment de Saintonge, son entrée triomphale à Philadelphie et contribua à la capitulation d'York-Town, servaient sous les ordres de Rochambeau. Les d'Olonne de Saint-Dié et les Menonville de Saint-Mihiel possèdent des récits de diverses parties de cette guerre écrits par leurs ancêtres.

De même pour les campagnes de l'Inde: le comte des Salles, qui ne négligeait aucune source d'informations, a pu se renseigner près des officiers du régiment d'Austrasie, qui presque tous étaient Lorrains, et surtout près du brave et modeste colonel d'Hoflize, le glorieux compagnon d'armes d'Haïder-Ali

---

(1) Accusé de n'avoir pas fait tout ce qu'il aurait dû pour défendre Mayence, il fut appelé à Paris, condamné par la Convention, et décapité le 28 août 1793.

et de Tippou-Saïd (1), dont tout Nancy honorait la vieillesse. Non seulement la position qu'il occupait dans la maison des princes d'Orléans avait créé à François-Louis de nombreuses relations, mais elle lui avait permis d'étudier la cour et les petites intrigues qui exerçaient alors une influence considérable sur les grandes affaires. Pas assez en vue pour être remarqué, bien placé pour observer, il s'était trouvé dans les meilleures conditions pour juger sainement les personnages que plus tard il devait mettre en scène comme diplomates, comme généraux et comme ministres. On peut supposer aussi que les archives de la marine n'avaient guère de secrets pour lui. Son mérite personnel et ses alliances lui permettaient d'aspirer aux plus hautes dignités, mais le comte des Salles était un philosophe et un sage. Il s'était étudié et savait mieux que personne combien il manquait de la souplesse indispensable aux gens de cour. Suffisamment fourni des biens de la fortune, n'ayant point de famille et par conséquent pas plus d'ambition pour les siens que pour lui-même, il se confina, jeune encore, dans une retraite que son goût pour les sciences physiques et pour la tactique lui rendaient chère. C'est vers 1760, croyons-nous, que son ardent patriotisme et sa haine contre les Anglais, qui respire dans tout son ouvrage, le poussèrent à écrire une *Histoire des Guerres de mer*. Dès le début de la guerre de Sept-Ans, la nécessité de relever notre marine pour être en mesure de défendre nos colonies sérieusement menacées s'était révélée aux yeux les moins clairvoyants, et aussitôt qu'une lutte formidable s'engagea sur toutes les mers contre les Anglais, on comprit en France de quelle incurie nos ministres étaient coupables. Le comte des Salles qui, par ses alliances et ses principes, appartenait au parti libéral, et qui désirait le succès des plans po-

---

(1) Haïder-Ali ou Hyder-Ali, conquérant indien, qui prétendait descendre de Mahomet, 1718-1782. Il rangea sous ses lois, avec le secours des Français et malgré les efforts de l'Angleterre, les côtes de Malabar, celle de Calicut et les Maldives, et se fit appeler le *Roi des Iles de la mer des Indes*.

Tippo ou Tippou-Saïd, son fils, ami et auxiliaire des Français dans l'Inde, plus illustre que son père, augmenta ses possessions et prit le titre de sultan et même d'empereur. Né en 1749, il périt les armes à la main le 4 mai 1799, en défendant Seringapatam, assiégé par les Anglais.

litiques et militaires du ministre lorrain Choiseul, s'intéressa
vivement à une cause qui était à la fois celle d'un compatriote
qu'il estimait et celle de la France. Aussi est-il curieux de voir
dans quelle abondance, on pourrait dire dans quel luxe de détails entre l'auteur quand Choiseul prépare une descente en
Angleterre. Il n'oublie ni un vaisseau, ni le nom d'un capitaine; il énumère complaisamment nos forces et discute avec
impartialité nos chances de succès. .

Quand la lâcheté de M. de Conflans (1) nous eut infligé un
cruel désastre, l'ardent patriote ne trouva pas de termes assez
vifs pour flétrir sa conduite coupable (1759).

Plus tard, l'auteur eut peut-être d'autres vues. Quoiqu'il
ait écrit sur l'histoire de la marine bien avant la guerre d'A-
mérique, peut-être voulut-il, en 1778, faciliter par ses recherches et ses travaux l'étude de l'art nautique à son élève devenu
duc de Chartres, et qui convoitait la survivance de la charge
de grand-amiral appartenant à son beau-frère le duc de Pen-
thièvre. Si l'insuccès de la bataille d'Ouessant (1778) n'a pas
répondu aux espérances du prince, qui y fit preuve de courage,
la faute doit surtout en être attribuée à d'Orvilliers qui y commandait, et l'ancien gouverneur ne peut en aucun cas être
rendu responsable de l'exécution d'un plan qu'il déclare mauvais.

Il ne semble pas que le comte des Salles ait publié de son
vivant aucun de ses ouvrages; mais il est hors de doute que
l'on connaissait non seulement en Lorraine, mais encore à
Paris, son talent et ses tendances libérales, car le roi ayant
publié, au mois de juin 1787, un édit qui créait des assemblées
provinciales chargées de la répartition et de l'assiette de toutes
les impositions foncières et personnelles, François-Louis fut
désigné pour faire partie de la commission qui devait étudier
ces questions en Lorraine; et quand cette commission, composée

---

(1) Le maréchal de Conflans avait vingt et un vaisseaux pour en combattre
vingt-trois. Il voulut lâchement éviter le choc, et engagea sa flotte dans des
brisants. Ballottés par une mer orageuse au milieu des rochers, plusieurs
vaisseaux furent détruits ou coulés. La nuit suspendit le désastre, mais le
lendemain, au point du jour, Conflans échoua et brûla son vaisseau amiral
dans l'anse du Croisic. •

de vingt et un délégués nommés par le roi se fut complétée par l'adjonction de vingt-quatre autres personnes désignées par les premières, l'assemblée, ayant à choisir les quatre membres qui, avec le président et les deux procureurs syndics, devaient former la commission intermédiaire chargée d'étudier et de préparer les matières sur lesquelles on devait délibérer, le comte des Salles fut élu député de la noblesse (18 août 1787).

La commission écrivit au roi une lettre où elle lui disait : « Nous serons trop heureux si nos soins, que nous n'épargnerons pas, peuvent contribuer au bien du service et procurer quelque avantage à cette province ». Elle se mit immédiatement à l'œuvre et donna à S. M. un avis favorable à la division de la Lorraine en six districts, présenta ses vues sur la forme, l'organisation et les fonctions des assemblées de districts, dressa un tableau de l'agriculture considérée dans toutes ses branches, chercha les moyens d'ouvrir de nouveaux débouchés aux produits agricoles et de répandre les lumières sur la meilleure manière de féconder le sol de la province. Elle examina ensuite les questions de tarifs et de transports. Le comte des Salles, qui prenait une part active à tous les travaux de l'assemblée, lui communiqua, dans la séance du 22 août 1787, un mémoire ayant pour objet d'ajouter aux instructions données à la commission les renseignements à prendre de sa part sur le reculement des barrières, dont les avantages et les inconvénients ne peuvent être balancés qu'après avoir connu le vœu du peuple. L'assemblée, applaudissant au zèle et aux vues patriotiques de M. le comte des Salles, décida que le mémoire serait déposé sur le bureau de la commission intermédiaire.

Quand l'assemblée provinciale chargée d'établir un meilleur ordre dans les finances, une plus grande économie dans les dépenses, et de rechercher les moyens d'arriver à une plus juste répartition de l'impôt, ouvrit ses séances à l'hôtel-de-ville de Nancy, le 3 novembre 1787, le comte des Salles en fit partie et ses collègues l'élurent membre du bureau du règlement; mais le 3 décembre de la même année, il donna sa démission de l'assemblée provinciale et de la commission intermédiaire dans une lettre où il alléguait le mauvais état de sa santé.

Les manuscrits qu'a laissés le comte des Salles peuvent se diviser en trois parties. La première comprend l'histoire de la marine de 1512 à 1762. C'est, comme il le dit lui-même, une compilation. Elle n'en est pas moins, à notre sens, très supérieure par l'abondance et la variété des détails à tous les ouvrages publiés en France jusqu'à ce jour sur la marine. La seconde est une œuvre originale pleine de faits et de renseignements curieux où l'auteur, dont on ne peut contester la compétence, ne raconte que des événements sur lesquels il a été à même de porter un jugement en connaissance de cause. Aussi pensons-nous qu'elle est digne de figurer parmi les ouvrages que publie la commission des documents sur l'histoire de France. La troisième partie se compose de divers mémoires de valeur inégale et dont quelques-uns sont inachevés ou ne consistent qu'en notes assez brèves et sans grand intérêt. En revanche, plusieurs d'entre eux, tels que celui qui est intitulé *Réforme de la marine*, et celui où l'auteur discute les vues de Necker sur les assemblées provinciales et sur la situation morale et matérielle de la province de Lorraine en 1780, méritent d'attirer l'attention des érudits au même titre que les travaux restés inédits des intendants Vaubourg et Turgot.

Au début de la première partie, le comte des Salles cite les sources auxquelles il a puisé. Parmi les historiens français et anglais, il nomme de Thou dont il donne de nombreux extraits, et Smolet, dont il discute souvent les opinions, mais qu'il prend souvent pour guide. Il reproduit plusieurs lettres de Louis XIV à des ambassadeurs, des passages du *Journal anglais* de Whittock, d'autres tirés des *Relations* de Ruyter, des *Mémoires* de Forbin ou de Duguay-Trouin dont il s'est souvent inspiré, et de nombreux ouvrages spéciaux qu'il serait trop long d'énumérer. On remarque dans cette première partie d'abondants détails sur la guerre maritime soutenue par la Hollande contre Louis XIV, une curieuse étude sur le commerce dans les Indes orientales, des réflexions et des notes sur l'Ordonnance de la marine, un exposé très complet et très lucide des vues et des entreprises coloniales de Colbert. Les efforts faits par ce grand homme pour assurer à la France la domination des mers sont mis en pleine lumière; mais l'auteur, que le patriotisme n'aveugle pas, énumère quelques pages plus loin les causes qui assurent aux Anglais une durable et incontestable supériorité. — Cette première partie comprend 25 cahiers in-folio de 30 à 40 pages chacun.

Dans la seconde partie : *Mémoires sur l'Histoire de la marine française*, il faut citer parmi les morceaux les plus importants l'exposé critique des efforts et des fautes de la Compagnie française des Indes orientales, si mal servie par ses agents et si peu soutenue par les ministres incapables de Louis XV; les pages indignées où l'historien, après avoir raconté longuement les brillants, les merveilleux succès de Dupleix et la fondation d'un immense empire colonial dans l'Indoustan, s'emporte en invectives quand son héros est brusquement sacrifié à la jalousie anglaise; — les récits de la prise de Manille, de la perte du Canada, des fautes et des revers de Lally-Tollendal ; — le récit des combats livrés par Rodney aux Antilles, d'après les relations de cet amiral et d'autres officiers; — celui de la prise de Saint-Christophe et de la bataille gagnée dans la baie de Chesapeake; — celui de la prise de Pansacola et de la Jamaïque, précédé d'une description de cette île, car le comte des Salles éclaire toujours l'histoire par la géographie; — la relation très précise et très complète des événements qui se sont accomplis autour de Gibraltar et les conséquences de ce siège fameux (1), constituent autant d'épisodes dramatiques sur lesquels l'auteur donne d'abondants détails, autant de morceaux qui méritent d'attirer l'attention des futurs historiens de notre marine. Quant à la guerre de l'Indépendance américaine, qui comprend onze cahiers égaux aux précédents, elle est traitée (la forme exceptée) d'une façon tout à fait supérieure ; il n'y a aucune exagération à prétendre que le travail du comte des Salles laisse bien loin derrière lui tout ce qui a été écrit sur ce sujet. L'auteur donne sur cette lutte gigantesque qui ensanglanta les deux mondes, les renseignements

(1) La relation du siège de Gibraltar, qui fait l'objet d'un mémoire spécial, formerait à elle seule un volume in-12 de 400 pages.

les plus détaillés, les plus variés, les plus précis, puisés aux sources les plus diverses. Les lettres citées dans le cours de l'ouvrage sont au nombre de plus de cent, datées de Cadix, de Gibraltar, d'Amsterdam, de Madras, de la baie de Chesapeake, de la Jamaïque, etc. Le comte des Salles n'indique pas toujours celui qui les a écrites; il craint de compromettre ses correspondants, mais on y trouve les noms de Grasse, de Bouver, du Sillans, de Rochambeau, de Bougainville, de Howe, d'Arçon, l'inventeur des batteries flottantes, de Guichen, du marquis de Crillon et de vingt autres. Quant aux journaux consultés par l'auteur, ils sont si nombreux et si divers que l'on s'étonne qu'il ait pu se les procurer et surtout les traduire. Ce sont la *Gazette de la Cour* de Londres, la *Gazette de Hollande*, celle de *Leyde*, celle d'*Amsterdam*, le *Courrier d'Europe*, le *Bulletin de Paris*, la *Gazette de France*, sorte d'officiel, le *Courrier du Bas-Rhin*, le *Journal politique des Deux-Ponts*, etc. En résumé, cette seconde partie de l'ouvrage, celle qui raconte la guerre de Sept-Ans et la guerre d'Amérique, nous a paru un véritable arsenal de pièces rares et introuvables.

Quant à la troisième partie de l'œuvre du comte des Salles, elle se compose de manuscrits dont la plupart ont servi à rédiger l'ouvrage, de quelques autres auxquels l'auteur n'a pu mettre la dernière main, ou de copies précieuses.

L'un de ces cahiers indique le nom de tous les officiers cités dans l'*Histoire de la marine* et énumère leurs principales actions d'éclat. On y trouve des notes brèves sur le duc de Vendôme, Beaufort, d'Estrées, Vivonne, Duquesne, Tourville, Pointis, Forbin, Duguay-Trouin, Jean Bart, la Bourdonnais, Conflans, la Jonquière, l'Estanduère, d'Ache, la Clue, d'Estaing et tous les amiraux français, anglais, espagnols, qui ont joué un rôle important de 1512 à 1762. L'auteur dit en terminant ce travail : « Je n'ai pallié aucune faute des généraux français; j'ai admiré le courage de beaucoup d'entre eux, parce que les actions que j'ai puisées dans l'histoire sont dignes de louanges. Si j'eusse trouvé parmi les Anglais un Duguay-Trouin, je l'aurais fait remarquer ».

Dans un autre opuscule où la géographie domine, le comte
des Salles présente des considérations élevées sur la position
topographique de la France, de la Hollande et de l'Espagne,
sur leurs colonies et leurs ressources au point de vue maritime.
Le ton de ce mémoire est noble et soutenu. L'auteur conclut
en indiquant les réformes qui lui paraissent devoir s'imposer
aux méditations de nos ministres. Un cahier complètement
rédigé raconte l'histoire de la *Marine vénitienne*, de 1526 à
1717; un second, celle de la *Marine espagnole*, de 1492 à
1646; et plusieurs autres sont inachevés, incomplets, amas
informes de matériaux que l'auteur n'a pu classer faute de
temps.

Prise dans son ensemble, et malgré des imperfections de
style que l'auteur avoue lui-même, l'œuvre de François-Louis
des Salles est imposante par les proportions aussi bien que par
l'abondance et la variété des informations et des détails, et il
est douteux qu'à ce point de vue aucun des ouvrages que nous
possédons sur cette période des nos annales puisse lui être
comparé. Espérons que quelque érudit tirera de la poussière
et de l'oubli où ils dorment ces curieux et savants mémoires,
et assigneront à leur auteur une place honorable et méritée
parmi nos historiens.

Nous avons parlé précédemment (p. 10), de son *Journal
d'observations météorologiques*, commencé le 1ᵉʳ janvier 1775
et clos le 23 juin 1787, date où l'assemblée provinciale de
Lorraine absorba tous ses instants. Le comte des Salles avait
une prédilection marquée pour les sciences naturelles, car, à
la date du 21 prairial an II (15 juin 1794), nous lisons dans un
procès-verbal dont l'original existe à la bibliothèque de Nancy :
« Sur l'avis des citoyens administrateurs du district procédant à
l'inventaire du mobilier de la maison de Dessalle, dit Vouthon,
émigré, rue de l'Égalité (aujourd'hui rue du Haut-Bourgeois),
nous avons enlevé, en présence du citoyen Meunier, commissaire en cette part, les livres qui se sont trouvés empilés dans
une caisse dans un grenier, lesquels sont pour la plupart de
simples brochures. Nous avons aussi trouvé dans une armoire
dans ledit grenier une machine électrique et huit casseaux où

se sont trouvés quelques coquilles de différentes familles, et quelques morceaux de mines. Nous avons transporté le tout au dépôt dans la rue de la ci-devant Visitation (aujourd'hui du Lycée) ». Quelques jours après, le citoyen Deshayes, professeur du collège, demanda à être chargé de la conservation des machines et autres objets d'histoire naturelle, et on les lui délivra.

Nous ne sommes pas surpris que loin de Vouthon, où il vint rarement dans les dernières années qui précédèrent son exil, et avec ses goûts de laborieuses recherches, il ait pu être victime de coupables dilapidations et que plus tard, trompé par des rapports mensongers, il eût craint de rentrer dans son domaine, quand la loi du 1er nivôse an X, le rayant de la liste des émigrés, lui eut rouvert les portes de sa patrie.

Nous terminerons cette modeste notice par les réflexions suivantes de notre savant confrère M. l'abbé Robinet :

« L'histoire ne sera jamais complète ; le passé offrira sans cesse aux chercheurs une mine inépuisable à exploiter ; aussi de nouvelles découvertes viendront, nous n'en doutons pas, s'ajouter aux nôtres, peut-être parfois les rectifier ou les contredire, mais notre but sera atteint si nous avons donné aux hommes studieux qui viendront après nous l'idée de quelques études plus développées et plus savantes ».

APPENDICE.

(Voir page 65).

————

FONDATIONS. — Les fondations d'obits, avec vigiles et obseques, étaient autrefois nombreuses dans l'église de Vouthon-haut.

Un état sans date, remontant au commencement du dix-septième siècle et faisant partie des archives de la fabrique, en mentionne treize, dont plusieurs doubles, qu'ils nous paraît inutile d'énumérer ici. Les services étaient faits à des dates déterminées dans l'acte de fondation, ordinairement le jour de la fête du patron des fondateurs, et payés sur des fonds de terre. Ils devaient être célébrés par le curé du lieu *ou son vicaire*. Dès cette époque est mentionnée la somme attribuée au *maître d'école* remplissant les fonctions de chantre paroissial.

Une fondation plus récente, datée du 1er janvier 1676, a été faite par Claude-Nicolas Pierre et Élisabeth Brion son épouse. Les services sont fixés au 2 juin, fête de saint Claude, et au 19 novembre, fête de sainte Élisabeth. L'acte est signé par Anthoine Pelgrain, lieutenant de la haute justice de Vouthon-haut, qui l'a écrit, Jacques Périn, curé, Claude Royer et le fondateur.

D'un autre état existant dans les archives de la même fabrique, les fondations suivantes existaient encore lors de la Révolution :

1° Messe haute suivie d'un *libera* pour Hubert Michel, payée par la veuve Gatinois de Vouthon-bas;

2° Messe haute suivie d'un *libera*, fondée le 21 novembre pour les parents de la veuve Pierre, de Vouthon-haut, qui la paient;

3° Messe haute suivie d'un *libera* pour Nicolas Moret et son épouse, fondée le 28 juillet 1765 ; le tout dû par Jean-François Labourasse l'aîné, de Vouthon-haut ;

4° Messe haute précédée d'un nocturne, des vigiles, des laudes, et suivie d'un *libera*, fondée en 1741 pour Nicolas Bastien et Anne Étienne son épouse ; le tout dû en dernier lieu par Laurent Étienne, de Vouthon-Haut ;

5° Messe haute suivie d'un *libera* pour Nicolas Pierre, fondée le 28 janvier 1759, acquittée en dernier lieu par Laurent Géotin ;

6° Messe haute suivie d'un *libera* pour Gaspard Michel ; même messe pour Élisabeth Colombé et Jean Menestrelle ; acte renouvelé le 21 décembre 1764 ; ces messes étaient acquittées en dernier lieu par François Voideville, de Vouthon-bas ;

7° Deux messes hautes suivies chacune d'un *libera*, l'une pour Claude Pelgrin, l'autre pour Marie Bicherote son épouse, fondées le 21 décembre 1764 et acquittées, la première par Jean-François Labourasse l'aîné, et l'autre par Élophe Labourasse, son frère ;

8° Deux messes hautes précédées d'un nocturne, des vigiles, des laudes et suivies des obsèques, l'une pour Claude Didier, et l'autre pour Marguerite Didier sa fille, fondées le 18 octobre 1774 et payées par Dominique Labourasse ;

9° Deux messes hautes précédées d'un nocturne, des vigiles et des laudes, suivies d'un *libera*, l'une pour Laurent Grandjean, l'autre pour Anne Pierre son épouse ; fondation du 30 juillet 1736 ; Élophe Labourasse les acquitte ;

10° Une messe haute et un *libera* à la fin pour Nicolas Pierre et Catherine Grélot son épouse ; date de l'acte, 12 mai 1747 ; Laurent Géotin les acquitte ;

11° Deux messes hautes suivies chacune d'un *libera*, l'une pour Jean Royer, l'autre pour Élisabeth Gérard son épouse ; date de la fondation, 10 janvier 1780 ; acquittées par Dominique Labourasse le jeune ;

12° Messe haute suivie d'un *libera* pour Barbe Didier ; date de cette fondation que Jean-François Labourasse l'aîné doit acquitter, 21 octobre 1764 ;

13° Douze messes hautes en l'honneur du Saint-Sacrement le premier jeudi de chaque mois, fondées par Marie Michel et à son intention le 28 janvier 1759; acquittées par Laurent Géotin;

14° Douze messes hautes du Saint-Sacrement avec *libera* à la fin de chacune d'elles, qui doivent se chanter le second jeudi de chaque mois, fondées par les sieurs Pelgrin et à leur intention, le 30 août 1735. De plus, le sieur Pelgrin, prêtre, aumônier de l'hôpital Saint-Laurent à Langres, a augmenté de 300 livres ladite fondation, à charge d'enseigner *gratis* trois pauvres enfants que l'aîné de la famille des sieurs Pelgrin et le sieur curé du lieu lui désigneront. Ces fondations sont acquittées par Claude Serrier, Laurent Étienne, Jean Étienne et Sigismond Parmentier, chacun pour des parts déterminées.

15° Dix messes à l'honneur du Saint-Sacrement, suivies chacune d'un *libera*, qui doivent se chanter les premiers mardis des dix premiers mois de l'année, fondées par le sieur François Dordelu, curé des Vouthons, le 6 juin 1784; le tout dû par Dominiqne Labourasse le jeune (1).

16° L'octave des morts avec un nocturne, les vigiles et les laudes suivies des obsèques, la bénédiction du Saint-Sacrement dans le ciboire tous les soirs de l'octave; deux sermons, dont l'un le soir de la Commémoraison des fidèles trépassés et l'autre le soir du dernier jour de l'octave; le tout fondé par Joseph Michel et Marie-Anne Caussin son épouse et à leur intention, le 15 octobre 1761; le tout acquitté par Sigismond Parmentier.

Avant la Révolution, la fabrique de l'église de Vouthon-haut possédait un petit gagnage de six paires, blé et avoine, qui se vendaient chaque année au plus haut *metteur;* puis les obligations suivantes :

Joseph Thouvignon, de Vouthon-bas, obligation de 62 livres en date du 3 février 1784. Rente annuelle : 3 livres 2 sols.

(1) « Vu le présent contrat de fondation, nous l'avons loué et approuvé pour être exécuté selon sa forme et teneur, et permis à cet effet l'exposition et la bénédiction du Saint-Sacrement dans le ciboire.

« Donné à Toul le 1er juillet 1784.

« Le vicaire général de l'Évêque,

« Signé THIÉBAULT. »

Dominique Robin, du même lieu, obligation de 191 livres en date du 17 novembre 1784. Rente annuelle : 9 livres 11 sols.

Élophe Vivenot, du même lieu, obligation de 124 livres en date du 1ᵉʳ janvier 1784. Rente annuelle : 6 livres 4 sols.

Élophe Labourasse, de Vouthon-haut, obligation de 110 livres, en date du 14 mars 1784. Rente annuelle : 6 livres.

Sigismond Parmentier, de Vouthon-haut, obligation de 31 livres, en date du 15 juillet 1783. Rente annuelle : 1 livre 11 sols.

De toutes les fondations énumérées plus haut, les nᵒˢ 15 et 16 ci-dessus ont seules résisté à la tourmente révolutionnaire. Trois autres fondations sont venues s'y joindre depuis, savoir :

Jean-François BRION, de Vouthon-haut, ordonne par testament du 3 janvier 1808, reçu par Mᵉ François Olry, notaire à Gondrecourt, qu'il sera célébré annuellement et à perpétuité en l'église de Vouthon-haut et par le sieur curé desservant ladite paroisse, deux messes hautes de *Requiem* avec vigiles et obsèques, savoir : l'une le jour de la Saint-Jean d'été, l'autre le jour de la Sainte-Françoise, pour le repos de son âme et de celle de Françoise Gérard son épouse. Le prix desquelles messes sera perçu sur une pièce de terre, située au finage de Vouthon-haut, en la saison de Fremonvaux, lieudit Jupévaux, etc. (1).

Veuve Magnier, née *Sophie* ÉTIENNE, pour le repos de son âme et de celle de son premier mari Ambroise Norguin, a donné à la fabrique de Vouthon-haut une somme de 600 francs à charge de deux messes hautes le 26 novembre et le 29 décembre de chaque année. Cette fondation a été approuvée le 26 décembre 1880.

Enfin *Claude* ÉRARD, ancien instituteur, pour le repos de son âme et de celles des membres de sa famille, donne à la même fabrique une somme de 500 francs, à charge d'une messe haute le 30 janvier, et trois messes basses les premiers lundis de janvier, février et mars de chaque année.

---

(1) A raison de la dépréciation de l'argent, les charges de cette fondation et des deux précédentes ont été réduites en 1858 par ordonnance de Monseigneur l'Évêque de Verdun.

TABLE DES MATIÈRES.

I. — *Partie statistique.*

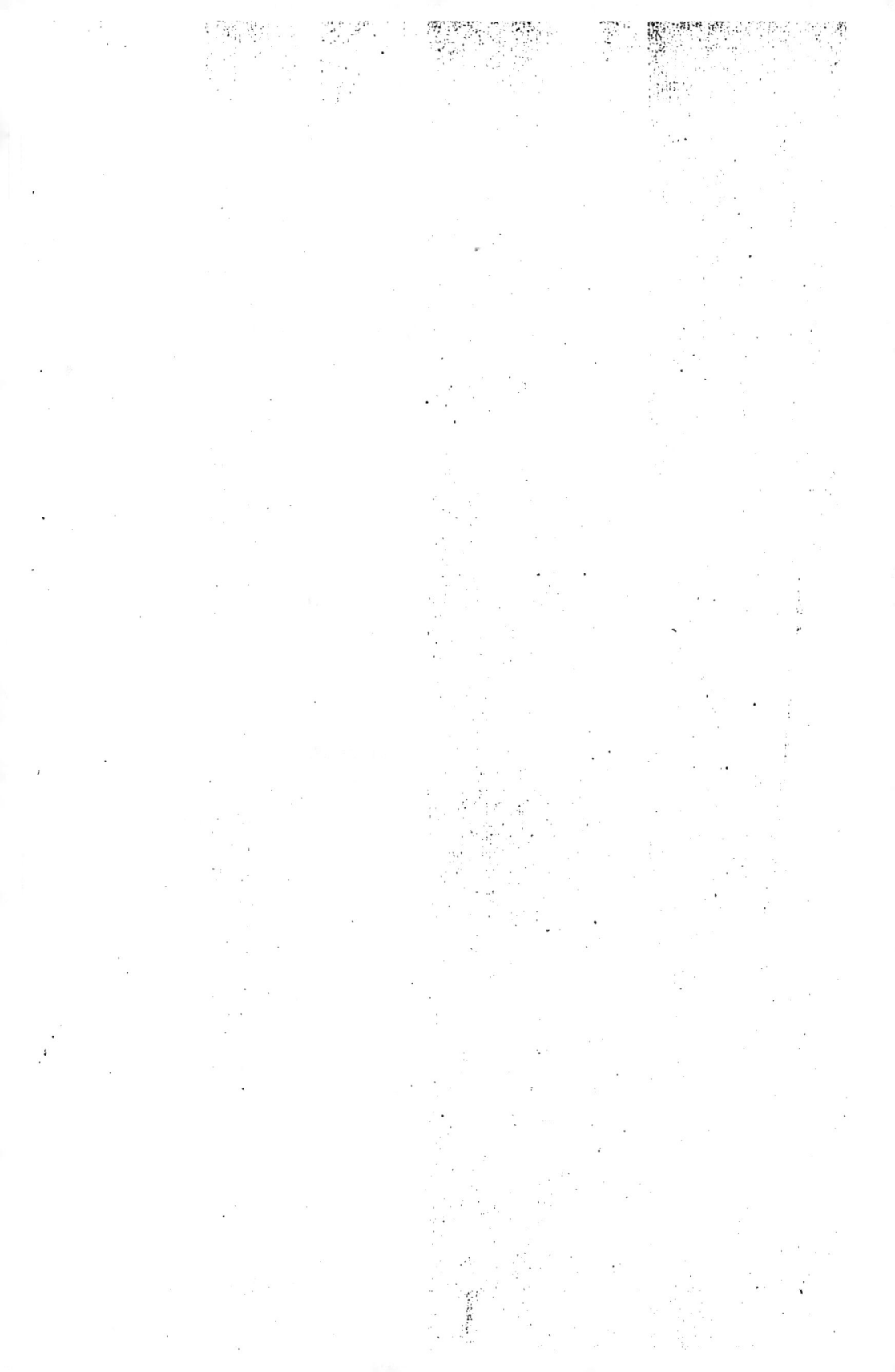

ESQUISSES HISTORIQUES

par H. LABOURASSE

BIOGRAPHIES MEUSIÉNNES

Nicolas FRANÇOIS, poète cordonnier; *Almanach de Bar*, 1867.

Jean-Baptiste BROUSSIER, général de division; *Almanach de Bar*, 1868.

Claude JOLY, évêque d'Agen; *Almanach de Bar*, 1869.

François de GUISE; *Annuaire de la Meuse*, 1886.

LEVRECHON, mathématicien; *Annuaire de la Meuse*, 1888.

VAYRINGE, l'Archimède lorrain; *Annuaire de la Meuse*, 1888.

CUGNOT, ingénieur; *Annuaire de la Meuse*, 1888.

DIVERS

LE COLLÈGE DE LAMARCHE-WINVILLE; *Almanach de Bar*, 1866.

LE CAMP DE LA WOËVRE; *Mémoires de la Société des Lettres, Sciences et Arts* de Bar-le-Duc, 1871.

UNE VISITE AUX RUINES DE GRAND (Vosges); même publication, 1872.

Saint BAUSSANGE, apôtre d'Arcis, sa vie, ses reliques et son culte; Troyes, Brunard, 1889.

Du même Auteur :

GLOSSAIRE ABRÉGÉ DU PATOIS DE LA MEUSE, bel in-8° de 560 pages. Prix . . . . 10 fr.

A PROPOS DE TROIS MOTS PATOIS; Arcis-sur-Aube, impr. Frémont, 1886.

BAR-LE-DUC, IMPRIMERIE CONTANT-LAGUERRE.

www.ingramcontent.com/pod-product-compliance
Lightning Source LLC
Chambersburg PA
CBHW071945090426
42740CB00011B/1831